KARL VORLÄNDER

Immanuel Kants Leben

Neu herausgegeben von

RUDOLF MALTER

FELIX MEINER VERLAG
HAMBURG

PHILOSOPHISCHE BIBLIOTHEK BAND 126

1911 Erste Auflage
1921 Zweite, verbesserte Auflage
1974 Dritte, unveränderte Auflage. Mit neuer Einleitung, Auswahlbibliographie und Quellentexten herausgegeben von Rudolf Malter
1986 Vierte, verbesserte Auflage

Im Digitaldruck »on demand« hergestelltes,
inhaltlich mit der 4. verb. Aufl. von 1986 identisches Exemplar.
Wir bitten um Verständnis für unvermeidliche Abweichungen in
der Ausstattung, die der Einzelfertigung geschuldet sind.
Weitere Informationen unter: www.meiner.de/bod.

Bibliographische Information der Deutschen Nationalbibliothek

Die Deutsche Nationalbibliothek verzeichnet diese Publikation in der Deutschen Nationalbibliographie; detaillierte bibliographische Daten sind im Internet über ‹http://portal.dnb.de› abrufbar.
ISBN 978-3-7873-0671-8
ISBN eBook: 978-3-7873-3036-2

 Gesamtherstellung: BoD, Norderstedt. Gedruckt auf alterungsbeständigem Werkdruckpapier, hergestellt aus 100% chlorfrei gebleichtem Zellstoff. Printed in Germany.
www.meiner.de

Dem Andenken Hermann Cohens
gewidmet († 4. Okt. 1918)

Inhalt

Vorwort zur ersten Auflage

Es bleibt eine merkwürdige Tatsache, daß derjenige Philosoph, dessen Lehre in den letzten fünfzig Jahren weit häufiger als die jedes anderen, in Tausenden von Schriften behandelt worden ist, in dieser ganzen Zeit keine einzige Sonderdarstellung seines Lebens erfahren hat. Denn auch bei Kuno Fischer, der hier noch am ehesten zu nennen wäre, bildet der biographische Teil nur die Einleitung zur Behandlung des Systems, und ebenso steht es mit dem wesentlich aus ihm schöpfenden populären Kantbuche M. Kronenbergs, sowie mit Fr. Paulsens bekannter Monographie. So sind wir auch heute, nach siebzig Jahren, noch immer auf die zwar für ihre Zeit verdienstliche, heute aber längst veraltete und vor allen im einzelnen vielfach ungenaue Biographie von W. Schubert angewiesen: während doch die Kantforschung der letzten Jahrzehnte — ich erinnere nur an die Herausgabe des Briefwechsels (vgl. unten S. 212) — auch in biographischer Beziehung so manches Neue zutage gefördert hat.

Wenn gleichwohl bisher keine weitere zusammenhängende Biographie des größten deutschen Philosophen veröffentlicht worden ist, so mag das einerseits darin begründet sein, daß das Material ziemlich weit zerstreut, auch hinsichtlich der früheren Lebensabschnitte vielfach dürftig und unsicher ist; anderseits und noch mehr aber gewiß in dem Umstande, daß das Leben unseres Denkers nur wenige in die Augen fallende große Momente und — abgesehen höchstens von dem Zusammenstoß mit der preußischen Reaktion unter Friedrich Wilhelm II. — keine äußeren Erschütterungen oder leidenschaftlichen Bewegungen zeigt, somit im Verhältnis zu der umwälzenden Lehre zweifellos der weniger interessante Teil ist. Und doch muß es jedem Kantliebhaber von Wert sein, dieses freilich im ganzen sehr einfach und still verlaufende Gelehrtenleben näher kennen zu lernen; man sieht dann, daß es der inneren Bewegung nicht entbehrt hat. Und da keiner derjenigen Kantforscher, die, durch ihre gründliche Spezialdurchforschung einzelner Abschnitte desselben, eigentlich „die Nächsten dazu“ gewesen wären (wir denken dabei namentlich an seine ostpreußischen Landsleute E. Arnoldt, Rud. Reicke, A. Warda u. a., von denen die beiden ersteren schon im Grabe ruhen), eine Gesamtdarstellung unternommen hat, so habe ich es denn gewagt. Der äußere Anlaß kam dabei einem inneren Wunsche entgegen.

Da der vorliegende Band, als Teil der *Philosophischen Bibliothek*, eine Ergänzung zu den Kant-Ausgaben dieser Sammlung bilden soll, so durfte er nicht das noch einmal bieten, was dort bereits — meistens von mir selbst — gegeben ist: nämlich die Entstehungsgeschichte oder gar eine Inhaltsangabe der Schriften. Eine Ausnahme habe ich nur gemacht bei den kleinen Aufsätzen und Zeitungsartikeln der 50er und 70er Jahre, weil diese dort nicht behandelt sind. Da ferner ein bestimmter Umfang nicht überschritten werden sollte, so habe ich mich nach einigem Zögern entschlossen, von allem gelehrten Beiwerk ganz abzusehen, und mich in dieser Beziehung auf einen gedrängten Quellenhinweis am Schlusse beschränkt. Was mein Buch bieten will, ist eine schlichte Erzählung von Kants Leben, wie es sich aus den uns heute vorliegenden Dokumenten ergibt. Auf eine Sonderschilderung von Kants Charakter, sowie eine ausführlichere Darstellung seiner Stellung zu Politik, Religion, Kunst usw., die ich mir für eine andere Gelegenheit vorbehalte, habe ich deshalb von vornherein verzichtet; doch ist manches davon in die biographische Schilderung verwoben. Streitfragen habe ich aus dem nämlichen Grunde nur gestreift; daß sie mir nicht unbekannt geblieben sind, wird der Kenner ohnedies merken. Hoffentlich wird das Buch auch dem letzteren einzelnes Neue bieten. Wenigstens habe ich in der verhältnismäßig kurzen Zeit, die mir zu Gebote stand, in Sachen der Materialbeschaffung keine Mühe gescheut. Mehreren Herren, die mir dabei behilflich waren, wie Herrn Prof. Dr. Vaihinger (Halle) und meinen Kollegen O. Schöndörffer und A. Rosikat in Königsberg, sage ich auch an dieser Stelle herzlichsten Dank. Das Porträt Kants mit seiner eigenhändigen Unterschrift ist nach der bekannten Kopie des Döblerschen Bildes hergestellt, die auch das Titelblatt von Schuberts Kantbiographie schmückt und uns von allen Abbildungen des Philosophen die beste schien.

Ich habe das Buch demjenigen Manne zugeeignet, dessen ganze bisherige Lebensarbeit der Erneuerung und Fortbildung von Kants Lehre gewidmet gewesen ist, und der auch mich, vor nunmehr schon mehr als drei Jahrzehnten, in die kritische Philosophie eingeführt hat: meinem einstigen Lehrer und jetzigen hochverehrten Freunde Professor Hermann Cohen in Marburg.

Haus Gottesgabe (Taunus),
im September 1911.

Karl Vorländer.

Abkürzungen

ADB	Allgemeine Deutsche Biographie
Ak.XII,14	Immanuel Kants Gesammelte Schriften, Akademie-Ausgabe, Band XII, Seite 14
Ak.Nr.	Nummer eines Briefes in der Akademie-Ausgabe
Sch.S.	Seitenzahl der Briefausgabe Schöndörffers (2. Auflage 1972)
AM	Altpreußische Monatsschrift
APrB	Altpreußische Biographie
Bibl.Nr.	Nummer eines Titels in der Bibliographie dieses Buches
JK	Jahrbuch der Albertus-Universität Königsberg
K–B	Vorländer: Die ältesten Kant-Biographien, 1918
KS	Kant-Studien
NDB	Neue Deutsche Biographie
PhB	Philosophische Bibliothek
Vorl.I Vorl.II	Vorländer: Immanuel Kant. Der Mann und das Werk. Leipzig 1924, Teil I, Teil II

Kant in der biographischen Forschung

Von Rudolf Malter

> Et cum virtute nihil sit admirabilius, magna voluptas est bonae menti, tales intueri viros, in quibus lucet egregia virtus. Itaque honestum est vobis a Cynicis illis opinionibus dissentire, quae hos mores insulsissime reprehendunt.
>
> Ph. Melanchthon:
> De vita Aristotelis (1537)

I

Obwohl überzeugt von der epochemachenden Bedeutung seiner philosophischen Leistung, hat Immanuel Kant seine eigene Person nie so wichtig genommen, daß er den Gedanken an eine Autobiographie jemals ernstlich erwogen hätte. Bacon's „de nobis ipsis silemus", das er der „Kritik der reinen Vernunft" als Motto voranstellte, kann auch als Motto seines ganzen Philosophenlebens gelten: bar des gewohnten akademischen Eigendünkels, aber auch ohne ins „understatement" zu fallen und sein gesundes Selbstbewußtsein vor anderen herunterzuspielen, konnte ihm die Beschäftigung mit der eigenen Person und ihrer Geschichte angesichts der selbstgestellten philosophischen Lebensaufgabe nur als unnütze Zeitverschwendung erscheinen. Was an autobiographischen Zeugnissen von Kant überliefert ist, ist nicht in autobiographischer Absicht verfaßt. Die Briefe, die er geschrieben hat, sind fast ausschließlich auf äußeren Anstoß hin geschrieben; zumeist sind es Antwortbriefe auf die Schreiben anderer, nur selten ging die Schreibinitiative von ihm selbst aus.[1]) Und betrachtet man sich die überlieferte Korrespondenz, so wird man, wenn man Aufschlüsse über Autobiographisches erwartet, enttäuscht sein - so philosophisch gehaltvoll viele dieser Briefe sind, so spärlich sind die Mitteilungen über äußere Lebensumstände (von Klagen über Altern und Kränklichkeit in den späteren Jahren abgesehen), über innere Stimmungen und ganz individuelle Probleme.[2])

Gleichwohl ist bei dem wenigen, was an autobiographischem Material von Kant überliefert ist, der Briefwechsel von unschätzbarem biographischen Wert, vor allem für den, der mit feinem psychologischem Gespür zwischen den Zeilen scheinbar gleichgültiger und alltäglicher Wendungen in der Psyche des sich dem Partner absichtlich entziehenden Schreibers zu lesen versteht. Da Tagebücher fehlen - Kant hat wohl nie welche geführt - sind neben den Briefen auch diejenigen Notizen von Wichtigkeit, die auf den ersten Blick kaum oder nur wenig ins Gewicht fallen, nämlich die Bemerkungen in Vorreden zu einzelnen Schriften,[3]) die persönlichen Notizen im Opus postumum[4]) und in den von Wasianski angefertigten Memorienbüchlein der letzten Jahre.[5]) Wie bereits gesagt: so wertvoll dieses Material für den Kantbiographen auch ist, sein Ursprung ist nicht autobiographisches Interesse, sondern jeweiliger Lebensumstand und jeweilige Erfordernis des Tages. Hoffnung auf etwaige spätere Publikation des nur in Gelegenheitsabsicht über die eigene Person Geschriebenen war Kant mit Sicherheit völlig fremd: kein verstecktes Schielen auf die Generationen, die in mühevoller philologischer Kleinarbeit die autobiographischen Splitter zum Bilde des in der Erinnerung wieder zu erweckenden Verblichenen zusammenfügen würden, kein gespieltes Unwichtignehmen von Papierchen mit persönlichen Aufzeichnungen und keine Geste, die heuchlerisch schamhaft den Wunsch ausdrückte, auf ewig dies scheinbar Unwichtige der Nachwelt zu bewahren! Zwar überließ er seinen Freunden in den letzten Lebensjahren manches persönliche Blatt, hatte auch keine Einwände gegen eine spätere Publikation, äußerte aber immer entschieden den Wunsch, daß nichts Persönliches, vor allem keine Briefe, zu Lebzeiten an die Öffentlichkeit gegeben werde.[6])

Aufmerksam dagegen verfolgte er die Wirkung seines philosophischen Werkes. Dessen rechtes Verständnis und seine Ausbreitung lag ihm, der sonst von seiner Person kein Aufhebens machte, sehr am Herzen, so sehr, daß er außerordentlich heftig auf Mißverständnisse und Angriffe reagieren konnte[7]) und sich sogar - durch Einschränkungen des Gesichtskreises allerdings bedingt, die das hohe Alter mit sich bringt - in das Parteiengezänk seiner Anhänger parteilich hineinziehen und zeitweise zu offensichtlich ungerechtem Verhalten verleiten ließ.[8]) So kann man sich des Eindrucks nicht erwehren, Kant fühle sich, wenn sein Werk angegriffen wird, persönlich beleidigt und bedroht. Aber selbst hier, wo die Verteidigung des eigenen Systems manchmal zu zäher Rechthaberei zu verhärten droht, dürfte - trotz des Eindrucks, Kant kämpfe um sein persönliches Eigentum und hiermit auch um seine Person - der andere Eindruck der dominierende sein: nämlich ihm gehe es vor allem anderen um die Verteidigung einer endgültig als wahr erkannten Sache gegen die Verfälschung sich schlauer dünkender Gegner und Schüler.[9])

Wie immer man aber dieses Verhalten Kants zum eigenen Werk im Rahmen einer Deutung seiner persönlichen Selbsteinschätzung auswerten mag, auch dann, wenn in diesem Verhalten stark partikular-individuelle Motive, hinter Sachmotiven versteckt, sich als wirksam erweisen sollten, so würde dies nichts daran ändern, daß im ausdrücklichen Selbstverständnis Kants - und dies ist für eine Biographie von erstrangiger Bedeutung - auch in den Kämpfen um das philosophische Lebenswerk die eigene Person keine Rolle spielte und überhaupt das Moment des Autobiographischen außerhalb des Horizonts von Kants Eigenbewußtsein fiel. Solches Desinteresse an der eigenen Person und solche Unlust am Autobiographischen in einer Zeit, die mehr autobiographische Schriften hervorbrachte als ganze Jahrhunderte zuvor, die sogar das Kunstwerk autobiographisch-bekenntnishaft zu sehen aufforderte und das Ich zum bevorzugten

Gegenstand poetisch-psychologisierender Betrachtung und philosophischer Reflexion erwählte [10]) - solche Abkehr vom Individuell-Subjektiven mag auf den ersten Blick überraschen (vor allem auch angesichts des autobiographischen Eifers der Königsberger Freunde[11]), kann aber nicht befremden, wenn man Kants Geschichtsphilosophie als theoretischen Ausdruck einer gewissen Lebenshaltung zu Rate zieht. Die geschichtsphilosophischen Schriften Kants dokumentieren, daß nicht Mangel an Sinn fürs Historische, auch nicht schopenhauerisch-zynische Verachtung des lebendigen einzelnen Menschen die Ursache für Kants Desinteresse an der Geschichte der eigenen Person gewesen sein können, daß vielmehr diesem Desinteresse eine rationale Einsicht korrespondiert, die sehr wohl als der oder zumindest als *ein* Erklärungsgrund für jenes Desinteresse und jene Unlust am Autobiographischen dienen kann: die Einsicht in die Hinfälligkeit des Individuellen im Ganzen der geschichtlichen Selbstentfaltung der menschlichen Gattung, die zur Verwirklichung der ihr immanenten Bestimmung nur so gelangt, daß das Individuelle in seiner Einzelheit um der Gattung willen untergeht, obwohl die Gattung sich nicht anders konkret darstellen und jene Verwirklichung ihrer Bestimmung nicht anders erreichen kann als durch das Individuelle, das um willen der Gattung, d. h. aber zugleich: um neuer Individuen willen, sich jeweils opfert. [12])

II

Angesichts des Ruhmes, zu dem Kant in den 80er und 90er Jahren des 18. Jahrhunderts über die Grenzen Deutschlands hinaus gelangt war, verwundert es nicht, daß Pläne, ihn in einer Biographie zu verewigen, schon zu seinen Lebzeiten im Kreise seiner Freunde und Verehrer aufkamen. [13]) Kant hatte gegen eine Biographie seiner Person prinzipiell keine Bedenken, ja er regte Jachmann, wie dieser selbst berichtet, [14]) sogar zur Abfassung einer Biographie an, verbat sich jedoch die Veröffentlichung einer Biographie zu Lebzeiten. Als Borowski 1792 Kant das Manuskript einer biographischen Skizze vorlegte,[15]) äußerte dieser zwar keine Bedenken gegen eine Publikation nach seinem Tod, korrigierte sogar das Manuskript, wies jedoch das Ansinnen, ihn während seiner Lebzeit zum Thema einer Biographie zu machen, nachdrücklich und fast unwillig zurück: „Kann diese Sache noch unterbleiben, so werden Sie mir dadurch eine wahre Unannehmlichkeit ersparen, und Ihre Bemühung, *als Sammlung von Materialien zu einer Lebensbeschreibung nach meinem Tode* betrachtet, würde denn doch nicht ganz vergeblich sein. - In meinem Leben aber sie wohl gar im Drucke erscheinen zu lassen, würde ich aufs inständigste und ernstlichste verbitten.“[16])

Nichtsdestoweniger begann - ohne daß Kant darum gefragt worden wäre - schon lange Jahre vor seinem Tode die biographische Verewigung seiner Person. 1790 brachte der Abbé Denina in seinem lexikographischen Werk „La Prusse littéraire“ einen kurzen Abriß über Kant, den der Betroffene wegen der seines Erachtens falschen Darstellung seiner „häuslichen Verhältnisse auf der Universität, vor Erlangung zum Professorgehalt“[17]) in einem Brief an de la Garde kritisierte und korrigiert wissen wollte. Eine Reihe weiterer auf Kant bezogener biographischer Beiträge erschien ab 1796 – unter ihnen als wichtigste die sogen. „Altenburger Skizze“[18]) –, von denen Kant jedoch keine Notiz nahm, sei es, daß er vom Erscheinen dieser Beiträge nichts wußte, sei es, daß er sie nicht für erwähnenswert hielt.[19]) Nur auf *eine* zu seinen Lebzeiten erschienene biographische Veröffentlichung reagierte Kant – doch ob abweisend oder nicht ohne Wohlgefallen, oder, wie Czygan[20]) vermutete, je nach Gelegenheit einmal so, ein andermal anders, bleibt offen, da zwei verschiedene Berichte der Biographen vorliegen. Autor dieser 1802 anonym in Königsberg publizierten „Fragmente aus Kants Leben" ist nach Angabe Wasianskis[21]) und des „Intelligenzblattes zur Neuen Leipziger Literaturzeitung“ vom 30. Juni 1804 der Königsberger Arzt Dr. med. Joh. Christoph Mortzfeld, offenbar ein Verehrer Kants.[22]) Joh. G. Hasse berichtet: „Als die bekannten ‚Fragmente zu seiner Biographie‘ erschienen und ihm zugeschickt waren, so zeigte er das Buch über Tische, mit einer Art von Wohlgefallen, und schien es nicht übel zu nehmen, daß bey seinen Lebzeiten über ihn geschrieben wurde; urtheilte aber weiter nicht darüber, als daß er im Verzeichniß der Druckfehler einen aufsuchte (ich glaube, es war das Wort transcendental) der durch Verbesserung noch schlimmer geworden (oder, wie er sagte, ‚verballhornisiert') war."[23]) Demgegenüber erzählt Wasianski - ohne freilich den Titel des Buches zu nennen - von einer negativen Reaktion Kants auf Mortzfelds (?) Biographie: „... die volle Brust fühlt den Drang sich mitzuteilen, und gibt reichlich und gern alles hin, was sie empfing, um Teilnehmer zu gewinnen. Gewiß wird dieses auch bei *Kant* der Fall sein, dessen Tod man nicht einmal abwartete, sondern von dem man schon bei seinem Leben eine Biographie herausgab, von der ich nicht entscheiden mag, ob *Kant* mit ihr habe zufrieden sein können, oder ob seine Verehrer das in ihr gefunden haben, was sie wünschten. Alle seine Freunde wissen aber, daß er bei der davon erhaltenen Nachricht sich sehr unwillig darüber äußerte."[24])

Während diese vor Kants Tod publizierten biographischen Schriften für die Information über Kants Leben und Persönlichkeit teils ihrer Unvollständigkeit, teils ihrer direkten Fehlerhaftigkeit wegen kaum von Belang sind,[25]) brachte das Todesjahr Kants und auch die folgende Zeit neben einigen unerheblichen Schriften eine Reihe von biographischen Beiträgen (aus der Feder von Zeitgenossen), die heute immer noch als authentische Quellen einer Kantbiographie anzusehen sind. Keiner der berühmten Freunde und Tischgenossen Kants allerdings ergriff die Feder zur Niederschrift des biographischen Monuments: nicht Scheffner, der von de la Garde schon 1798 aufgefordert worden war, „unter der Hand Materialien zu sammeln, um einst *Kants* Biographie zu schreiben"[26]), auch nicht Kants zeitweise engster Vertrauter, der kaum zum Schreiben zu bewegende Kraus, den Scheffner für den einzig kompetenten Kant-Biographen hielt.[27]) Scheffners Befürchtung, es werde „die Michaelsmesse von Schrifftlein über ihn wimmeln"[28]), bewahrheitete sich, was das Biographische anbetraf, zwar nur in bescheidenem Maße,[29]) immerhin brachte das Jahr 1804 aber die wichtigsten authentischen Zeugnisse anderer über den verstorbenen Philosophen. Zentrale Bedeutung kommt hierbei nach wie vor den Biographien von Borowski, Jachmann und Wasianski zu, den Biographien dreier Männer, die ihre Kenntnis der Persönlichkeit und der Lebensumstände Kants aus dem tagtäglichen Umgang schöpften, denen zugleich die Pietät verbot, Erfundenes und Ungesichertes leichtfertig biographisch zu tradieren. Karl Vorländer hat wiederholt auf den Komplementärcharakter dieser drei Biographien, von denen die erste unmittelbar von Kant autorisiert ist, hingewiesen: bildet die von Kant selbst revidierte und berichtigte Lebensbeschreibung Borowskis die „Hauptquelle für die ältere Zeit", so die von Jachmann die „zuverlässigste Quelle für die 80er Jahre" und die von Wasianski „für die letzten Lebensjahre". [30])

Wohl auch als authentisch anzusehen, aber weitaus weniger reichhaltig als die drei Standardbiographien ist Hasses kurz nach Kants Tod publizierter Bericht über den alten Kant. [21]) Was die Zeitgenossen an diesem kleinen Schriftchen erregte, war die als pietätlos empfundene Berichterstattung über Details von Kants Altersschwäche und die „erbärmliche Kleinkrämerei" [32]), die in dem Bericht über den großen Mann herrsche. Ungeachtet dieser verständlichen Kritik der Zeitgenossen hat das Hassesche Werk für die Kantbiographie einen bleibenden Wert, da es u. a. Gespräche Kants überliefert, die sich bei den anderen Biographen nicht finden. [33]) Einen solchen Wert haben zwei weitere im Todesjahr Kants publizierte biographische Beiträge kaum: einmal die in Königsberg herausgekommenen „Äußerungen über Kant . . .", die „wahrscheinlich von dem Kant wenig günstiggesinnten Professor der Medizin *Metzger*" [34]) stammen, zum anderen das zweibändige, in Leipzig anonym erschienene Werk „Immanuel Kants Biographie", als dessen Verfasser Scheffner Mellin [35]), Vorländer eher einen süddeutschen bzw. österreichischen Unbekannten vermutete. [36])

Aus dem Jahr 1804 schließlich stammt eine Reihe von biographischen Informationen über Kant, die zwar an Umfang, nicht aber an Authentizität hinter den drei Standardbiographien zurückstehen. Es sind dies einmal die Nachrichten, die S. G. Wald für seine Kant-Gedächtnisrede schriftlich bei einer Anzahl von nahen Bekannten Kants (Borowski, Reusch, Schultz, Wannowski, Heilsberg, Wasianski, Gensichen, Kraus, Poerschke) eingeholt hat, zum anderen die Anmerkungen, die Kraus, Graef und später Poerschke dem Waldschen Redemanuskript beigefügt haben. Rudolf Reicke hat dieses Material zusammen mit Walds Rede und anderen Dokumenten in seinen „Kantiana“ 1860 der Kantforschung zugänglich gemacht.[37])

Die Jahre nach 1804 brachten noch zwei weitere beachtenswerte biographische Schriften aus der Feder von Männern, die Kant noch persönlich gekannt hatten. 1805 gab Rink seine „Ansichten aus Immanuel Kants Leben“ heraus, die die Biographien von Borowski, Jachmann und Wasianski in mancherlei Hinsicht ergänzen; 1848 schließlich erschien aus dem Nachlaß von Reusch, dem Sohn des Königsberger Physikprofessors Reusch, einem Kollegen und Briefpartner Kants, ein anschaulicher Bericht über „Kant und seine Tischgenossen“.[38]) Mit den genannten biographischen Werken sind freilich nur (und dies auch bloß zu einem Teil) diejenigen Publikationen aufgeführt, die Kant zum ausdrücklichen und ausschließlichen biographischen Thema haben. Quellen zur Kant-Biographie, und teils sehr wichtige, finden sich darüberhinaus in vielen anderen Werken und Aufzeichnungen von Zeitgenossen verstreut: in Lebensbeschreibungen bedeutender Zeitgenossen, die zu Kant in persönlicher Beziehung standen, in Briefen von Freunden, Anhängern, Gegnern seiner Philosophie, in Tagebüchern und Reiseberichten von Leuten, die sich in Königsberg aufhielten und Kant einen Besuch abstatteten usw. Zusammen mit dem überlieferten autobiographischen Material und den expliziten Biographien ermöglichen diese verstreuten Zeugnisse in ihrem großen Facettenreichtum die Rekonstruktion des äußeren Lebensganges und der Lebensweise des Königsberger Philosophen und lassen gleichzeitig vorsichtige Schlüsse auf seine Persönlichkeitsstruktur zu.

III

Versuche, eine solche auf authentischem Quellenmaterial basierende Kant-Biographie zu schreiben, ließen lange auf sich warten. Fast 4 Jahrzehnte nach den drei Standardbiographien von 1804 erschien als erste Gesamtbiographie das biographische Werk F. W. Schuberts, von ihm verfaßt als einer der abschließenden Bände der von ihm und K. Rosenkranz besorgten Ausgabe von „Immanuel Kant's sämtlichen Werken". Die heute offensichtlichen Mängel dieser Biographie sind weniger auf die Nachlässigkeit des Biographen als vielmehr auf die großen Lücken in der Edition des für eine Biographie erforderlichen Quellenmaterials, vorweg des Kantischen Briefwechsels, zu suchen. Diesem Mangel abgeholfen zu haben, ist vor allem der ins Detail gehenden Sammlung und Forschung ostpreußischer Gelehrter zu verdanken, kulminierend in R. Reickes Edition des Briefwechsels im Rahmen der Akademie-Ausgabe. Trotz des reichen Materials, das Historiker wie Reicke, Arnoldt, Warda, Fromm, Schöndörffer, Sembritzki u. a. in der zweiten Hälfte des 19. und in den beiden ersten Jahrzehnten des 20. Jahrhunderts beigetragen hatten, kam es in Deutschland - nachdem E. Fromm seinen 1898 mitgeteilten Plan einer Kant-Biographie nicht mehr verwirklichen konnte [39]) - erst 1911 zur ersten, auf ausreichendem und gesichertem Quellenmaterial beruhenden Biographie: zur Biographie Karl Vorländers, die 1921 in 2. Auflage mit Detailverbesserungen wiedererschien und jetzt wieder nach über 5 Jahrzehnten (in denen außer Vorländers großer Biographie keine bahnbrechend-neue Kant-Biographie mehr publiziert wurde) in einem unveränderten Nachdruck zugänglich gemacht wird. [40])

Dieser Neudruck rechtfertigt sich nicht nur aus dem Mangel einer ausführlichen neueren Kant-Biographie, sondern aus der Qualität des Vorländerschen Werkes, das zusammen mit der großen Biographie von 1924 auch für zukünftige biographische Versuche über Kant maßgebend sein wird. Ein Blick auf Intention und Eigenart dieser Kant-Biographie wird erkennen lassen, daß sie in ihrer speziellen Machart den Informationswünschen heutiger Leser immer noch gerecht werden kann [41]):

Im Vorwort zur 1. Auflage bemerkt Karl Vorländer, seine Biographie wolle nichts weiter sein als „eine schlichte Erzählung von Kants Leben, wie es sich aus den uns heute vorliegenden Dokumenten ergibt“ (S. X). In der Tat hält der Biograph sich streng an die Grenzen, die einem in objektivistisch-darstellender Absicht geschriebenen Bericht über den äußeren Lebensgang eines Menschen gesetzt sind. Nicht nur verzichtet Vorländer darauf, analysierend und interpretierend in Kants Psyche einzudringen, um so die Struktur seiner empirischen Persönlichkeit freizulegen und psychische Kräfte aufzudecken, die möglicherweise motivierend gewesen sein könnten für äußere Lebensentwicklung und philosophisches Werk. Vorländer hält sich zugleich auch davon zurück, die Persönlichkeit Kants und ihre intellektuelle Leistung in ihrer Eigenart aus den sozial-ökonomischen Verhältnissen seiner Epoche zu deuten - eine Zurückhaltung, die Erstaunen erregt bei einem Mann, der sich ausdrücklich zum Sozialismus Marxscher Provenienz bekannte und der in die Geschichte des Neukantianismus als einer derjenigen eingegangen ist, die die Kantische Moralphilosophie mit den Prinzipien des Marxschen Sozialismus zu verbinden strebten. [42]) Zwar werden in Vorländers Darstellung die sozialen Verhältnisse, in denen Kant aufwuchs, studierte, als Hauslehrer, Privatdozent und Professor tätig war, nicht vornehm ausgespart, auch geht Vorländer am jeweils erforderlichen Platz auf Kants ökonomisch-finanzielle Situation ein, immer aber tut er dies in der Art, daß Fakten aufgezählt und in ihrem äußeren historischen Zusammenhang aufgezeigt werden, nie so, daß an die Stelle beschreibender Feststellung der biographischen Fakten eine Ableitung des speziellen Verhaltens, Denkens und Lehrens der historischen Einzelperson Kant aus einem geschichtlich genau lokalisierten umgreifenden sozial-ökonomischen Bedingungszusammenhang träte. Der Einzelmensch als Produkt gesellschaftlicher und wirtschaftlicher Umstände - dieser Gedanke, der Vorländer als

Sozialisten naheliegen mußte, spielt in seiner Kantarbeit keine Rolle.

Wäre der Terminus durch heterogensten Gebrauch nicht allzu abgegriffen, so könnte man Vorländers Darstellungsart positivistisch nennen. Der Biograph nämlich hält sich an das, was auf empirischer Grundlage sich zeigt; er gibt wieder, was die Quellen bieten, überprüft deren Angaben auf ihre historische Richtigkeit und versucht in schwierigen Fällen sich nur in Vermutungen, die sich jeweils auf gesicherte Tatbestände berufen. Nirgendwo diktiert ein geschichtsphilosophisches Dogma die reale Abfolge der Dinge: diese wird hingenommen, nicht in einen durch utopische Ideen gelenkten Zusammenhang hineingepreßt.

In dieser Form des biographischen Berichts, der die konstruktivistische Verfärbung des Historischen durch Weltanschauliches vermeiden will (wobei man ihm natürlich gerade diesen „Objektivismus" als besonders schlimme Ideologie von vulgär-marxistischer Seite aus entgegenhalten kann), verfolgt Vorländers Biographie die Linien von Kants äußerem Werdegang, hebt aus ihm die mannigfachen Beziehungen zu bedeutenden Zeitgenossen, Freunden, Schülern, Kollegen, Verwandten heraus, schildert die Umwelt, in der sich jener Werdegang und die Beziehungen zu anderen abspielte, weist auf die geistigen Einflüsse in den einzelnen Entwicklungsperioden hin und geht nicht zuletzt auf den Stellenwert ein, der dem philosophischen Werke Kants im Lebensgang des Denkers zukommt.

Seine Quellen hat Vorländer ausdrücklich genannt. Wichtigste Funktion mißt er dem Briefwechsel zu: „Die beste und reichhaltigste, jedenfalls aber unmittelbarste und daher von uns immer wieder benutzte Quelle zur Kenntnis von Kants Leben und vor allem seiner Persönlichkeit fließt in seinem Briefwechsel . . ."[43]) Die von uns genannten biographischen Quellenschriften (vgl. II) teilt Vorländer wertend in zwei Gruppen ein: *Quellen ersten Ranges* sind die Biographien von Borowski, Jachmann und Wasianski sowie die von Reicke edierten „Kantiana". Die weiteren von uns erwähnten biographischen Schriften gehören nach Vorländer zu den *Quellen zweiten Ranges* - eben die Arbeiten von Rink, Hasse, Reusch (Vorländer weist auch auf Voigts Kraus-Biographie hin) und, eine Stufe tiefer in ihrem Wert anzusetzen, die Arbeiten von Mortzfeld, Metzger und, qualitativ an letzter Stelle, die anonyme Leipziger Biographie. Es ist selbstverständlich, daß Vorländer die in der „Altpreußischen Monatsschrift" und in den „Kant-Studien" dokumentierte biographische Kant-Forschung und vor allem auch die Arbeiten von Emil Arnoldt und „seiner ostpreußischen Landsleute Rudolf und Johannes Reicke, A. Rosikat, O. Schöndörffer, A. Warda", sowie die biographischen Forschungen Emil Fromms mit zu seinen Arbeitsgrundlagen zählt.[44]) Die große Kant-Biographie von 1924, Vorländers wichtigster Beitrag zur Kantforschung neben seinen zahlreichen Editionen in der „Philosophischen Bibliothek", führt die in der Biographie von 1911 grundskizzierten Linien materialreich aus.[45])

Seither sind zwar noch eine Reihe neuer biographischer Dokumente, Briefe vor allem und persönliche Notizen des alten Kant, publiziert worden, auch fehlt es seither nicht an Einzelversuchen zur Kant-Biographie, doch dürfte mit Vorländers beiden Biographien die Bearbeitung von Kants Leben im großen abgeschlossen sein, zumal jede weiterführende Lokalforschung im ostpreußischen Raum nach der Zerstörung Königsbergs und nach dem Untergang wertvoller Bibliotheken und Archive für immer unmöglich gemacht worden ist. Nur dann, wenn - woher auch immer - bislang unbekannte und neue Einblicke in den Gang von Kants Leben (z. B. in die noch immer recht finstere Epoche von Kants Studenten- und Hauslehrerzeit) vermittelnde Dokumente auftauchen würden und so ein tiefgreifender Fortschritt der 1924 erreichten Forschungslage einträte, wäre eine Revision, vielleicht sogar eine Neudarstellung, von Kants Leben erforderlich. Solange ein solcher Fortschritt nicht eintritt - und er ist nach dem Gesagten nicht zu erwarten - können Verbesserungen der Kant-Biographie nur Sekundäres betreffen, und der, der heute ein ähnliches biographisches Unternehmen wie Vorländer beginnen würde, würde wahrscheinlich nur das wiederholen, was vor 50 Jahren in gewissem Sinne als noch neu und frisch gelten konnte.

Dies heißt aber nicht, mit Vorländers beiden Kant-Biographien sei die Beschäftigung mit der Person Immanuel Kants mehr oder minder erledigt. Sie kann, insofern sie nicht noch einmal das äußere Leben Kants nacherzählen will, erst nach den grundlegenden historischen Arbeiten und der Dokumentenedition der Kantforschung der letzten hundert Jahre beginnen. Was im Gegensatz zur biographischen Erfassung anderer „Klassiker" bei Kant noch ganz im Anfang steckt, ist der Versuch einer „biographie intérieure". Sie zu schreiben reizt Kant, der sein Inneres vor dem Vorwitz der Zeitgenossen verbarg, ohne sich hypochondrisch zu verklemmen, noch immer. Vorarbeiten und wertvolle Hinweise bietet die Kantforschung bereits seit Erscheinen des Briefwechsels.[46]) Noch aber fehlt die Auswertung dieser Vorarbeiten in einer umfassenden Analyse und Deutung der historischen Person Immanuel Kant.

Freilich mag es sein, daß eine solche Persönlichkeitsanalyse und -deutung, indem sie gerade das Individuelle, das zu erkennen sie anstrebt, nicht liefert, im Abstrakt-Allgemeinen stecken bleibt und so der alte Satz von der Nichtaussagbarkeit des Individuellen am konkreten Versuch wieder einmal sich bewahrheitet; doch selbst das Scheitern des rationalen Zugriffs einer „biographie intérieure" mindert nicht den Gewinn einer Beschäftigung mit dem Menschen Immanuel Kant: denn nicht ein etwa noch zu lüftendes Geheimnis seiner Persönlichkeit ist es, was auf Dauer die Aufmerksamkeit der Nachwelt auf diesen Mann lenken wird, sondern vielmehr die Anziehungskraft einer Existenz, die rückhaltlos der Sache der Philosophie sich verschrieb und bei glänzenden Erfolgen sich freihielt von dem Wahn, auf dem Jahrmarkt akademischer Eitelkeit das „Gefühl für Humanität" einzutauschen gegen die Selbstapotheose eines verstiegenen Ichs.

Anmerkungen zur Einleitung

1 Vgl. die Einleitung zur Neuausgabe von Otto Schöndörffers Edition des Kantischen Briefwechsels in der „Philosophischen Bibliothek“ (Immanuel Kant: Briefwechsel. Auswahl und Anmerkungen von Otto Schöndörffer. Mit einer Einleitung von Rudolf Malter und Joachim Kopper und einem Nachtrag. Hamburg 1972, PhB 52 a/b).

2 Eine Ausnahme macht hier fast nur Kants Brief an Lindner vom 28. Okt. 1759 (Ak. Nr. 13, Sch. S. 16ff.).

3 Vgl. u. a. die Vorrede zu Kants Erstlingsschrift „Gedanken von der wahren Schätzung der lebendigen Kräfte“ (Ak. I, 7-16); weiterhin die Vorreden zur „Kritik der reinen Vernunft“ und zum „Streit der Fakultäten“.

4 Ak. XXI und XXII; vgl. auch A. Buchenaus und G. Lehmanns Edition „Die persönlichen Notizen aus dem opus postumum, in: Der alte Kant (vgl. Bibl. Nr. 4).

5 Wasianski berichtet, er habe Kant „kleine Büchelchen von einem Bogen Postpapier in Sedez gebunden“, die sogen. Memorienbücher, angefertigt (Wasianski, zit. nach der Ausg. von Groß, vgl. Bibl. Nr. 3, S. 233). Ein solches Heft wurde neuerdings von G. Mecklenburg mitgeteilt, zuerst in „Der Autographensammler“ N. F., 2. Jg. Nr. 3, Sept. 1952, J. A. Stargardt/Marburg, dann in den Kant-Studien 1970 (vgl. Bibl. Nr. 71).

6 Eine Ausnahme machte Kant im Falle seiner Maßregelung durch die Preußische Zensurbehörde. Um mißverständliche Deutungen seines Verhaltens zu korrigieren, publizierte er nach dem Tode Friedrich Wilhelms II. in der Vorrede zum „Streit der Fakultäten“ seinen Rechtfertigungsbrief an den König (Ak. Nr. 642, Sch. S. 682ff.). Ansonsten gab er öfter unmißverständlich zu verstehen, daß er keine Veröffentlichung eigener Briefe wünsche (vgl. Ak. Nr. 267, Sch. S. 292/293; Ak. Nr. 362, Sch. S. 395/396; Ak. Nr. 167, Sch. S. 197). Daß gleichwohl Briefe Kants zu seinen Lebzeiten an die Öffentlichkeit kamen, geschah demnach gegen seinen ausdrücklichen Willen (vgl. hierzu die Einleitung zu Schöndörffers Briefausgabe S. XX/XXI und Ak. XIII, S. X).

7 So vor allem gegen den Rezensenten der „Kritik der reinen Vernunft“ in den Göttinger Gelehrten Anzeigen, gegen Eberhard, Fichte, Schlettwein u. a. .

8 Dies gilt vor allem bezüglich der Trübung des Verhältnisses Kants zu seinem Schüler Beck. Vgl. hierzu neben dem Briefwechsel den aufschlußreichen Brief Becks an Pörschke vom 30. 3. 1800 (vgl.

H. Vaihinger: Briefe aus dem Kantkreise, in: AM 17 (1880) 209). Daß Kant im Prinzip versöhnlich reagierte, beweist sein Brief an Tieftrunk vom 12. Juli 1797 (Ak. Nr. 762, Sch. S. 743f.).

9 Vgl. u. a. die Auseinandersetzung Kants mit Fichte, dokumentiert in Bd. XII und XIII der Ak.

10 Lange Jahre vor Fichtes Ich-Philosophie bereits hat Theodor Gottlieb von Hippel in unmittelbarer Nähe Kants über das „Ich" reflektiert - anders freilich als später Fichte, aber immerhin nicht ganz ohne sachlichen Bezug zur Fichteschen Spekulation (vgl. Th. G. v.Hippel: Lebensläufe nach aufsteigender Linie, 1. Teil. Leipzig 1859, S. 240ff.).

11 Vgl. die Selbstbiographien von Scheffner, Baczko, Hippel (s. Bibl. Abt. I, 2).

12 Diesen Gedanken von der Hinfälligkeit des individuellen Lebens im Gesamtentwicklungsgang der Gattung hat Kant am deutlichsten in seiner „Idee zu einer Geschichte in weltbürgerlicher Absicht" ausgesprochen (vgl. vor allem den 3. Satz, Ak. VIII, S. 19/20).

13 Es wird in biographischen Abrissen zu Kant häufig nicht darauf hingewiesen, daß Kant auch schon vor Erscheinen der „Kritik der reinen Vernunft" zu den bekannteren deutschen Philosophen zählte. Dies bezeugt u. a. die Tatsache, daß schon 1769 der Hallenser Geschichtsprofessor Hausen in einem Brief Kant die Absicht mitteilte, ihn in eine Gelehrtenbiographie aufzunehmen: „Ich bin entschloßen: Biographien berühmter Philosophen und Geschichtschreiber des 18. Jahrhunderts in und außer Deutschland zu schreiben. Ich habe auch bereits das Leben eines Ploucquet, und anderer erhalten. Die Absicht ist den Geist der Philosophie und Geschichte in unsern Zeiten zu zeigen. Ew: Wohlgebohrn haben dem Publicum so schöne und zugleich so gründliche Schrifften geschenckt, daß der erste Theil dieses Buches durch dero Leben ein eignes Verdienst erhalten wird. Ich bitte dahero mir zu übersenden 1) Dero vollständiges Leben und Anzeige der Schrifften 2) die Bemerkung nach welchem Plane Sie die Philosophie studiret, und in ihren Schrifften bearbeitet, weil ich gerne den Geist der Kantischen Philosophie zeigen möchte. Da das Buch Ostern herauskommen soll, so verspreche ich mir eine baldige Erfüllung meiner Bitte." (Ak. Nr. 42, Bd. X, S. 79). Von einer Reaktion Kants ist nichts bekannt. Zu Hausens Biographieprojekt schreibt der Herausgeber der Anmerkungen der Ak.-Ausgabe zu oben genanntem Brief: „Der Plan wurde in dieser Form nicht ausgeführt" (Ak. XIII, 38). - Zu Kants frühem Ruhm vgl. auch den Brief Krickendes an Scheffner vom 9. 11. 1764 (Scheffner-Briefe Bd. 1 (s. Bibl. Nr. 34) S. 447).

14 Jachmann (S. Bibl. Nr. 3) S. 120.

15 Ak. Nr. 534, Sch. S. 594.
16 Ak. Nr. 540, Sch. S. 599.
17 Ak. Nr. 414, Sch. S. 449f. Zu Denina vgl. Schöndörffer: Kants Briefwechsel Band II, 1789-1794, in: AM 38 (1901) 96-134, bes. S. 98ff. und den Brief Lagardes an Scheffner vom 12. 8. 1790, in: Scheffner-Briefe Band 2 (Bibl. Nr. 34), S. 22; weiterhin auch Borowski (s. Bibl. Nr. 3) S. 12. - Über Deninas spätere Verbesserungen seines Kant-Artikels vgl. Scheffner-Briefe, Bd. 5 (Bibl. Nr. 34), S. 115.
18 Vgl. K. Vorländer: K-B, 6-10.
19 Vgl. Vorländers Zusammenstellung von Titeln (aus der anonymen Leipziger Biographie, die sich selbst wieder auf die Biographie von Mortzfeld bezieht) in K-B, 40/41.
20 P. Czygan: Wasianskis Handexemplar (vgl. Bibl. Nr. 38), S. 117.
21 Czygan, S. 117.
22 Vgl. Vorländer, K-B, 10-12.
23 Hasse (vgl. Bibl. Nr. 4), S. 31.
24 Wasianski, S. 215. - Czygan und Buchenau-Lehmann nehmen Mortzfeld als den bei Wasianski ungenannten Autor an. Vorländer macht auf die Möglichkeit aufmerksam, daß es sich bei der Wasianski-Stelle auch um die Altenburger-Skizze gehandelt haben könnte, vgl. K-B, S. 12.
25 Vgl. Vorländers Urteil in K-B (passim) und in Vorl. II., S. 376.
26 Brief vom 1. 6. 1804 an Lüdecke: „Kraus wäre der einzige, der über ihn schreiben könte, allein es möchte leichter seyn mit einem Messer ein Granitstück abzuschneiden wie von ihm etwas zum Druck zu erhalten . . . " (Scheffner-Briefe, Band. 2, S. 448).
27 Ebd. .
28 Vgl. die Titelzusammenstellung bei Vorländer, K-B, 41f. und die Kant-Bibliographie von Adickes (German Kantian Bibliography, Neudr. der Ausg. 1896, Würzburg o. J.).
29 Vgl. Adickes: German Kantian Bibliography (1896), Nachdr. Würzburg o. J., Bd. III, Rubrik 1804, S. 558ff.
30 Vorl. II, S. 376. - Vgl. Vorländer, K-B, 12-30; dort auch Hinweise auf die Urteile Chamberlains, Schmids und Schuberts über die drei Biographien.
31 Vgl. Vorländer, K-B, 30-33.
32 „Der Freimüthige oder Ernst und Scherz", Freitag, den 13. July 1804. Nro. 139, zit. nach Buchenau-Lehmann: Der alte Kant, S. 70; vgl. auch das ebenfalls bei Buchenau-Lehmann (S. 66-69) abgedruckte Urteil der „Zeitung für die elegante Welt", Sonnabend 21. July 1804, Nr. 87 und Scheffners Bemerkung in seinem Brief an Lüdecke (s. Anm. 26): „. . . Eberhards Ästetik hab ich mit grossem Vergnügen durchgelesen, das wird nicht ihr fall seyn wenn Ihnen die kleine Schrifft über den alten Kant vom

HE Cons: R u ParadiesAuffinder Hasse vor die Augen kommen wird - so viel Trivialitäten Minutien und Unanständigkeit sind nicht leicht auf 4 Bogen zusammengedruckt - alles schreibt über den langentkanteten Kant, und keiner bringt etwas zu Markt über sein Leben Weben u seyn - vermuthlich weil leztres über ihre Kräfte gehört, und sie lieber eigne Ohnmacht an fremder Kraftlosigkeit sich versuchen lassen." (S. 451/452).

33 Vgl. die diesem Nachdruck angehängten Beilagen.

34 Vorl. II, S. 376. Vgl. Vorländer, K-B, 33-36; zu Metzger vgl. Heinrich Kolbow: Johann Daniel Metzger. Arzt und Lehrer an der Albertus-Universität zur Zeit Kants, in: JK 10 (1960) 91-96.

35 Vgl. Scheffner an Lüdecke 8. 8. 1804: „Haben Sie schon den 1t Band von Kants Leben gelesen? er gefällt mir sehr. Einiges ist unrichtig - ich setz es dem Magdeburgischen Mellin auf die Rechnung, denn er ist mit Kants Schriften durch und durch bekannt, und saugt man ihnen kein unnützes Gift wie der gute Nicolai der das Schubben an der neuen Philosophie überhaupt nicht lassen kann, u seine eigne Haut dadurch kräftig macht" (Scheffner-Briefe, Bd. 2, S. 453).

36 Vgl. Vorländer, K-B, 39-45, zur Autorfrage S. 44/45. Kritische zeitgenössische Urteile finden sich im Anhang zu Borowskis Biographie (S. 111-115) und bei Rink: Ansichten (s. Bibliogr. Nr. 7), S. 122-150.

37 Vgl. Bibl. Nr. 9; Vorländer, K-B, 46-48.

38 Zur näheren Charakteristik der beiden biographischen Werke vgl. Vorländer, K-B (zu Rink: 36-39; zu Reusch: 45/46).

39 Vgl. E. Fromm: Bitte um Materialien zu einer Kant-Biographie, in: KS 2 (1898) 387/388.

40 Zwischen Schubert (1842) und Vorländer (1911) erschien in englischer Sprache eine umfängliche Biographie (Stuckenberg, vgl. Bibl. Nr. 93).
Eine Sonderstellung nimmt die Kantbiographie von Rudolf Kayser ein (vgl. Bibl. Nachtrag Nr. 111).

41 Daß Vorländers kleine Biographie weit über die Grenzen des deutschen Sprachraums bekannt wurde, beweist u. a. der Bericht von S. L. Cheng: Was kennen die Chinesen von Kant? , in: JK 5 (1954), 155-159.

42 Vgl. Marxismus und Ethik. Texte zum neukantianischen Sozialismus. Einleitung von Hans Jörg Sandkühler. Hg. v. Rafael de la Vega und Hans Jörg Sandkühler. Frankfurt 1970, S. 262ff. (vgl. auch die Einleitung von Hans Jörg Sandkühler: Kant, neukantianischer Sozialismus, Revisionismus, S. 7ff.).

43 Vorländer, Kants Leben, 1921, Quellen, S. 213.

44 Vgl. Vorl., Kants Leben, 1921, Quellen, S. 213.

45 Zu Vorländers großer Biographie vgl. seine Selbstanzeige: Eine neue Kantbiographie, in: Reichls Philosophischer Almanach auf

das Jahr 1924. Immanuel Kant zum Gedächtnis 22. April 1924, Darmstadt 1924, S. 236-238.

46 Vgl. die Arbeiten von Bauch (Nr. 42), Heller (Nr. 64), Hildebrandt (Nr. 65), Lehmann (Nr. 68), Menzer (Nr. 72), Ritzel (Nr. 79), Schmid (Nr. 81) und die psychologisch-kritischen Bemerkungen J. Koppers im 2. Teil der Einleitung zur Neuausgabe von Schöndörffers Briefwechsel (vgl. Anm. 1).

Auswahlbibliographie zur Biographie Kants

Die folgende Bibliographie bringt zunächst (I,1) die wichtigsten derjenigen biographischen Schriften, die, der Feder von Zeitgenossen Kants entstammend, ausdrücklich und ausschließlich Kants Leben und Persönlichkeit zu ihrem Thema haben und daher im engeren Sinne als kantbiographische Quellen – „primäre Quellen" – anzusehen sind. Unter I,2 sind, als ergänzende Beiträge zu den eigentlichen Biographien, eine Reihe von Titeln aufgeführt, die zumeist in größerem, Kant nicht betreffenden Zusammenhang auch über Kant berichten, bzw. - wenn sie sich nur mit Kant befassen, - bloß punktuell erhellend sind für seine Biographie. Diese „sekundären" Quellen sind gleichwohl häufig nicht weniger informativ für unser Wissen um Kants Leben als die „primären". Daß sie überaus zahlreich sind, versteht sich von selbst, wenn man das große Aufsehen, das die Kantische Philosophie in den beiden letzten Jahrzehnten des 18. Jahrhunderts erregte, in Rechnung stellt. Eine größere Sammlung dieser „sekundären" Quellen steht noch aus. Die Beilagen zu diesem Nachdruck der Vorländerschen Kantbiographie sollen daher vor allem einen ersten Eindruck von diesen zeitgenössischen Quellen verschaffen.

Der Teil II, „Sekundärliteratur", informiert - in Auswahl - über Spezialliteratur zu den Quellen und über neuere, d. h. nicht mehr von Zeitgenossen Kants verfaßte Gesamt- und Teilbiographien sowie über Beiträge, die sich auf biographische Einzelprobleme beziehen.

I. Quellen

1. Primäre Quellen

Über die autobiographischen Quellen für eine Lebensbeschreibung Kants vgl. Teil I der Einleitung.

1 Kants Leben, eine Skizze. In einem Briefe eines Freundes an seinen Freund. Altenburg 1799 (Neuausgabe Leipzig und Altenburg 1809).

2 [Dr. med. Joh. Christian Mortzfeld]: Fragmente aus Kants Leben. Ein biographischer Versuch. Königsberg 1802.

3 Immanuel Kant. Erster Teil: Darstellung des Lebens und Charakters Immanuel Kants von Ludwig Ernst Borowski. Von Kant selbst genau revidiert und berichtigt. - Zweiter Teil:

Immanuel Kant geschildert in Briefen an einen Freund von Reinhold Bernhard Jachmann. - Dritter Teil: Immanuel Kant in seinen letzten Lebensjahren. Ein Beitrag zur Kenntnis seines Charakters und häuslichen Lebens aus dem täglichen Umgang mit ihm von E. A. Ch. Wasianski. Königsberg 1804. Neuausgaben: Immanuel Kant. Ein Lebensbild nach Darstellungen der Zeitgenossen Jachmann, Borowski, Wasianski. Hg. v. Alfons Hoffmann. Halle 1902, [2]1907. - Immanuel Kant. Sein Leben in Darstellung von Zeitgenossen / Die Biographien von L. E. Borowski, R. B. Jachmann und A. Chr. Wasianski. Hg. v. Felix Groß. Berlin 1912 (Reprograf. Nachdruck dieser Ausgabe Darmstadt, Wissenschaftl. Buchgesellschaft, 1968).

4 Hasse, Joh. Gottfr.: Merkwürdige Aeusserungen Kant's von einem seiner Tischgenossen. Königsberg 1804. - Die 2. Aufl. unter dem Titel: Joh. Gottfr. Hasse: Lezte Aeußerungen Kant's von einem seiner Tischgenossen. Zweyter Abdruck. Königsberg 1804. - Neuausgabe der 2. Aufl.: Der alte Kant. Hasse's Schrift: Letzte Äußerungen Kants und persönliche Notizen aus dem opus postumum. Herausgegeben von Artur Buchenau und Gerhard Lehmann. Berlin-Leipzig 1925.

5 [Johann Daniel Metzger]: Aeusserungen über Kant, seinen Charakter und seine Meinungen; von einem billigen Verehrer seiner Verdienste. o. O., o. J. [Königsberg 1804].

6 Immanuel Kants Biographie. Erster Band. Zweiter Band. Leipzig 1804.

7 Rink, Friedrich Theodor: Ansichten aus Immanuel Kant's Leben. Königsberg 1805. Nachdr.: Aetas Kantiana Nr. 214.

8 Reusch, Chr. F.: Kant und seine Tischgenossen. Aus dem Nachlaß des jüngsten derselben. Königsberg o. J. (=Sonderabdruck der in den NPrPB 1848, Bd. 6, S. 288ff. erschienenen „Historischen Erinnerungen“). Nachdr.: Aetas Kantiana Nr. 211, Brüssel 1973.

9 Reicke, Rudolph (ed.): Kantiana. Beiträge zu Immanuel Kants Leben und Schriften. Königsberg 1860.

10 Die Todtenfeyer Kant's, herausgegeben v. E. G. A. Böckel. Königsberg 1804.

11 Kelch, Wilhelm Gottlieb: Ueber den Schädel Kants. Ein Beytrag zu Galls Hirn- und Schädellehre. Königsberg 1804 (Neudr.: Königsberg 1924).

2. *Sekundäre Quellen*

12 Johann Friedrich Abeggs Reise zu deutschen Dichtern und Gelehrten im Jahre 1798. Nach Tagebuchblättern mitgeteilt von H. Deiter, in: Euphorion 16 (1909) 732-745. - Vgl. auch den Abdruck in Vorl. II, 307-311.

13 von Baczko, Ludwig: Geschichte meines Lebens. 3 Bde. Königsberg 1824.

14 Johann Bernoulli's Reisen durch Brandenburg, Pommern, Preußen, Curland, Rußland und Pohlen, in den Jahren 1777 und 1778. 3. Bd.: Reise von Danzig nach Königsberg, und von da nach Petersburg. Leipzig 1779.

15 [Vaihinger, Hans, ed.]: Der Graf von Bray über Kant, in: KS 6 (1901) 123.

16 Denina: La Prusse littéraire sous Frédéric II . . . Berlin 1790.

17 Johann Gottlieb Fichte's Leben und literarischer Briefwechsel. Von seinem Sohne Immanuel Hermann Fichte. Zweite, sehr vermehrte und verbesserte Auflage. 1. Bd.: Das Leben. 2. Bd.: Actenstücke und literarischer Briefwechsel. Leipzig 1862.

18 Hamann, Johann Georg: Briefwechsel. Hg. v. Walther Ziesemer und Arthur Henkel. Wiesbaden 1955-1965 (Bde. 1-5).

19 Herder, Johann Gottfried: Sämtliche Werke. Hg. v. Bernhard Suphan. Bd. 17: Briefe zu Beförderung der Humanität. Sechste Sammlung. Riga 1795, Brief Nr. 79. Hildesheim 1967 (Reprogr. Nachdr. der Ausg. v. 1881). - Bd. 18: Anhang zu den Briefen zu Beförderung der Humanität. Briefe Nr. 20-22; Hildesheim 1967 (Reprograf. Nachdr. d. Ausg. v. 1883). - Bd. 22: Kalligone. Vom Angenehmen und Schönen. Leipzig 1800, Vorrede; Hildesheim 1967 (Reprograf. Nachdr. d. Ausg. v. 1880).

20 Herders Briefe. Ausgewählt, eingeleitet und erläutert von Wilh. Dobbek. Weimar 1959.

21 Johann Gottfried von Herder's Lebensbild. Sein chronologisch-geordneter Briefwechsel, verbunden mit den hierhergehörigen Mittheilungen aus seinem ungedruckten Nachlasse, und mit den nöthigen Belegen aus seiner und seiner Zeitgenossen Schriften. Hg. v. seinem Sohne Dr. Emil Gottfried von Herder. Ersten Bandes erste Abtheilung. Erlangen 1846.

22 Johann Gottfried von Herder's sämmtliche Werke. Zur Philosophie und Geschichte. Stuttgart 1830. Teil 20-23: Erinnerungen aus dem Leben Joh. Gottfrieds von Herder. Gesammelt und beschrieben von Maria Caroline Herder, geb. Flachsland. Hg. durch Johann Georg Müller.

23 Th. G. v. Hippel's sämmtliche Werke. 12. Bd.: Hippel's Leben 1835. - 13. Bd.: Hippel's Briefe. Berlin 1838 (Briefe an Scheffner. Aus seinem Nachlaß hg. v. Th. G. v. H.). - 14. Bd.: Hippel's Briefe. Berlin 1839 (Hippel's Briefe von 1775-1785).

24 Mémoires du Général Dirk van Hogendorp, publiés par son petit-fils M. le comte D. C. A. van Hogendorp. La Haye 1887.

25 Briefe eines reisenden Russen, von Karamsin. Aus dem Russischen von Johann Richter, Leipzig 1799, Bd. 1, 57-63; (vgl. auch: Ein Besuch Karamsin's bei Kant. Mitgeteilt von Anton Palme, in: KS 5 (1901) 120-122).

26 Das Leben des Professor Christian Jacob Kraus, aus den Mittheilungen seiner Freunde und seinen Briefen. Dargestellt von Johannes Voigt. Königsberg 1819.
27 Beiträge zum Leben Christian Jacob Kraus. Hg. v. D. Gottlieb Krause, in: AM 18 (1881) 53-96; 193-224.
28 Ein Besuch Lupin's bei Kant. Mitgetheilt von R. B., in: AM 38 (1901) 604-615.
29 Versuch einer Lebensbeschreibung J. H. L. Meierotto's. Hg. v. Friedrich Leopold Brunn. Berlin 1802.
30 [Purgstall an Kalmann, 30. 4. 1795] Ein Brief über Kant. Mitgetheilt von Karl Hugelmann, in: AM 16 (1879) 607-612.
31 C. E. C. Freyin von der Recke: Über C. F. Neanders Leben und Schrifften. Eine Skizze, Berlin 1804.
32 Reichardt, Johann Friedrich: Kant und Hamann, in: Urania. Taschenbuch für Damen 1812.
33 Mein Leben, wie ich Johann George Scheffner es selbst beschrieben. Leipzig, gedr. 1816, ausgegeben 1823.
34 Briefe an und von Johann George Scheffner. Hg. v. Arthur Warda. 1. Bd. A-K, München/Leipzig 1918; 2. Bd.: L-M, ebd. 1926; 3. Bd.: N-P ebd. 1927/28; 4. Bd., hg. v. Arthur Warda und Carl Diesch: R-Z. ebd. 1931; 5. Bd.: Königsberg 1937, hg. v. Arthur Warda und Carl Diesch. 1. Teil: Würdigung, Anmerkungen und Nachtrag. 2. Teil: Nachträge zu den Anmerkungen, Chronologisches Verzeichnis der Briefe, Namensregister.
35 Schütz, Christian Gottfried: Darstellung seines Lebens, Charakters und Verdienstes nebst einer Auswahl aus seinem litterarischen Briefwechsel mit den berühmtesten Gelehrten und Dichtern seiner Zeit. Hg. v. seinem Sohne Friedrich Karl Julius Schütz. 1. Bd. Halle 1834, 2. Bd. Halle 1835.
36 Briefe aus dem Kantkreise. Mitgetheilt von Dr. Hans Vaihinger, in: AM 17 (1880) 286-299.
37 Lehmann, Gerhard: Diaconus Wasianski. Unveröffentlichte Briefe. In: Kritik und Metaphysik, Studien. H. Heimsoeth zum 80. Geburtstag. Hg. v. Friedrich Kaulbach und Joachim Ritter. Berlin 1966, 76-98.
38 Czygan, Paul: Wasianskis Handexemplar seiner Schrift: Immanuel Kant in seinen letzten Lebensjahren, in: Sitzungsberichte der Altertumsgesellschaft Prussia, 17. Heft, Königsberg 1892.

II. Sekundärliteratur

39 Arnoldt, Emil: Kants Jugend und die fünf ersten Jahre seiner Privatdozentur im Umriß dargestellt, in: Gesammelte Schriften. Hg. v. Otto Schöndörffer. Bd. 3, 2. Abt., Berlin 1908.

40 Arnoldt, Emil: Kritische Exkurse im Gebiete der Kantforschung. Königsberg 1898.
41 Arnoldt, Emil: Beiträge zu dem Material der Geschichte von Kants Leben und Schriftstellertätigkeit in Bezug auf seine „Religionslehre“ und seinen Konflikt mit der preussischen Regierung, in: Gesammelte Schriften, Bd. 6, Berlin 1909.
42 Bauch, Bruno: Die Persönlichkeit Kants, in: KS 9 (1904) 196-210.
43 Biehahn, Erich: Zwei unbekannte Kantbildnisse der Deutschen Staatsbibliothek, in: KS 53, 1961/62, 127/128.
44 Kant im Urteil der Dichter seiner Zeit. Zusammengestellt von Gerhard Birnbaum. Deutsche Akademische Rundschau (Göttingen) Jg. 6, Nr. 7, 12. Semester-Folge, 1925, S. 8-10.
45 Bobrik, Benno: Immanuel Kant's Ansichten über das weibliche Geschlecht, in: AM 14 (1877) 593-612.
46 Cassirer, Ernst: Kants Leben und Lehre. Berlin 1921.
47 Kant-Bildnisse. Mit Unterstützung der Stadt Königsberg hg. v. der Königsberger Ortsgruppe der Kant-Gesellschaft. Bearb. v. Karl Heinz Clasen. Königsberg 1924.
48 Diederichs, Victor: Kants Briefwechsel mit seinem Bruder, in: Baltische Monatsschrift 40 (1893) 535-562.
49 Dilthey, Wilhelm: Der Streit Kants mit der Censur über das Recht freier Religionsforschung, in: Archiv für Geschichte der Philosophie 3 (1890) 418-450.
50 Ehmer, W.: Kants Abstammung, in: KS 30 (1925) 464-467.
51 Falckenberg, Richard: Kant's Berufung nach Erlangen, in: KS 7 (1902) 364/365.
52 Fischer, Kuno: Geschichte der neueren Philosophie. Jubiläumsausgabe. 4. Auflage. Bd. 4, Heidelberg 1898, S. 38ff.
53 Forstreuter, Kurt: Ein Bildnis Kants in Holland, in: Preußenland 1 (1963) 29-32.
54 Fritzsch, Th.: Kant im Urteil seiner Zeitgenossen, in: Pädagogische Studien. Neue Folge (Meißen) 45 (1924) 34-36.
55 Fritzsch, Th.: Kant und die Philanthropisten, ebd. 129-147.
56 Fromm, Emil: Immanuel Kant und die preussische Censur. Nebst kleineren Beiträgen zur Lebensgeschichte Kants. Nach den Akten im Königl. Geheimen Staatsarchiv zu Berlin. Hamburg und Leipzig 1894 (enthält noch: Kants Bewerbung um das Unterbibliothekariat an der Königsberger Schloßbibliothek, S. 55-60. Aus den Vorlesungsverzeichnissen der Universität Königsberg, S. 60-62, und: Kants Gehaltsverhältnisse, S. 62-64).
57 Fromm, Emil: Zur Vorgeschichte der Königlichen Kabinetsordre an Kant vom 1. Oktober 1794, in: KS 3 (1899) 142-147.
58 Gause, Fritz: Die Geschichte der Stadt Königsberg in Preußen. 2. Band: Von der Königskrönung bis zum Ausbruch des Ersten Weltkrieges. Köln-Graz 1968.

59 Gause, Fritz: Kants Freunde in der Königsberger Kaufmannschaft, in: JK 9 (1959) 49-67.
60 Gause, Fritz: Kant und die Frauen, in: Ostdeutsche Monatshefte (Stollhamm/Oldenburg) 28 (1962) Heft 1, S. 37-42.
61 Kant-Anekdoten. Gesammelt von Kurt Joachim Grau. Berlin 1924.
62 Grigoleit, Edward: Zur Abstammungsfrage Immanuel Kants, in: Genealogie und Heraldik. Zeitschrift für Familiengeschichtsforschung und Wappenwesen 1950, 213-215.
63 Haagen, Bernhard: Auf den Spuren Kants in Judtschen, in: AM 48 (1911) 382 ff., 528 ff.
64 Heller, Josef: Kants Persönlichkeit und Leben. Versuch einer Charakteristik. Berlin 1924.
65 Hildebrandt, Kurt: Über Kants Charakter, in: KS 49 (1957/58) 182-197.
66 Jünemann, Franz: Kantiana. Vier Aufsätze zur Kantforschung und Kantkritik nebst einem Anhange. Leipzig 1909.
67 Krawczynski: Kant und der Russe Karamsin, in: Kölnische Volkszeitung 1924, Nr. 313, 27. April.
68 Lehmann, Gerhard: Kants Lebenskrise, in: Neue Deutsche Hefte, Oktober 1954, 501-508; abgedr. in: G. Lehmann: Beiträge zur Geschichte und Interpretation der Philosophie Kants. Berlin 1969, 411-421.
69 Linden, H.: Kant kein Deutscher? In: KS 20 (1915) 447/448.
70 Lomber, Wilhelm: Immanuel Kants letzte Lebensjahre und Tod. Königsberg 1923.
71 Mecklenburg, G.: Kants letzte Aufzeichnungen, in: KS 61 (1970) 93-96.
72 Menzer, Paul: Kants Persönlichkeit, in: KS 29 (1924) 1-20.
73 Meyer, William: Kants Urgroßmutter Anna Mielcke, in: Altpreußische Geschlechterkunde 1927, 121-122.
74 Michelis: Kant - Hauslehrer in Judtschen? In: KS 38 (1933) 492/493.
75 Minden, D.: Der Humor Kant's im Verkehr und in seinen Schriften, in: AM 8(1871) 345-361.
76 Mortensen, Hans - Mortensen, Gertrud: Kants väterliche Ahnen und ihre Umwelt, in: JK 3 (1953) 25-57.
77 von Pantzer, Gerhard: Baltische Nachkommen aus der Familie Immanuel Kants, in: Ostdeutsche Familienkunde (Neustadt/Aisch) Bd. 4, Jg. 14 (1966) S. 184/185.
78 Reicke, Rudolf: Fichte's erster Aufenthalt in Königsberg, in: Deutsches Museum (Leipzig) Bd. 1, 721-736; 767-785.
79 Ritzel, Wolfgang: Wie ist eine Kant-Biographie überhaupt möglich? In: KS 62 (1971) 98-112.
80 Rosikat, A.: Kants Beziehungen zur Kaufmannschaft, in: KS 16 (1911) 519/520.

81 Schmid, Friedrich Alfred: Kant im Spiegel seiner Briefe, in: KS 9 (1904) 307-320.
82 Schöndörffer, Otto: Der elegante Magister, in: Reichls Philosophischer Almanach auf das Jahr 1924. Immanuel Kant zum Gedächtnis. Hg. v. Paul Feldkeller, Darmstadt 1924, 65-86.
83 Schöndörffer, Otto: Kants Leben und Lehre. Leipzig 1924.
84 Schoeps, Hans-Joachim: Beinahe. Kants Berufung nach Erlangen, in: KS 49 (1957/58) 279-281.
85 Immanuel Kant's Biographie. Zum grossen Theil nach handschriftlichen Nachrichten dargestellt von Friedrich Wilh. Schubert. Leipzig 1842, in: Immanuel Kant's Sämmtliche Werke. Hg. v. Karl Rosenkranz und Friedr. Wilh. Schubert. Elften Theils zweite Abtheilung. Leipzig 1842.
86 Schütz, Friedrich: Immanuel Kant, Studiosus Philosophiae, in Judtschen. Eine neue Spur, in: KS 37 (1932) 227-229.
87 Schultz, Uwe: Immanuel Kant in Selbstzeugnissen und Bilddokumenten. Reinbek b. Hamburg 1965.
88 Sembritzki, Johannes: Neue Nachrichten über Kant's Grossvater, in: AM 37 (1900) 139-141.
89 Sintenis, Franz: Maria von Herbert und Kant. Eine Studie, in: AM 16 (1879) 270-285.
90 Spiegel, Ludwig: Kants Maßregelung, in: Archiv für Rechts- und Sozialphilosophie 17 (1923/24) 337-342.
91 Stavenhagen, Kurt: Kant und Königsberg. Göttingen 1949.
92 Stein, Dieter: Kaliningrad ist nicht Königsberg, in: Stern. Magazin (Hamburg) Heft 29, 20. Jg. Juli 1969, S. 26-34; 138-139.
93 Stuckenberg, J. H. W.: The Life of Immanuel Kant. London 1882.
94 Suphan, Bernhard: Herder als Schüler Kants, in: Zeitschrift für Deutsche Philologie, 4 (1872) 225-237.
95 Vorländer, Karl: Immanuel Kants Leben. Leipzig 1911, ^{2}1921 (PhB 126).
96 Vorländer, Karl: Die ältesten Kant-Biographien. Eine kritische Studie, Berlin 1918.
97 Vorländer, Karl: Immanuel Kant. Der Mann und das Werk, 2 Bde., Leipzig 1924.
98 Warda, Arthur: Ergänzungen zu E. Fromms zweitem und drittem Beitrage zur Lebensgeschichte Kants, in: AM 38 (1901) 75-95; 398-432.
99 Warda, Arthur: Immanuel Kants Bücher. Berlin 1922.
100 Immanuel Kants letzte Ehrung. Aktenmäßige Darstellung von Arthur Warda. Königsberg 1924.

Nachtrag

101 Abegg, Johann Friedrich: Reisetagebuch von 1798. Erstausgabe. Hrsg. von Walter und Jolanda Abegg in Zusammenarbeit mit Zwi Batscha. Frankfurt 1976 (vgl. hierzu die Rez. von R. Malter, in: KS 3, 1979, 339-340).

102 Anderson, Eduard: Das Kantzimmer. Verzeichnis der Kant-Andenken im Stadtgeschichtlichen Museum der Stadt Königsberg. Hrsg. vom Stadtgeschichtlichen Museum der Stadt Königsberg 1936.

103 Benninghoven, Friedrich (Hrsg.): Immanuel Kant. Leben - Umwelt - Werk. Ausstellung des Geheimen Staatsarchivs Preußischer Kulturbesitz (u.a.) zur 250. Wiederkehr von Kants Geburtstag am 22. April 1974. Berlin 1974.

104 Breysig, K.: Der Aufbau der Persönlichkeit von Kant. Aufgezeigt an seinem Werke. Ein Versuch zur Seelenkunde des Gelehrten. Stuttgart - Berlin 1931.

105 Gause, Fritz: Kant und Königsberg. Ein Buch der Erinnerung an Kants 250. Geburtstag am 22. April 1974. Leer/Ostfr. 1974.

106 Gulyga, Arsenij: Kant. Moskau 1977 (^{2}1981) (dt. Fassung Frankfurt 1981).

107 Heller, Josef: Kants Persönlichkeit und Leben. Versuch einer Charakteristik. Berlin 1924.

108 Hinske, Norbert: Artikel „Kant", in: Neue Deutsche Biographie Bd. 11 (1977) 110-125.

109 Immanuel Kant zu ehren. Hrsg. v. Joachim Kopper und Rudolf Malter. Frankfurt 1974.

110 Jaspers, Karl: Kant. Leben, Werk, Wirkung. München 1975.

111 Kayser, Rudolf: Kant. Wien 1935.

112 Kuhrke, Walter: Kant und seine Umgebung. Königsberg 1924.

113 Malter, Rudolf: Ein Philosoph wird geehrt. Philosophiegeschichtlich-kulturhistorische Bemerkungen zu Kantehrungen und Kantjubiläen, in: Zeitschrift für Religions- und Geistesgeschichte 27 (1975) 289-304.

114 Malter, Rudolf: Philosophieren im Ichverzicht, in: Universitas 31 (1976) 757-760.

115 Malter, Rudolf: Kant im Keyserlingschen Haus, in: KS 72 (1981) 88-95.

116 Malter, Rudolf - Staffa, Ernst (in Verbindung mit Peter Wörster): Kant in Königsberg seit 1945. Eine Dokumentation. Wiesbaden 1983.

117 Mühlpfordt, Herbert Meinhard: Königsberger Leben im Rokoko. Bedeutende Zeitgenossen Kants. Siegen 1981.

118 Richter, Günter (Hrsg.): 4. Internationaler Kant-Kongreß Mainz. Immanuel Kant. Katalog der Ausstellung, hrsg. v. d. Kant-Gesell-

schaft e.V. in Verbindung mit dem Kulturdezernat der Stadt Mainz und der Universitätsbibliothek Mainz. Mainz 1974.

119 Ritzel, Wolfgang: „Kants Leben". Bemerkungen zum Neudruck der „kleinen" Kant-Biographie Karl Vorländers, in: KS 66 (1975) 121-127.

120 Ritzel, Wolfgang: Immanuel Kant. Zur Person. Bonn 1975.

121 Rosenkranz, Karl: Königsberger Skizzen. Danzig 1842.

122 Vorländer, Karl: Immanuel Kant. Der Mann und das Werk. Zweite, erweiterte Auflage. Mit einem Beitrag „Kants Opus postumum" von Wolfgang Ritzel. Unter Mitarbeit von Konrad Kopper hrsg. von Rudolf Malter. Hamburg 1977 ([1]1924 in zwei Bänden).

Immanuel Kants Leben

Erstes Kapitel.

Elternhaus. Erste Jugend. Gymnasialzeit.

1724—1740.

1. Abstammung. Eltern. Erste Kindheit.

Immanuel Kant wurde in der fünften Morgenstunde des 22. April 1724 in einem einfachen Bürgerhause der heute noch bestehenden „vorderen Vorstadt“ zu Königsberg in Preußen geboren. Die Gasse, in der es lag, hieß damals die Sattlergasse. Auch sein Vater, Johann Georg Kant, betrieb daselbst das ehrsame Handwerk eines Sattler-, genauer Riemermeisters. Die Vorfahren väterlicherseits stammten der Familienüberlieferung nach aus Schottland, wo in der Tat schon im 17. Jahrhundert der auch gegenwärtig noch dort vorkommende Familienname *Cant* nicht selten war. Kant selbst hat darüber als 73jähriger dem schwedischen Bischof Lindblom, der den Stammbaum des Philosophen in Schweden suchte, geschrieben, daß sein Großvater „einer von den vielen“ gewesen sei, „die am Ende des vorigen und im Anfange dieses Jahrhunderts aus Schottland, ich weiß nicht aus welcher Ursache, in großen Haufen emigrierten, und davon ein guter Teil sich unterwegens auch in Schweden, der Rest aber in Preußen, vornehmlich über Memel verbreitet hat“; und weiter, daß derselbe in Tilsit gestorben sei. Seitdem ist indessen aktenmäßig nachgewiesen, daß bereits der Urgroßvater unseres Philosophen „Richart Kandt“ im Jahre 1667 als bejahrter Mann „Krüger“, d. h. Wirt in Werden bei Heydekrug war. Dessen Sohn Hans Kant dagegen hatte das Riemerhandwerk erlernt, sich als Handwerksgeselle in „frembden Landen“ umgesehen und sich dann — etwa um 1670 — als Riemermeister in der Stadt Memel niedergelassen, nachdem er sein Meisterstück in dem benachbarten Tilsit gemacht hatte [1]. Er heiratete bald darauf, anscheinend eine einheimische Bürgerstochter, die ihm am 3. Januar 1683 als zweiten von drei Söhnen den Vater unseres Immanuel, Johann Georg, gebar. Während der Großvater in Memel blieb, wo er 1698 eine zweite Ehe schloß, wanderte Johann Georg — vielleicht ebendeshalb — nach Königsberg aus und verheiratete sich dort, beinahe 33jährig, am 13. November 1715 mit der Tochter eines aus Nürnberg stammenden Handwerksgenossen Caspar Reuter (1670—1729), der 18 jährigen Anna Regina Reuter (geb. 16. März 1697).

Für den pietistischen Geist, der von Anfang an in dem neuen Hausstand herrschte, sind die Worte bezeichnend, welche die Neuvermählte in ein von ihr auch weiter geführtes „Hausbuch" — wir dürfen wohl an ein Gebetbuch denken — eintrug: „Anno 1715 d. 13. November habe ich Anna Regina Reuterin mit meinem lieben Mann Johann George Kant [2] unsern hochzeitlichen Ehrentag gehalten und sind von Herrn M(agister) Lilienthal copulirt worden in der Kneiphöfschen Thum (= Dom) Kirche. Der Herr unser Gott erhalte uns in beständiger Liebe und Einigkeit nach seinem Wohlgefallen, er gebe uns von dem Thau des Himmels und der Fettigkeit der Erde so lange bis er uns zusammenbringen wird zu der Hochzeit des Lammes um Jesu Christi seines Sohnes willen. Amen." Aus dieser Ehe gingen in zwanzig Jahren nicht weniger

[1]) Daher wohl der Irrtum des Enkels, daß sein Großvater Tilsiter Bürger gewesen sei. Immerhin wäre es möglich, daß der Großvater in ganz jugendlichen Jahren mit seinem Vater aus Schottland eingewandert wäre, da er, nach dem betreffenden Aktenstück zu schließen, der reformierten (kalvinischen) Gemeinde in Memel angehörte, deren Mitglieder sich schon 1640 hauptsächlich aus Holländern und Schotten zusammensetzten. Durch seine Heirat (s. oben) kam er dann mit seiner Familie in die Kirchenbücher der lutherischen Gemeinde.

[2]) Aus dieser Niederschrift wie auch aus den schon vorher benutzten Urkunden ergibt sich, daß der Name der Familie von Anfang an mit *K* und nicht mit *C* geschrieben wurde: so daß die von Schubert und den ihm folgenden übrigen Biographen übernommene Angabe des auch sonst nicht besonders zuverlässigen Hasse, Kants Eltern, ja er selbst habe seinen Namen anfangs noch *Cant* geschrieben und ihn nur deshalb in *Kant* verändert, weil manche Leute ihn wie *Zant* aussprachen, keinen tatsächlichen Untergrund zu haben scheint.

als neun Kinder hervor. Unserem Immanuel waren schon drei Geschwister vorausgegangen, doch war das erste Kind der zarten Frau (eine Tochter) totgeboren, und ein kleiner Bruder, noch ehe er das erste Lebensjahr vollendet, gestorben. So behielt er nur eine um fünf Jahre ältere Schwester (Regina), während von dem ihm noch folgenden fünf Geschwistern zwei Schwestern und ein Bruder (Johann Heinrich, geb. 1735) die Eltern überlebten.

Bereits am Tage nach seiner Geburt, einem Sonntag, wurde der neue Stammhalter der Familie, und zwar auf den Namen Emanuel getauft, der für den 22. April, seinen Geburtstag, in den älteren preußischen Kalendern steht, und der ja auch zu der frommen Sinnesart der Eltern, insbesondere der Mutter, paßte. Zu dem Tauftage ihres Ältesten hat die letztere, als hätte sie seinen Ruhm vorausgeahnt, eine ausführlichere Eintragung als bei den übrigen Kindern in das „Hausbuch" gemacht. Sie beginnt mit den Worten: „Anno 1724 d. 22ten April Sonnabends des Morgens um 5 Uhr ist mein Sohn Emanuel an diese Welt geboren und hat d. 23ten die heilige Taufe empfangen." Dann werden die sechs Taufpaten aufgezählt: vier männliche (ein Gürtler, ein „Gerichtsverwandter", ein Kleinkaufmann aus Königsberg, ein Kupferschmied aus Memel) und zwei weibliche (eine Jungfer Dörren und eine Frau Wolfin). Und sie schließt mit dem frommen Wunsche: „Gott erhalte ihn in seinem Gnaden Bunde bis an sein seliges Ende um J: C: Willen. Amen."

Der Philosoph, der sich in religiöser Hinsicht so ganz anders entwickeln sollte, hat gleichwohl bis in sein höchstes Alter stets mit ebensoviel Hochachtung wie warmer Dankbarkeit von dem Tone, der in seinem Elternhause herrschte, und von der Erziehung, welche die einfachen Handwerksleute ihren Kindern mitgaben, gesprochen. „Nie, auch nicht ein einziges Mal" äußerte er wiederholt zu Borowski, „hab' ich von meinen Eltern irgend etwas Unanständiges anhören dürfen, nie etwas Unwürdiges gesehen." Und noch als 73 jähriger schrieb er in dem Entwurf zu dem bereits erwähnten Briefe an Bischof Lindblom die Worte nieder, daß „meine beiden Eltern (aus dem Handwerksstande) in Rechtschaffenheit, sittlicher Anständigkeit und Ordnung musterhaft, ohne ein Vermögen (aber doch auch keine Schulden) zu hinterlassen, mir eine Erziehung gegeben haben, die von der moralischen Seite betrachtet gar nicht besser seyn konnte, und für welche ich bei jedesmaliger Erinnerung an dieselbe mich mit dem dankbarsten Gefühle gerührt finde". Über den im elterlichen Hause herrschenden Pietismus speziell äußerte er sich gegen seinen Kollegen Rink noch in seinem Alter einst in folgender Weise: „Man sage dem Pietismus nach, was man will. Genug! Die Leute, denen er ein Ernst war, zeichneten sich auf eine ehrwürdige Weise aus. Sie besaßen das Höchste, was der Mensch besitzen kann, jene Ruhe, jene Heiterkeit, jenen inneren Frieden, der durch keine Leidenschaft beunruhigt wurde. Keine Not, keine Verfolgung setzte sie in Mißmut, keine Streitigkeit war vermögend, sie zum Zorn und zur Feindschaft zu reizen. . . . Noch entsinne ich es mich, wie einst zwischen dem Riemer- und Sattlergewerke Streitigkeiten über ihre gegenseitigen Gerechtsame ausbrachen, unter denen auch mein Vater erheblich litt. Aber dessenungeachtet wurde selbst bei der häuslichen Unterhaltung dieser Zwist mit solcher Schonung und Liebe in betreff der Gegner von meinen Eltern behandelt und mit einem solchen festen Vertrauen auf die Vorsehung, daß der Gedanke daran, obwohl ich damals ein Knabe war, mich dennoch nie verlassen wird."

Während der Vater ein Mann von offenem geradem Verstande war, der Arbeit und Ehrlichkeit als die erste Tugend ansah und darum auch von seinen Kindern forderte, hatte auf sein Gemüt mehr Einfluß die fromme Mutter, die nach Kants eigenem Urteil (gegen Wasianski) „eine Frau von großem natürlichen Verstande, einem edlen Herzen und einer echten, durchaus nicht schwärmerischen Religiosität" war. Sie ging mit ihrem „Manelchen" oft ins Freie, machte ihn auf die Gegenstände und Erscheinungen der Natur aufmerksam, lehrte ihn manche nützlichen Kräuter kennen, erzählte ihm sogar vom Bau des Himmels soviel, als sie selbst wußte, und bewunderte seinen Scharfsinn und seine Fassungskraft, die sie später freilich zuweilen etwas ins Gedränge gebracht haben mögen. In Erinnerung an diese Spaziergänge gestand der Greis einst Jachmann: „Ich werde meine Mutter nie vergessen; denn sie pflanzte und nährte den ersten Keim des Guten in mir, sie öffnete mein Herz den Eindrücken der Natur; sie weckte und erweiterte meine Begriffe, und ihre Lehren haben einen immerwährenden, heilsamen Einfluß auf mein Leben gehabt." Ja, so oft er von ihr sprach, war er gerührt und glänzte sein Auge. Er meinte übrigens auch seine Gesichtszüge und die Körperkonstitution, bis auf die eingebogene Brust, von der Mutter geerbt zu haben. Noch in seinem Alter sprach er mit Wehmut davon, daß er sie viel zu früh für ihn — der dreizehnjährige Knabe die 40 jährige — verloren habe. Nach dem Familienbuch starb sie am 18. Dezember 1737 an einem „hitzigen und giftigen Flußfieber"; nach der Erzählung des Sohnes (an Wasianski) hätte sie sich am Bette einer an typhösem Fieber erkrankten Freundin die nämliche Krankheit geholt und wäre nach wenigen Tagen daran gestorben.

Daß sie für ihre Zeit verhältnismäßig gebildet war, geht u. a. schon aus der Tatsache hervor, daß ihre Eintragungen in das Familienbuch fast keine orthographischen Fehler aufweisen, während vornehmere Frauen, die uns in Kants Leben begegnen werden, wie die Kommerzienrätin Jacobi oder gar die Frau von Klingsporn geb. von Knobloch und Fräulein Maria von Herbert, in diesem Punkte das Menschenmöglichste oder vielmehr -unmöglichste leisten.

Die fromme Mutter besuchte mit ihren Kindern gern die Betstunden des Dr. theol. Franz Albert Schultz, nachdem dieser 1731 als Konsistorialrat und Pfarrer an die Altstädtische Kirche in Königsberg gekommen war. So wurde dieser bedeutende Mann, von dem wir bald noch mehr hören werden, auf den begabten, wenn auch etwas schüchternen Knaben aufmerksam. Er redete den Eltern, die er öfters besuchte, zu, ihren Immanuel, der bis dahin den Elementarunterricht der nahen vorstädtischen Hospitalschule genossen hatte, zum Universitätsstudium vorbereiten zu lassen; womit er gewiß einem Herzenswunsch der liebenden Mutter entgegen kam. So trat der achtjährige Knabe bald nach Ostern 1732 — nicht, wie bei Schubert steht, erst Michaelis 1733 — in das drei Jahrzehnte zuvor zum Gymnasium erhobene, heute noch unter dem Namen „Friedrichskollegium" bestehende *Collegium Fridericianum* seiner Vaterstadt ein.

2. *Auf dem Fridericianum* (Herbst 1732 bis Herbst 1740).

Die Anstalt, der die nun folgenden acht Jahre seines Lebens in erster Linie gehören sollten, hatte eine nicht unbedeutende Rolle in der geistigen Entwicklung Königsbergs gespielt. Gegen Ende des 17. Jahrhunderts hatte der damals noch frische und jugendkräftige Pietismus seinen Einzug in die Stadt am Pregel gehalten. Die im Zusammenhang damit 1698 von dem Holzkämmerer Gehr gegründete Privatschule hatte dann bereits nach drei Jahren von dem neugekrönten König Friedrich I. das Privilegium als „Kgl. Schule auf dem Sackheim" bekommen, bald darauf (November 1702) in dem von Spener selbst gesandten Dr. theol. Lysius einen ausgezeichneten Direktor und 1703 den Namen *Collegium Fridericianum* erhalten. Nachdem Lysius beinahe 30 Jahre an Universität und Schule aufs nachhaltigste gewirkt, trat, nach kurzem Zwischenraum 1733 ein nicht minder bedeutender Mann an seine Stelle, der vorhin genannte Franz Albert Schultz, der nach B. Erdmann „für die nächsten zwanzig Jahre der Träger der geistigen Entwicklung Königsbergs" gewesen ist. Ebenfalls aus Halle gekommen, war er Pietist und Wolfianer zugleich, wie denn auch seine pro venia legendi eingereichte Dissertation von der „Übereinstimmung der Vernunft mit dem Glauben" handelte, und Wolf selbst von ihm gesagt haben soll: „Hat mich je jemand verstanden, so ist's Schultz in Königsberg."

Durch die Gunst König Friedrich Wilhelms I. schon in seinen früheren Stellungen getragen, stieg der 41 jährige rasch zu einer ganzen Reihe von Ämtern, u. a. zum Theologieprofessor, Direktor des Fridericianums und etwas später (1737) zum Generalinspektor des gesamten Kirchen-, Schul- und Armenwesens im „Königreiche Preußen", d. i. Ostpreußen, auf. Auf allen diesen Gebieten, als Universitätslehrer wie als Seelsorger, als Schulmann wie als Verwaltungsbeamter, hat er in seiner Art Vorzügliches geleistet. Er ist der geistige Urheber fast aller in den 30 er Jahren in Kirchen- und Schulsachen ergangenen Reformerlasse gewesen, und innerhalb der kurzen Zeit von acht Jahren sind unter seiner Verwaltung in der Provinz Preußen über 1500 Landschulen entstanden!

Dieser in mancher Beziehung ausgezeichnete Mann also war es, der den kleinen Sattlerssohn dem Gymnasium zuführte, und der während der ganzen folgenden Zeit Kants Eltern, die zwar nicht gerade Mangel litten, aber bei ihrer großen Kinderschar doch sehr eingeschränkt leben mußten, öfters in zarter Weise — indem er ihnen unentgeltlich Brennholz anfahren ließ — unterstützt[1]), auch die einfache Handwerkerfamilie von Zeit zu Zeit zu besuchen nicht verschmäht hat. Kein Wunder daher, wenn der Philosoph dem Wohltäter seiner Jugend stets ein dankbares Andenken bewahrt und noch gegenüber dem Vertrauten seiner letzten Lebensjahre (Wasianski) sein Bedauern darüber ausgesprochen hat, daß er nicht dazu gekommen sei, ihm, wie er beabsichtigt, ein literarisches Ehrendenkmal zu setzen. Wir werden ihm auch während Kants Universitätszeit noch einmal begegnen.

Freilich, diese Wohltat hatte auch ihre Schattenseiten. Es war doch ein extrem-pietistischer Geist, in dem die Anstalt, die der Knabe nun acht Jugendjahre hindurch besuchte, geleitet ward[2]). Und so ist es sehr erklärlich, daß Immanuel — und je älter er wurde, um so mehr — „an dem Schema von Frömmigkeit oder eigentlich Frömmelei“ (wie Borowski, selbst ein Theologe, sagt), „zu dem sich manche seiner Mitschüler und bisweilen nur aus sehr niedrigen Absichten bequemten, durchaus keinen Geschmack finden konnte“.

---

[1]) Außerdem hat (nach Borowski, S. 194) auch der Professor der Medizin Dr. Bohlius (geb. 1703, seit 1741 Prof. in Königsberg) „in seiner Kindheit und Jugend ihm und seinen Eltern wohlgetan“. Damit stimmt, daß Kant diesem als seinem „insonders hochzuehrenden Gönner“ seine erste Schrift widmete, als „Beweistum der Dankbarkeit“ für das „besondere Merkmal“ von Gütigkeit, das Bohlius ihm erzeigt habe, und die „Verbindlichkeit“, „womit er ihm verpflichtet sei“ (*Vorwort* vom 22. April 1747).

[2]) Sie hieß denn auch im Volksmunde die „Pietisten-Schule“: eine Benennung, die indes ihren Leitern nicht gepaßt zu haben scheint. Zu den wenigen Erinnerungen, die Kant aus seiner Schulzeit erzählte, gehört die von Hasse (a. a. O. S. 34) wiedergegebene: Einst sei ein Straßenjunge bis zu dem Inspektor Schiffert (s. S. 8) gedrungen und habe gefragt: „Ist hier die Pietistenschule?“ Worauf jener ihm eine tüchtige Tracht Prügel habe geben lassen mit den Worten: „Nun weißt du, wo die Pietistenschule ist.“

Es sind uns gerade aus dieser Zeit (1742) ausführliche Nachrichten über die Einrichtungen und den Geist der Anstalt von deren Inspektor Schiffert (der auch zu Kants Lehrern gehörte) erhalten. Und wir können es uns nicht versagen, wenigstens das Wichtigste davon hier einzuschalten, damit sich der Leser einen anschaulichen Begriff von der geistigen Umgebung machen kann, in der Kant acht seiner schönsten Jugendjahre verlebt hat. Der Zweck des Gymnasiums bestand nach Schiffert darin, „daß einesteils die Untergebenen aus ihrem geistlichen Verderben errettet und das rechtschaffene Christentum ihren Herzen von Jugend auf eingepflanzet, anderenteiles aber auch ihr zeitliches Wohlsein befördert werden möge". Darum lautete die grundlegende Bestimmung der Schulgesetze: „Wer die Zeit seiner Jugend wohl anwenden und den Grund seines Glückes auf Erden in der Schule legen will, muß zuvörderst bei allen seinen Handlungen das Andenken an Gott, der überall gegenwärtig ist und vor dem allein ein rechtschaffene Herz gilt, zu erwecken und zu unterhalten suchen." Nach dieser Grundanschauung, für die nicht die geistige Ausbildung, sondern die christliche Lebensführung die Hauptsache war, waren alle einzelnen Einrichtungen zugeschnitten. Auch wenn Immanuel nicht im Schulgebäude selbst gewohnt und hier jeden Tag mit einer zwischen 5 und 6 Uhr früh gehaltenen halbstündigen Morgenandacht begonnen und um 9 Uhr abends ebenso mit einem Abendgebet beschlossen hat, so war er doch auf Schritt und Tritt von Religion und immer wieder Religion umgeben. Jede Stunde begann und schloß mit einem „erwecklichen und kurtzen Gebet, auf daß die Schüler den Unterricht selbst nicht anders als vor dem Angesicht des allgegenwärtigen Gottes annehmen mögen". An jedem Vormittag wurde ferner in allen fünf Klassen von 7—8 „Theologie" gelehrt, d. h. der Katechismus („die Ordnung des Heils") nebst einer Menge von Sprüchen und biblischen Geschichten eingeprägt; in den oberen Klassen kam hinzu eine „gründlichere und systematische Erkenntnis der göttlichen Wahrheiten und der biblischen Bücher Alten und Neuen Testaments". Aber auch die übrigen Fächer wurden, wo es nur irgend anging, in die nächste Beziehung mit der Religion gebracht. So wurde das Griechische

— am Neuen Testament gelehrt: in der Tertia einige Kapitel aus dem Evangelium Johannis, in Sekunda Matthäus und Markus nebst einigen paulinischen Briefen, in der Prima das übrige Neue Testament gelesen; von sonstiger griechischer Lektüre hören wir nichts! Kein Wunder, wenn in Kants Schriften die griechischen Klassiker so stark hinter den lateinischen zurücktreten. Ja selbst die Geschichte, die übrigens zusammen mit Geographie und Mathematik Lysius überhaupt erst unter die Lehrfächer einer Königsberger höheren Lehranstalt aufgenommen hatte, wurde an das Alte und Neue Testament angeschlossen und sollte zudem „womöglich" in lateinischer Sprache wiedergegeben werden!

Zu diesem regelmäßigen Unterricht kam von religiösen Einwirkungen allwöchentlich noch hinzu: erstens eine Erbauungsstunde Montag abends von 6—7, zweitens eine Betstunde für Lehrer und erwachsene Schüler Freitag früh von 5—6 (!), drittens an einem für jede Woche besonders festzusetzenden Tage besondere Katechisationen durch den Direktor, und endlich zum Schluß des wöchentlichen Unterrichtsbetriebes am Samstag vormittag eine Ermahnung des Inspektors an sämtliche Schulangehörige, „da erstlich ein Lied gesungen und nach vorhergegangenem Gebet, sowohl was die Studien als gute Ordnung anlanget als was sonst nötig ist und die Woche über bemerkt worden, erinnert, die übrige Zeit aber dieser Stunde zur Erweckung gegen den Sonntag angewandt wird; worauf man mit Gebet und Singen einiger Verse aus einem Lied schließt". Der Sonntag diente selbstverständlich erst recht dem Seelenheil. Hören wir: „Des Sonntags wird von 8—9 in der Kirche öffentlich (mit der Jugend) katechisiert. Hierauf hört sie die Predigt an, welche sofort durch Fragen mit ihr wiederholt wird; und ebenalso wird es auch mit der Nachmittagspredigt gehalten. Endlich wird der Beschluß des Sonntags mit einer Wiederholung der gehörten Predigten gemacht, wobei man gleichfalls auf den Seelenzustand der Jugend sieht, die gehörte Wahrheiten auf sie deutet und ihr liebreich andringt." Und zu dem regulären Religions-Wochenbetrieb kamen endlich noch die außergewöhnlichen religiösen Übungen, wie die schon vier Wochen vorher beginnenden „Vorbereitungen" auf den Genuß des Abendmahls mit ihren für bestimmte Tage festgesetzten Ermahnungs-, Selbstprüfungs- und „Erweckungs“-Stunden.

Kurz, das ganze Anstaltsleben war, nach dem Vorbilde der Franckeschen Anstalten in Halle, mit deren Lehrbüchern auch die Königsberger zum großen Teil übereinstimmten, vom Geiste des Pietismus ganz und gar durchsäuert. Wahrlich, man kann begreifen, daß bei solcher Überfütterung mit dem, was die zartesten und tiefsten Saiten der Kindesseele berührt, bei vielen ihrer Zöglinge gerade das Gegenteil des beabsichtigten Zweckes erreicht wurde, daß insbesondere unser Kant vielleicht mit infolgedessen sich später von der Gefühlsseite der Religion ganz abgekehrt, auch gegen Gemeindegesang und Gebet zeitlebens eine auffallende Abneigung behalten hat. Er, der in seinen Vorlesungen über *Pädagogik* darauf hielt, man müsse die Kinder in Freiheit erziehen, und sie müßten fröhlichen Herzens sein und „heiter in ihren Blicken wie die Sonne“, kann wohl einmal, wie berichtet wird, gegen seinen Freund Hippel geäußert haben: „ihn überfiele Schrecken und Bangigkeit, wenn er an jene Jugendsklaverei zurückdächte“.

Daß mit dem frömmelnden Geiste der Anstalt ein mechanisches Auswendiglernen der meisten Aufgaben verbunden war, und daß über allem „das bleierne Schicksal der Züchtigung schwebte“, — diese Angaben von Kants frühestem Biographen (1802), dem Königsberger Arzte Mortzfeld, erscheinen uns nach alledem sehr wahrscheinlich. Rink, der das Fridericianum gegen solchen „Verruf“ in Schutz zu nehmen sich bemüht, gesteht immerhin als „selbstverständlich“ zu, daß Kant an der damaligen Schulmethode in späteren Jahren manches auszusetzen fand und erkennt die Möglichkeit an, daß gerade durch die stete Gewohnheit der Erbauungs- und Gebetsstunden in dem Herzen des Knaben das Interesse für Religiosität erkaltete und verkümmerte. Besonders schlecht scheint es in der frommen Anstalt mit dem vorgeschriebenen Unterricht in Mathematik und Logik — von Naturwissenschaft war überhaupt nicht die Rede — bestellt gewesen zu sein. Über ihn sprach der Philosoph in späteren Jahren nur unter Lachen. „Diese Herren“, äußerte er gegen seinen begabten früheren Mitschüler Cunde (vgl. S. 12), „konnten wohl keinen Funken, der in uns zum Studium der Philosophie oder Mathese lag, zur Flamme bringen." — „Ausblasen konnten sie ihn wohl", meinte der andere ernst. Der einzige Lehrer, der außer Schultz anregend wirkte, war der Lateinlehrer in Prima, ein gewisser Heydenreich, dem der Philosoph noch später gern und oft nachrühmte, daß er durch seine Art der Erläuterung der Klassiker nicht bloß die Kentnisse der Schüler erweitert, sondern auch für die Richtigkeit und Bestimmtheit ihrer Begriffe gesorgt habe. So wurde der Schüler Kant nicht bloß ein verhältnismäßig guter lateinischer Stilist, sondern es wurde in ihm auch der Grund gelegt zu jener ausgebreiteten Kenntnis der römischen Dichter und Philosophen, die in seinen Schriften zum Ausdruck kommt. Noch in seinem hohen Alter — Borowski erzählt es vom Jahr 1792! — konnte er aus den römischen Klassikern lange Stellen, die ihm besonders gefallen hatten, ohne Anstoß hersagen.

Unterstützt wurde dabei schon der Gymnasiast Kant durch sein ausgezeichnetes Gedächtnis. Aber wir dürfen bei dem auf ihn vererbten Geist des elterlichen Hauses annehmen, daß er auch fleißig gewesen ist. Gewiß war er darin ein Kind wie andere auch, daß er gern mit seinen Altersgenossen gespielt hat. Er spricht einmal in der Anthropologie (S. 104 f.) von der Zeit, „wie ich als Knabe, wenn ich mich durch Spiele ermüdet zum Schlafe hinlegte", ein ander Mal in einem Brief an Reusch, daß er öfters am „Schusterbrunnen", einem in seiner Knabenzeit leeren Wasserbecken, gespielt habe (Briefw. I, S. 386) [1]. Er hat sich auch einmal nach seiner eigenen Angabe in seinen ersten Schuljahren — also vielleicht schon auf der Elementarschule — eine Strafe zugezogen, weil er auf dem Weg nach der Schule mit seinen Kameraden eifrig gespielt, seine Bücher deshalb irgendwo niedergelegt und dann in seiner Zerstreutheit ohne sie in die Klasse gekommen sei. Aber, wenn er Borowski gestand, in „manchen Dingen" in seiner Schulzeit vergeßlich gewesen zu sein, so seien es doch solche gewesen, „die den Schulfleiß nicht affizierten".

[1]) Weshalb man freilich noch nicht mit dem anonymen Verfasser von „I. Kants Biographie" (Leipzig 1804) aus dem kleinen Kant einen „wilden, lustigen Gassenjungen" zu machen braucht (ebd. S. 28).

Darauf läßt auch das noch erhaltene „Schul-Avancement" des Fridericianums schließen: schon nach einem halben Jahre hatte sich der kleine Kant auf den zweiten Platz emporgeschwungen, zu Michaelis 1733 war der Neuneinhalbjährige Primus in Quinta, desgleichen ein Jahr später in Quarta, Ostern 1736 in Tertia, Herbst 1737 in Untersekunda, ein Jahr später in Obersekunda, und als Zweitoberster verließ er Herbst 1740 die Anstalt. Auch sein Betragen muß gut gewesen sein; denn er erzählt selbst später, daß trotz der schlechten Schuldisziplin er und einige andere selbst einem gebrechlichen und mißgestalteten Lehrer (Heydenreich?) stets große Aufmerksamkeit, Folgsamkeit und Achtung bewiesen hätten, weil sie in seinen Stunden viel hätten lernen können.

Zu diesen „einigen anderen" werden wohl vor allen seine Freunde David Ruhnken und Johannes Cunde (Kunde) gehört haben, mit denen ihn auf den oberen Klassen die gemeinsame Begeisterung für die antiken Klassiker verband. Sie bildeten ein förmliches Kleeblatt, das sich öfters zur Privatlektüre solcher lateinischer Schriftsteller zusammenfand, die nicht auf der Schule gelesen wurden; gute Ausgaben schaffte Ruhnken, der Wohlhabendste der drei, an, z. B. einmal eine besonders kostbare Livius-Ausgabe (von Drakenborg). Sie entwarfen schon Pläne späterer literarischer Arbeiten, bei denen sie sich als *Cundeus*, *Cantius* und *Ruhnkenius* bezeichnen wollten. Von den dreien ist Cunde, der sich infolge seiner Armut frühzeitig durch übermäßige Arbeit aufrieb, schon 1759 als Inhaber einer Rektorstelle in dem ostpreußischen Landstädtchen Rastenburg gestorben, während Ruhnken, der ein Jahr älter als Kant war, aber ein Semester später als dieser das Fridericianum verließ, schon 2 Jahre darauf nach Holland ging und dann mehrere Jahrzehnte lang als einer der ersten Philologen seiner Zeit an der Leidener Hochschule glänzte. Er allein hat dann wirklich den Gelehrtennamen Ruhnkenius dauernd angenommen und ist so jener Jugendliebhaberei treu geblieben, während sein größerer Freund auf andere Bahnen getrieben ward. Aber Ruhnken hatte auch in der Ferne die alten Zeiten nicht vergessen. Noch nach dreißig Jahren, am 10. März 1771, richtete er, durch den Besuch eines gemeinsamen Freundes (Wielkes) angeregt, einen ausführlichen, sehr freundschaftlichen Brief — natürlich in klassischem Latein — an den alten Schulkameraden, der heute in der Akademieausgabe von Kants Briefwechsel vollständig vorliegt, und suchte ihn, wie aus einem acht Tage später verfaßten Schreiben des genannten Wielkes hervorgeht, zu einer Reise nach Holland zu bewegen: „Ruhnkenius und ich,“ schreibt Wielkes, „wir haben eine Verschwörung gegen Sie gemacht. Wir wollen uns alle Mühe geben, Sie zu einer Herüberkunft zu nötigen .... Unser Haus wäre ihre Wohnung, sowie unsere Küche alsdenn unter Ihren Befehlen stünde. Herr Ruhnkenius würde sich mit uns allen um die Wette beeifern, Ihren Aufenthalt Ihnen angenehm zu machen.“ Von Leiden aus könne Kant auch, seinen „ehemaligen Vorsatz“ verwirklichend, in 18 Stunden England erreichen, außerdem Swedenborg kennen lernen: „ein Mensch, der Geister sieht und mit allen unsichtbaren Wesen in geheimer *Correspondence* steht“. Allein es war zu spät. Kant war damals schon in die gewaltige Vorarbeit zu seiner Kritik der Vernunft vertieft, und das Interesse für Swedenborg, das ihn 1766 zu seinen „Träumen eines Geistersehers“ veranlaßt hatte, war nicht mehr stark genug, den 47jährigen aus der gewohnten Königsberger Umgebung in die weite Welt hinauszulocken.

Doch kehren wir von dieser kleinen chronologischen Abschweifung zu dem Abschluß von Kants Gymnasialzeit zurück. Daß neben Elternhaus und Schule auch andere Einflüsse auf Verstand, Gemüt und Phantasie des geweckten Knaben und heranreifenden Jünglings gewirkt haben, ist selbstverständlich. So führte ihn sein täglicher Schulweg, ja jeder Gang in die Hauptteile der Stadt über die ganz in der Nähe seines Elternhauses gelegene „grüne Brücke“, den Mittelpunkt des Flußhandels. Hier sah er auf der einen Seite die zahlreichen leicht gezimmerten polnischen Flußfahrzeuge, welche die Roherzeugnisse des damals noch großen Polenreiches aus zum Teil weit entlegenen Gegenden pregelabwärts hergeführt hatten, um sie gegen Kolonialwaren, Wein oder Fertigfabrikate umzutauschen, von Schiffern geleitet, die, in ihre Schafpelze gehüllt, beinahe noch wie Naturmenschen lebten. Auf der anderen Seite lagen die aus der Ostsee und dem Frischen Haff gekommenen, in die Pregelmündung eingefahrenen großen englischen und holländischen Seeschiffe, die eben jene Kolonialwaren mitgebracht hatten und nun ihrerseits Littauens, Polens und Preußens Erzeugnisse nach Skandinavien, England, Schottland, ja wohl auch Frankreich ausführten. Und dazu der durch alle diese wechselseitigen Beziehungen bedingte, zum Teil in den Händen polnischer Juden liegende starke Kauf- und Handelsverkehr! Überhaupt war Königsberg mit seinen etwa 6000 Häusern und 50 000 Einwohnern eine ansehnliche Stadt, die zweite des gesamten Königreichs, das eben in ihr ein Menschenalter vorher diese neue Würde erklommen hatte; die Bewohner ein im allgemeinen kräftiger, selbstbewußter Bürgerstand, dessen Glieder — auch die ärmeren — in die Höhe strebten und ihren Söhnen auf einer der fünf bestehenden Gelehrtenschulen der Stadt und der 1544 von Herzog Albrecht begründeten Hochschule (der Albertina) gern eine höhere Bildung zu geben trachteten, als sie selbst genossen hatten.

Aber bei alledem ist unseres Philosophen erster Bildungsgang im wesentlichen doch eben durch die geistige Luft des Fridericianums bestimmt worden. Wir glauben unsere Skizze desselben nicht besser abschließen zu können als mit den Worten, mit denen Ruhnken den Jugendfreund zu Anfang seines Briefes an die gemeinsam verlebte Schulzeit erinnert: „Gerade dreißig Jahre sind es her, daß wir unter jener zwar pedantisch-finsteren (*tetrica*), aber doch nützlichen und nicht verwerflichen Zucht der Fanatiker (*fanaticorum*) seufzten. Man hegte damals von Deinen Geistesanlagen allgemein die rühmliche Meinung, Du könntest, wenn Du in Deinem Eifer nicht nachließest, die höchsten Höhen der Wissenschaft erreichen."

Unter solchen Erwartungen seiner Freunde bezog der 16½ jährige Immanuel Kant im Herbst 1740 die Universität seiner Vaterstadt.

Zweites Kapitel.

Universitätszeit und Hauslehrerjahre.

1740—1754.

A. **Kant als Student** (1740—1746).

1. Art seiner Studien. Einfluß Knutzens.

Am 24. September 1740 wurde „Emanuel Kandt" von dem derzeitigen Rektor der Albertina, Professor der Orientalischen Sprachen und Senior des akademischen Senats J. B. Hahn in die Liste der akademischen Bürger eingetragen. Einer Verordnung König Friedrich Wilhelms I. vom 25. Oktober 1735 zufolge, mußten er und seine Kommilitonen sich unmittelbar vor der Immatrikulation noch einer besonderen Prüfung ihrer Kenntnisse unterwerfen, nach der sie erst vom Dekan der philosophischen Fakultät, Professor Langhansen, das *testimonium initiationis* erhielten. Es ist nicht uninteressant zu sehen, welche Anforderungen dieses an Stelle der heutigen Abiturientenprüfung stehende Examen an die ‚Immatrikulandi' des Königreichs Preußen stellte. Es hieß darüber im Kap. I, Nr. 5 der Verordnung: „Insbesondere muß niemand ex prima Classe ad Academica dimittiret werden, der nicht einen etwas schweren Auctorem als Curtium und Orationes Ciceronis Selectas ziemlich geläufig expliciren und eine kleine Oration absque (= ohne) vitiis grammaticis machen, auch was Lateinisch geredet wird, notdürfftig verstehen könne, dabey aus der Logic das vornehmste aus der Doctrina Syllogistica und das allernothwendigste aus der Geographie, Historie und Epistolographie inne habe, imgleichen der nicht wenigstens 2 Evangelisten im Griechischen, als Matthäum und Johannem, und die 30 ersten Capitul des 1. Buchs Mosis im Hebräischen fertig exponiren und beydes ziemlich analysiren könne." Also in erster Linie Latein, Griechisch nur am Neuen Testament, Hebräisch, etwas Syllogistik, das Allernotwendigste aus Geographie und Geschichte, und nichts von Mathematik und Naturwissenschaft oder von neueren Sprachen! Befreit aber von dieser Prüfung war nicht, wer vorzügliche Kenntnisse, sondern wer — reiche Eltern besaß! Das „genaue Examen" sollte angestellt werden, „es sey denn, daß wohl bemittelte Leute, welche aus eigenen Mitteln ihre Kinder studiren lassen wollen und keine Beneficien weder des Convictorii und Alumnats noch freie Stipendia verlangen, selber auf die Akademie schicken. . . . ." Da nun Immanuel Kant den Vorzug nicht hatte, von wohlbemittelten Eltern abzustammen, so mußte er sich auf diese Weise „initiiren" lassen. Daß er das Examen vortrefflich bestanden hat, darüber ist wohl bei der Vorbildung, die ihm das Fridericianum mitgegeben hatte, kein Zweifel. Übrigens ist er nicht, wie einige andere seiner Mitinitianden, gratis initiiert worden.

Welcher Fakultät schloß sich der junge Student nun an? Diese scheinbar so einfache Frage ist nicht ganz einfach zu beantworten, weil Rektor Hahn, abweichend von anderen Vertretern des Rektoramts (z. B. Kant selbst 1786 und 1788) den Vermerk des jeweiligen Studiums hinter den Namen der Immatrikulanden unterlassen hat. Auf Grund einer Mitteilung der von Kant selbst 1792 im Entwurf durchgesehenen Borowskischen Biographie, Kant habe „sich zur Theologie bekannt", hat Schubert Kants Zugehörigkeit zur theologischen Fakultät als sicher angenommen und diese Annahme durch den etwas sentimentalen Gedanken zu verstärken gesucht, der treue Sohn habe damit „das Andenken seiner geliebten Mutter ehren" wollen; und seinem Beispiele sind, wie auch sonst meist, die bekanntesten späteren Darstellungen einfach gefolgt. Nach Emil Arnoldts gründlicher Untersuchung aller in Betracht kommenden Zeugnisse indes liegt die Sache doch mindestens zweifelhaft. Gegen Kants theologisches Studium spricht nicht bloß die Tatsache, daß er selbst gerade die betreffende Notiz Borowskis durchgestrichen hat (nicht „eingeschrieben", wie Schubert behauptet), sondern vor allem auch der Umstand, daß der Studiosus Kant, wie

Arnoldt aus dem Inskriptionsbuch der Königsberger theologischen Fakultät festgestellt hat, weder 1740 noch in einem der folgenden Jahre als Theologe eingetragen worden ist; ebensowenig wie in das Album der medizinischen Fakultät (das der juristischen aus den 40er Jahren ist nicht auffindbar gewesen, kommt aber am allerwenigsten in Betracht).

Auch daß Kant — wahrscheinlich im Wintersemester 1742/43, vielleicht auch außerdem noch im Sommer 1743 — bei seinem alten Direktor und Gönner F. A. Schultz ein theologisch-dogmatisches Kolleg über „diejenigen Hauptpunkte der christlichen Theologie, die allein der Offenbarung verdankt werden," gehört hat, spricht eher gegen als für jene Annahme seines theologischen Studiums, wenn man die begleitenden Umstände erwägt. Die Hauptquelle für diese Tatsache bildet nämlich der schriftliche Bericht, den Kants gleichaltriger Jugendfreund und Kommilitone, der spätere Kriegs- und Domänenrat Heilsberg, dem Professor Wald auf dessen Ansuchen als Material für seine am 23. April 1804 dem großen Toten zu haltende Gedächtnisrede erstattet hat. Wir haben im übrigen so wenige zuverlässige Berichte aus Kants Studienzeit, und die Erzählung des alten Jugendkameraden ist von solcher Lebendigkeit und Frische, daß wir dieselbe hier ausführlich wiedergeben. Heilsberg also antwortete unter dem 17. April d. J. auf die Frage Walds: „Daß Kant Theologie studiert, ist doch gewiß?", sehr entschieden: „Kant ist nie vorgesetzter Studiosus theologiae gewesen"; und fährt dann fort: „Daß man ihn dafür hielt, kam daher. Kant führte dem Wlömer" — einem unten noch näher zu erwähnenden Duzfreunde Kants — „und mir unter anderen Lehren zum gemeinen Leben und Umgange, zu Gemüthe: man müsse suchen, von allen Wissenschaften Kentnisse zu nehmen, keine außzuschließen, auch von der Theologie, wenn man dabey auch nicht sein Brodt suchte. Wir: Wlömer, Kant und ich entschlossen *[uns]* daher, im nechsten halben Jahr die öffentlichen Lese Stunden des noch im besten Andenken stehenden Consistorial Rat Dr. Schultz, und Recht *[soviel wie: ordentlicher]* Pfarrer der Altstadt zu besuchen. Es geschah; wir versäumten keine Stunde, schrieben fleißig nach, wiederholten die

Vorträge zu Hause und bestanden beim Examen, welches der würdige Mann oft anstellte, unter der Menge von Zuhörern so gut, daß er beim Schluß der letzten Lese Stunde uns dreien befahl noch zurückzubleiben.“ Und nun kennt sie der Theologieprofessor als Theologie-Studenten so wenig, daß er sie nach ihren „Namen, Sprachen, Kentnissen, Collegien, Lehrern und Absichten beim Studieren“ fragt; und Kant erklärt: „ein Medicus werden zu wollen“. Später fragt er sie alle drei: „Warum hören Sie denn Theologica?“ Kant antwortete: „Aus Wißbegierde!“ Worauf dann Schultz: „Wenn dem also ist, so habe ich nichts dagegen einzuwenden; aber sollten Sie bis zu Ihrer Beförderung auf andere Gedanken geraten und den geistlichen Stand wählen, so melden Sie sich mit Zutrauen bei mir, Sie sollen die Wahl der Stellen auf dem Lande und in den Städten haben; ich kann Ihnen das versprechen und werde, wenn ich lebe, mein Wort halten. Hier haben Sie meine Hand und gehen in Frieden!“ Dieser Bericht entstammt zwar der Feder eines nahezu Achtzigjährigen, der sich selbst zu Anfang seines Antwortschreibens mit seinem durch Alter geschwächten Gedächtnis entschuldigt, trägt aber in seiner köstlichen Einfachheit und Frische so sehr das Gepräge der Anschaulichkeit und Lebenswahrheit, daß er uns in unserer Ansicht, Kant sei nie Theologe gewesen, nur bestärkt[1]).

Wir verbinden hiermit des sachlichen Zusammenhanges wegen gleich die chronologisch erst ans Ende von Kants Studienzeit gehörende Frage: ob Kant jemals die Kanzel betreten hat? Borowski nämlich erzählt, in Verbindung mit seiner Notiz von dem angeblichen Theologie-Studium unseres Philosophen: „Er versuchte [!] auch einige Male in Landkirchen zu predigen.“ Indes ist diese ganze Notiz ja, wie wir schon wissen, von Kant selbst durchgestrichen worden, sei es, daß er sie eben für unrichtig

---

[1]) Dagegen kann auch die sehr allgemeine Wendung des überhaupt in bezug auf Kants Jugendzeit recht ungenauen Rink von Kants „Bestimmung zur Theologie“ nicht ins Gewicht fallen; denn sie ist ganz unbestimmt gehalten und könnte z. B. auch auf die Absicht seiner Eltern mit ihm während seiner Schuljahre bezogen werden.

erklären, sei es, daß er keinen Wert auf diese „Versuche“ gelegt wissen wollte. Und ebensowenig beweisend ist natürlich die Überlieferung, daß er als Kandidat einmal, wie er Hasse zwei Jahre vor seinem Tode erzählte, über Matthäus 5, 25 eine Predigt „ausgearbeitet, aber nicht gehalten“ habe. Warum sollte Kant sich, zumal in jungen Jahren, nachdem er bei Schultz Theologie studiert hatte, nicht auch einmal auf diesem Felde versucht haben? Hat er doch noch viele Jahre später, wie Jachmann erzählt, aus Freundschaft für einen von ihm besonders hochgeschätzten Kandidaten [Jachmann oder Borowski?], den er zu einer erledigten Feldpredigerstelle dem Regimentschef persönlich empfohlen hatte, sich die Mühe gegeben, eine ganze Predigtdisposition in Gedanken zu entwerfen und mit ihm zu besprechen. Jedenfalls ist ein positiver Beweis für sein Predigen nicht zu erbringen.

Wichtiger als die ganze Frage, ob Kant formell der theologischen Fakultät angehört, und ob er einige Male Predigten ausgearbeitet oder auch in Dorfkirchen gehalten habe, ist die andere: welche Studienrichtung seiner Universitätszeit das geistige Gepräge aufgedrückt hat. Da finden wir nun zunächst sehr bezeichnend die Äußerung seines Schülers Jachmann: „Was Kant für einen Studienplan befolgte, ist seinen Freunden unbekannt geblieben. Selbst sein einziger mir bekannter akademischer Freund und Duzbruder, der schon längst verstorbene Doktor Trummer in Königsberg, konnte mir darüber keine Auskunft geben.“ Kant hatte sich also, trotz seiner Jugend, schon früh einen eigenen Studienplan gemacht: er stand schon als Student auf einer höheren Warte als der Durchschnittsstudiosus, der ein Brotstudium betreibt. Er ahnte wohl schon damals den höheren Beruf der verachteten „unteren“, sc. philosophischen Fakultät, den er später so schön in der Schrift seines Alters, dem *Streit der Facultäten* dargelegt hat. Und wenn Jachmann weiter sagt: „Soviel ist gewiß, daß Kant auf der Universität vorzüglich Humaniora studierte und sich keiner positiven Wissenschaft widmete“, so wissen wir ja bereits aus den Erinnerungen seines alten Studienkameraden Heilsberg, was damit gemeint ist: er wollte eben um seines höheren Zweckes willen „von allen Wissenschaften Kenntnisse nehmen“, selbst — die dogmatische Theologie nicht ausgeschlossen, obschon er auf dem Fridericianum wahrhaftig davon (im doppelten Sinne des Wortes) genug bekommen hatte. Sein Hauptinteresse aber galt, ganz natürlich, denjenigen Wissenschaften, von denen ihm die Schule so gut wie nichts mitgegeben hatte: Mathematik, Naturwissenschaft und Philosophie. Denn, wenn Jachmann an der oben erwähnten Stelle fortfährt: „besonders hat er sich mit der Mathematik, Philosophie und den lateinischen Klassikern beschäftigt"; so möchten wir annehmen, daß die letztere, auf dem Gymnasium so eifrig von ihm gepflegte Beschäftigung auf der Universität für ihn schon sehr bald in den Hintergrund getreten ist. Borowski erzählt, daß Kant schon „bald nach seinem Eintritt in die Universität" eine seinen Freunden ganz „unerwartete" Richtung eingeschlagen habe. Bis dahin hatten seine Altersgenossen allgemein geglaubt, er würde einmal ein bedeutender Philologe werden. Kypke, ein früherer Mitschüler Kants, der auch zuweilen — „jedoch selten, weil er sonst in Denkart und Sitten nicht ganz zu jenen paßte" — an jenem Primanerkränzchen des Kleeblatts Ruhnken, Kant und Cunde teilgenommen hatte und später Kollege Kants als Professor der lateinischen und orientalischen Sprachen geworden ist, hat Borowski öfters erzählt, „man hätte in der Schule nicht die mindeste Ahnung gehabt, auch nicht haben können, daß Kant sich je auf das philosophische Fach werfen würde". Desgleichen erklärte Ruhnken später in Holland Rink, daß er als Mitschüler Kants eine besondere Vorliebe für die Philosophie, jener umgekehrt eine solche für die Philologie besessen habe. Wir freilich haben keine Ursache, mit dem berühmten Leidener Philologen es zu beklagen, daß Kant „aus den blühenden Gefilden der humanistischen Studien sich in die dürren Steppen der Philosophie geworfen und in Ansehung jener den Apostaten gemacht habe".

Mit zu diesem „Abfall" beigetragen haben mag der Umstand, daß für das philologische Fach damals keine anregenden Lehrer an der Königsberger Universität vorhanden waren, die stud. Kant nicht so leicht wie der auswärtige Ruhnken verlassen konnte. Aber nicht viel besser stand es auch mit den übrigen für ihn in Betracht kommenden Fächern[1]). Die Mathematik wurde von dem notorisch unbedeutenden Ammon vertreten, die Physik von dem Konsistorialrat (!) Teske, einem wackeren, aber ebensowenig bedeutenden Manne, der übrigens bescheiden genug war, später bei Kants Magisterpromotion (1755) einzugestehen, daß er selbst aus dessen Promotionsschrift vieles gelernt habe. Und nun gar die ordentlichen Lehrer der Philosophie! Da war der alte, trockene Aristoteliker Gregorovius († 1749), da war auf der anderen Seite der von dem Halleschen Pädagogium berufene Pedant Christiani, und zwischen beiden der — übrigens der theologischen Fakultät angehörige — zwischen Pietismus und Eklektizismus hin und her pendelnde Kypke senior, den schon seine Kolleganzeige (von 1731) genügend charakterisiert, er werde, „falls sich Zuhörer einfänden," je nach deren Belieben entweder nach der „altberühmten" peripatetischen Methode oder auch nach den neuen Systemen von Budde oder Walch lesen. Etwas mehr boten vielleicht dem jungen Philosophiebeflissenen einige jüngere Kräfte wie der außerordentliche Professor der Mathematik Marquardt, der übrigens daneben auch Philosoph und Theologe, und zwar Wolfianer war, oder der Physiker Rappolt, der auch über englische Sprache und Philosophie las, und von dem vielleicht Kants öfter in seinen Schriften hervortretende Vorliebe für Pope stammt. Aber keiner von allen damaligen Lehrern der Albertina bedeutete für ihn auch nur entfernt so viel wie der junge Extraordinarius der Logik und Metaphysik Martin Knutzen.

Wer war dieser für die geistige Entwicklung des jungen Kant so bedeutsam gewordene Mann?

Ein Jahrzehnt vor Kant, ebenfalls in Königsberg geboren, hatte er schon mit noch nicht 15 Jahren die heimische Universität bezogen und bereits mit 21 Jahren die außerordentliche Professur für Logik und Metaphysik an derselben erlangt. Durch allzu angestrengte Arbeit — er hielt zeitweise 6 Stunden täglich Vorlesungen! — vor der Zeit aufgerieben, starb er erst 37 Jahre alt in

---

[1]) Über den damaligen wissenschaftlichen Stand der Königsberger Universität unterrichtet vortrefflich die Erstlingsschrift von *Benno Erdmann, Martin Knutzen und seine Zeit* (1878), der wir für die folgenden Seiten manches verdanken.

seiner Heimatstadt. Seine zahlreichen Vorlesungen und Schriften dehnten sich über drei verschiedene Gebiete aus: das philosophische, das religiöse und das mathematisch-naturwissenschaftliche. Sie bewegten sich, wie ihre Titel zeigen, sämtlich in dem Gedankenkreis der Leibniz-Wolfschen Philosophie. Indessen geschah dies doch mit einer gewissen Selbständigkeit und anerkennenswerten Tiefe. Der Materialismus z. B. wird zwar bekämpft, aber doch nicht, wie von anderen Bestreitern, einfach als „unsinnig“ oder „frivol“ dargestellt, sondern mit ernsten spiritualistischen Gründen angefochten. In Knutzens Logik finden sich zudem ganz empiristische, an Locke erinnernde Sätze wie die, daß „nichts im Verstande oder überhaupt der gesamten menschlichen Erkenntnis ist, was nicht vorher in gewisser Hinsicht im Sinne war“, ja, daß die innere und äußere „Erfahrung“ die Quelle unserer ganzen Erkenntnis ist! Sein logisches Lehrbuch zeigt außerdem in der Schärfe der Dispositionen und der geschickten Gruppierung des Stoffes, die sich mit der ihm auch sonst eigenen Klarheit der Darstellung verband, entschiedenes pädagogisches Talent. Und wenn er auch, wie seine theologischen Schriften beweisen, ein starkes theologisches, ja pietistisches Interesse besaß, so war doch nach dem Urteil seines besten Kenners (B. Erdmann) seine Natur „durchaus theoretisch“ angelegt, und ein spezifisch philosophisches „Klarheitsbedürfnis“ trieb ihn, „die Ergebnisse beider Weltanschauungen, soweit es ihr entgegengesetzter Charakter eben gestatten wollte, zur Vereinigung zu bringen“.

Ob der junge Studiosus Kant gerade durch die Verbindung von Pietismus und Wolfscher Philosophie, die Knutzen mit F. A. Schultz gemeinsam war, somit durch den nachwirkenden persönlichen Einfluß des letzteren zu Knutzen geführt wurde, wie Erdmann meint, scheint uns fraglich. Nach unserem Gefühl war es vielmehr gerade die natürliche Opposition eines selbständigen Geistes gegen den langjährigen Druck der Schule und damit vereint der Drang nach neuen Kenntnissen und Wissenschaftsgebieten, vor allem die Verbindung der Philosophie mit mathematisch-naturwissenschaftlichen Problemen, die ihn bei seinem neuen Lehrer anzog. Diese Verbindung aber trat, vielleicht mehr noch als in Knutzens Schriften, in dessen zahlreichen und anregenden Vorlesungen über alle Teile der Philosophie, Physik und Mathematik zutage. Wenn Borowskis (von dem Philosophen selbst revidierte) Mitteilung, daß Kant Knutzens Unterricht „unausgesetzt beigewohnt" habe, richtig ist und der junge Student sich gleich im ersten Semester mit vollen Segeln in diesen Unterricht hineingestürzt hat, so ergibt sich etwa folgendes Bild von den Vorlesungen, die Kant bei seinem Lieblingsprofessor gehört haben wird: Im 1. Semester wöchentlich vier Stunden Mathematik und ebensooft allgemeine Philosophie, außerdem je eine Stunde Logik (in kurzer Übersicht) und Disputierübungen; im zweiten: eine ausführliche Vorlesung über Logik und einen zweiten mathematischen Kurs, in dem Knutzens „erlesenere Geister" (selectiora ingenia) zu der höheren Mathematik hinzuleiten versprach; im folgenden Winter (1741/42), wo der Professor die gleichen Kollegien wie Winters zuvor las, die damals etwa noch nicht gehörten, im übrigen Disputierübungen; im vierten praktische Philosophie, vielleicht auch höhere Astronomie. Außerdem in späteren Semestern möglicherweise noch rationale Psychologie, Naturphilosophie, Naturrecht, Rhetorik und Mnemonik, Lehre von den Irrtümern, Algebra, Analysis des Unendlichen: alles Kollegia, die der fleißige Extraordinarius nach Ausweis der noch erhaltenen Vorlesungsverzeichnisse während Kants Studienzeit gelesen hat.

Noch wichtiger aber als das Hören der Vorlesungen war wohl der persönliche Verkehr, in den der eifrige und begabte Zuhörer mit seinem Lehrer trat: ein Verkehr, der schon durch den schulmäßigen Zuschnitt des damaligen Universitätsbetriebs sehr erleichtert und gefördert wurde. Denn es hieß in der Studienordnung der Königsberger Hochschule von 1735: „Überhaupt werden alle *professores* sehr wohl tun, wenn sie, nachdem sie mit einer Materie zu Ende sind, daraus *examina* anstellen, teils zu erfahren, wie ihre *auditores* dieses und jenes begriffen haben, teils ihren Fleiß und Attention zu ermuntern, und die Fähigen und Fleißigen also kennen zu lernen, oder auch besondere *collegia examinatoria* zu halten." Solche „Prüfungs"-Collegia hielt neben seinen Disputierübungen auch Knutzen ab. Außerdem aber kam es zwischen ihm und seinem jugendlichen Zuhörer auch zu einem intimeren privaten Verkehr: „Knutzen, ein weiser Prüfer der Köpfe, fand in ihm vortreffliche Anlagen, ermunterte ihn in Privatunterredungen, — lieh ihm in der Folge Newtons Werke und, da Kant Geschmack daran fand, alles, was er aus seiner herrlichen, reichlich versehenen Bibliothek irgend verlangte“ (Borowski). Gerade indem er ihn auf Newton hinwies, hat er Wirkungen von unabsehbarer Folge in dem Kopfe seines Schülers hervorgerufen, Wirkungen, die den Jünger bald über den Meister hinausführen sollten. Aber Knutzen wollte auch keine unselbständigen Nachahmer heranziehen, sondern er galt Kant gerade deshalb „vor allen Lehrern am meisten“, weil er „ihm und mehreren die Bahn vorzeichnete, auf der sie nicht Nachbeter, sondern dereinst Selbstdenker werden könnten“. Kant aber war durch ihn aus der Philologie heraus auf eine ganz neue Bahn getrieben und, um wiederum mit Borowski zu reden, „zu dem Studium initiiert“ worden, „in dem er sehr bald selbst seine Lehrer übertraf“. Seine nächsten elf Schriften (bis 1758) sind sämtlich naturwissenschaftlichen Inhalts mit der einzigen Ausnahme der Habilitationsschrift von 1755, deren philosophischer Inhalt sich aber auch in den Geleisen der Leibniz-Wolfschen Probleme bewegt. Und „Knutzen erlebte es noch, daß der junge Baum, den er gepflanzt und zärtlich gewartet hatte, Früchte, die in Erstaunen setzen mußten, trug: denn vier Jahre nach dem Eintritt auf die Universität fing unser Vollendeter schon an, das Werk von der Schätzung der lebendigen Kräfte zu bearbeiten ... Von nun an lag Philosophie, Mathematik, auch besonders Astronomie . . . ihm immer und lebenslang am Herzen“ (Borowski).

2. *Äußere Lebensweise.*

Mit vorstehendem, nicht allzu reichlichem Material wäre das erschöpft, was uns von Kants Universitätsstudien überliefert ist. Noch mehr schweigen sich die Biographen über seine sonstigen Lebensumstände während der Universitätszeit aus. Von Wasianski erfahren wir nur, daß Dr. Schultz jene Unterstützung durch Brennholz nicht bloß den Eltern, sondern auch „ihm, da er auf der Akademie war, zufließen ließ“, und Borowski berichtet, daß er Schultz’ Vorlesungen über Dogmatik und andere philosophische Collegia „um des Gelderwerbs willen mit anderen Studierenden, die etwa nicht so gut vorbereitet als er auf die Universität gekommen waren, wiederholte“; außerdem nennt er nur noch Wlömer, Heilsberg und Trummer (s. u.) als Kommilitonen, mit denen Kant näher „umging und sich Stunden der Erholung erlaubte“. Um so willkommener muß es jedem Kantfreunde sein, daß auch von der äußeren Lebensweise des Studiosen Kant sein alter Studiengenosse Heilsberg in jenem von uns schon erwähnten Berichte ein anschauliches Bild gegeben hat. Wir geben es um so lieber wieder, als die neueren Darstellungen, außer Arnoldt in seiner Teilbiographie, soviel wir sehen, bisher nirgends Gebrauch davon gemacht haben.

Zunächst sehen wir daraus, daß Kant als Student nicht mehr bei seiner Familie wohnte, was ja auch schon nach der Fassung der eben erwähnten Notitz über das Anfahren von Brennholz nahe lag. Er wohnte vielmehr mit seinem besten Freunde Wlömer, der allerdings erst ein Jahr nach ihm die Universität bezog, „viele Zeiten auf einer Stube“. „Er unterrichtete mehrere Studenten für eine billige Belohnung, die ein jeder aus freiem Willen gab.“ Ein besonders wohlhabender Student, der Sohn des „Kaplans“ Laudien aus Tilsit und Heilsbergs Vetter, trug nicht bloß „bei Zusammenkünften zum Unterricht von den Erfrischungen, so stets in Kaffee und weiß Brot bestanden, die Kosten“, sondern unterstützte ihn auch sonst in Notfällen. Als dann Wlömer nach Berlin ging, gab ein anderer juristischer Freund, der spätere Kriegsrat Kallenberg in Ragnit, Kant „eine freie Wohnung und ansehnliche Unterstützung“. Ebenso hatte er von seinem Konabiturienten, dem Mediziner Trummer, den er auch unterrichtete (also wohl in Naturwissenschaft und vielleicht Philosophie) „viele Beihülfe“: „noch mehr“ von seinem Oheim, dem „Fabrikanten“, eigentlich Schuhmachermeister Richter, der Kants Bruder noch stärker unterstützt und nach einer Quelle die Kosten für Immanuels Magisterpromotion ganz, nach einer anderen die des Druckes seiner ersten Schrift zum Teil bestritten hat. In der Tat konnte Kant von seinem

Vater, der seine Gattin am 23. Dezember 1737, wie wir aus den Kirchenbüchern wissen, „still", d. h. ohne Begleitung von Geistlichen und singenden Schulkindern, hatte begraben lassen und als „arm" auch keine Leichengebühren hatte zu zahlen brauchen, keine Unterstützung erwarten. Dieser scheint noch dazu in den letzten Jahren sehr kränklich gewesen zu sein; denn in dem Familienbuch bemerkt Immanuel bei Gelegenheit seines Todes (März 1746) als Anlaß desselben: „er starb an einer gänzlichen Entkräftung, die auf den Schlag, der ihn anderthalb Jahr vorher befiel, erfolgte", und gebraucht dabei die Wendung, Gott habe den Verstorbenen „in diesem Leben nicht viel Freude genießen lassen". Auch der Vater ward „arm" und „still" beerdigt. Trotzdem scheint Kant — wie auch aus sonstigen gelegentlichen Bemerkungen hervorgeht, daß er das Mitleid anderer zu erregen verschmähte — seinen Stolz darein gesetzt zu haben, nicht um öffentliche Unterstützung durch Stipendien einzukommen, wie es später (1755) sein Bruder tat: wie schwer es ihm auch fallen mochte, die Jahressumme von 40 Reichstalern aufzubringen, von der nach der Verordnung von 1735 „ein Studiosus vorjetzo notdürftig in Königsberg" sollte „subsistieren" können. Er hat wohl schon damals seinen Lieblingsspruch aus Vergil wahr gemacht: „Gib dem Unglück nicht nach, sondern trete ihm umso mutiger entgegen" (*Tu ne cede malis, sed contra audentior ito*). Unter den guten Freunden und Kameraden dagegen gab es keinen Stolz. Kant teilt ihnen von seinen geistigen Schätzen mit, sie ihm von ihrer irdischen Habe, wenn es durchaus notwendig war. „Kant behalf sich sehr sparsam, ganzer Mangel traf ihn nie, obgleich bisweilen, wenn er notwendig auszugehen hatte, seine Kleidungsstücke bei denen Handwerkern sich zur Reparatur befanden; alsdann blieb einer der Schüler den Tag über in seinem Quartier, und Kant ging mit einem gelehnten Rock, Beinkleidern oder Stiefeln aus. Hatte ein Kleidungsstück ganz ausgedient, so mußte die Gesellschaft zusammenlegen, ohne daß ein solches berechnet oder jemals wiedergegeben wurde."

Obwohl Kant sich so knapp durchschlagen mußte, hatte er sich doch schon eine Anzahl philosophischer Bücher angeschafft, denn er lieh solche, „die die neuere Philosophie betrafen", Freund Heilsberg; mit dem er auch alle Collegia, die dieser „bei denen Professoren Ammon, Knutzen und Teske hörte, wenigstens die schwerste Stellen wiederholte“, und zwar geschah in diesem Falle „alles aus Freundschaft“. So floß sein Leben sicher nicht trübsinnig dahin, wenn uns auch das „burschikos“ Arnoldts nicht der richtige Ausdruck dafür dünkt. Denn, wie Heilsberg weiter erzählt, „Kant liebte keine Belustigungen, noch weniger (*soll wohl bedeuten*: Nacht-)Schwärmereien, gewöhnte auch seine Zuhörer unmerklich zu gleicher Gesinnung. Das Billardspiel war seine einzige Erholung; Wlömer und ich waren dabei stets seine Begleiter.“ Und nun kommt etwas nicht gerade Vornehmes, aber humoristisch Anmutendes: „Wir hatten die Geschicklichkeit in diesem Spiel beinahe aufs höchste gebracht, gingen selten ohne Gewinn nach Hause; ich habe den französischen Sprachmeister ganz von dieser Einnahme bezahlt. Weil aber in der Folge niemand mehr mit uns spielen wollte, so gaben wir diesen Erwerbsartikel ganz auf und wählten das L'Ombre-Spiel, welches Kant gut spielte.“

Mit den alten Freunden Wlömer, Trummer und Heilsberg, besonders dem ersteren, blieb er bis zum Tode in gutem Verhältnis. Noch sind zwei Briefe Wlömers an ihn aus den Jahren ihres Alters erhalten, in deren beiden das brüderliche „Du“ und die Anrede „Liebster Bruder“ gebraucht wird. In dem ersten (vom 30. Januar 1790) schreibt Wlömer: „Ihr Leute geht sehr scharf und tief. Daß Du doch Leben und Kräfte behalten mögest, Deinen Plan ganz zu vollenden, und alsdenn diese große Sache mit Deinen Gegnern, versteht sich mit denen, die es verdienen, zu berichtigen.“ Und der zweite (vom 17. April 1791) schließt mit den Worten: „Lebe lange, sehr lange wohl, munter und kraftvoll an Leibe und Geist, und höre nicht auf, gewogen zu sein Deinem treuergebensten Freunde u. Diener Wlömer.“ Am 22. Juli 1797 endlich meldet der Sohn ihm den Tags zuvor erfolgten Tod seines Vaters, den Kant „von den Universitätsjahren her mit brüderlicher Freundschaft beehrt“ habe. Und O. Schöndörffer hat auf eine charakteristische kleine Geschichte aufmerksam gemacht, die Zelter in einem Briefe vom 6. Dezember 1825 Goethe erzählt: „Unser verstorbene, vom alten Fritz sehr hochgehaltene Geh. Finanzrat Wlömer ward einst nach

Königsberg zur Revision der dortigen Bank gesandt. Dort findet er nach vierzig Jahren einen ehemaligen Stubenburschen, den alten Kant wieder, und man freut sich heut und früherer Jahre. „Aber," spricht Kant, „hast Du Geschäftsmensch wohl auch einmal Lust, meine Schriften zu lesen?" — „O ja! und ich würde es noch öfter tun, nur fehlen mir die Finger." — „Wie versteh' ich das?" — „Ja, lieber Freund, Eure Schreibart ist so reich an Klammern und Vorbedingtheiten, welche ich im Auge behalten muß; da setze ich denn einen Finger aufs Wort, dann den zweiten, dritten, vierten, und ehe ich das Blatt umschlage, sind meine Finger alle." Gleichwohl hat er sich nicht nur die späteren Schriften des alten Jugendfreundes angeschafft, sondern bittet ihn in seinem Briefe vom 30. Januar 1790 um ein Verzeichnis aller seiner früheren Abhandlungen, um sie „anschaffen zu können und zu — lesen". Und Kant selbst läßt ihm in demselben Jahre ein Dedikationsexemplar seiner Kritik der Urteilskraft zugehen.

Für den alten Freund Heilsberg erbittet er sich im November 1785 bei dem Berliner Freund Dr. Markus Herz ärztlichen Rat gegen ein Flechtenleiden, was denselben befallen, und beeilt sich, ihm am 2. Dezember d. J. für die rasche Erfüllung der Bitte zu danken (vgl. auch den Brief an M. Herz vom 7. April 1786). — Auch mit Trummer, der ein angesehener Arzt in Königsberg wurde, duzte er sich bis ans Ende. Er war auch der einzige Arzt, dessen Hilfe er einmal in Anspruch genommen hat und von dem er sich Pillen gegen „Obstruktionen" verschreiben ließ, die er dann bis in sein höchstes Alter jahrelang täglich brauchte; der einzige ferner, bei dessen letzter Krankheit er eine Ausnahme von seiner sonstigen Regel machte, indem er ihn zweimal besuchte.

Nicht immer freilich waren es angenehme Pflichten, die Studiosus Kant für Freunde oder Bekannte zu erfüllen hatte; denn in Geldsachen hört bekanntlich, nach dem Ausspruch Hansemanns, die Gemütlichkeit auf. Um eine solche aber handelte es sich, wenn auch für Kant nicht als Nächstbeteiligten, bei einer Universitätsgerichtsverhandlung, die E. Arnoldt aus den Senatsprotokollen als einziges Aktenstück, in dem Kants Namen vorkommt, ausgegraben hat. Zum 19. Oktober 1741 wird ein Studiosus Schimmelpfennig (vielleicht identisch mit dem gleichnamigen Konabiturienten Kants) vor den Senat zitiert, um einem stud. Hofmann, der ihn verklagt, die entliehene Summe von 8 Gulden 22½ Groschen zurückzuerstatten. Und hier tritt nun — in seinem dritten Semester — Kant in Aktion! „Stud. Kant *comparet nomine* stud. Hofmann Klägers und bittet um das Geld"; „Studiosus Schimmelpfennig *deponit*, daß er jetzo erst gesehen und gefunden, daß Studiosus Hofmann, sein Kläger, ihm einen Rock und Weste abgelehnt, sobald er diesen zurückbekäme, sollte das Geld sogleich fallen." Studiosus Kant erhält sodann den Auftrag, diese Aussage Hrn. stud. Hofmann zu hinterbringen, und beide Gegner werden für den folgenden Morgen 9 Uhr wieder vorgeladen. Schimmelpfennig scheint doch ein gutes Gewissen gehabt oder die größere Keckheit besessen zu haben, denn er ist am nächsten Tage zur Stelle, Hofmann und Kant nicht. Schließlich wurde — am 1. November —, nachdem dem Angeklagten die Exekution angedroht war, die Sache durch einen Vergleich beendet, indem sich der Kläger mit 5 Gulden zufrieden gab.

Wann verließ Kant die Universität? Rinks Angabe zufolge hätte er es bereits „nach etwa dreijährigen Studien", also schon 1743 getan. Aber dann würden nicht weniger als zwölf Jahre auf die Zeit bis zum Antritt der Privatdozentur (1755) fallen, ein Zeitraum, der kaum durch andere Annahmen auszufüllen wäre. Viel mehr für sich hat die Angabe Borowskis in dem von dem Philosophen selbst revidierten Teil seiner Biographie, der von dem „ersten Quinquennium seines akademischen Lebens" spricht, das er mit der Ausarbeitung seiner ersten Schrift, des „1746 schon herausgegebenen Werkes von der Schätzung der lebendigen Kräfte" abgeschlossen habe. So befindet sich denn auch in den Akten der Philosophischen Fakultät vom Sommersemester 1746 unter den dem Dekan zur Zensur eingereichten Arbeiten die Eintragung:

6. Immanuel Kandt Stud.: Gedanken von der wahren Schätzung der lebendigen Kräfte.

Kant wird also hier ausdrücklich noch als Studiosus bezeichnet, womit natürlich nicht gesagt ist, daß er in seinen letzten Semestern noch Vorlesungen gehört zu haben braucht. Noch beweisender fast für seinen längeren Aufenthalt in Königsberg scheint der Umstand, daß jener stud. juris Kallenberg, der ihm, Heilsbergs Mitteilung gemäß, nach Wlömers Abgang (nach Berlin) „freie Wohnung gab“ (s. S. 25), erst am 2. Mai 1746 an der Königsberger Universität immatrikuliert worden ist. Auch ist es nicht gerade wahrscheinlich, daß Kant während der anderthalbjährigen Hinfälligkeit seines Vaters, dessen Tod am 24. März 1746 nachmittags um halb vier in seinem Beisein erfolgte, ihn und die zahlreiche Familie dauernd verlassen hat. Endlich ist (was freilich nicht unbedingt beweisend ist) die Vorrede zu seiner ersten Schrift datiert: Königsberg, den 22. April 1747. Jedenfalls weilte er also an diesem seinen 23. Geburtstage in der Vaterstadt.

Mit der genannten Erstlingsschrift, die nicht weniger als 15 Bogen stark war und nur zum Teil auf seine eigenen Kosten, zum andern auf die des Oheims Richter (s. S. 25), gedruckt wurde, übrigens erst 1749 erschien, schloß Kant sein Universitätsstudium ab und trat er seine selbständige wissenschaftliche Laufbahn an. Er schrieb sie nicht in der lateinischen Gelehrten-, sondern in deutscher Sprache und, was wichtiger ist, mit einem seine künftige Größe ahnen lassenden stolzen Kraft- und Selbstgefühl. Kühn erklärte der 23jährige Jüngling, selbst „das Ansehen derer Newtons und Leibnize vor nichts zu achten, wenn es sich der Entdeckung der Wahrheit entgegensetzen sollte“ (*Vorrede*, Abschn. I), wandte sich gegen den Herdentrieb der Menge und den Troß der Nachbeter und faßte schließlich das Programm seiner ganzen wissenschaftlichen Lebensarbeit in die stolzen Sätze zusammen: „Ich habe mir die Bahn schon vorgezeichnet, die ich halten will. Ich werde meinen Lauf antreten, und nichts soll mich hindern, ihn fortzusetzen“ (*Vorrede*, VII).

Freilich, diese selbstbewußten Worte sollten sich jahrelang noch nicht in die Tat umsetzen. Stärker als alle idealen Pläne und Vorsätze erwies sich doch die Macht der wirtschaftlichen Verhältnisse. Gerade weil Kant von niemanden ökonomisch abhängig „seinen Lauf antreten“ wollte, mußte er, der Not gehorchend, nicht dem eignen Trieb, zunächst und auf Jahre hinaus einen Beruf ergreifen, der ihm an sich sehr wenig sympathisch war, der ihn von den Stätten der Wissenschaft entfernte, ihn aber materiell mit der Zeit auf eigene Füße zu stellen versprach: den Beruf des Hauslehrers oder, wie man damals meistens sagt, des „Hofmeisters".

B. **Hauslehrerjahre** (um 1747–1754).

Daß ein Kandidat nach Beendigung seiner Universitätsstudien längere Zeit den Hauslehrerberuf ausübte, ist eine für die damalige Zeit beinahe typische Erscheinung. Fast alle weniger bemittelten Kandidaten, sei es der Philologie oder Theologie oder auch der Jurisprudenz, gingen eine Zeit lang, die sich zuweilen auf viele Jahre ausdehnte, dazu über. Und daß diese Sitte noch Jahrzehnte angedauert hat, beweisen so berühmte Beispiele wie Fichte und Schelling, Hegel und Herbart. In Ostpreußen war sie zudem nicht bloß in der materiellen Lage der Kandidaten, sondern auch in den wirtschaftlichen und Verkehrsverhältnissen des Landes begründet. Die zahlreichen adligen Gutsbesitzer, aber auch andere angesehene Persönlichkeiten auf dem Lande waren bei der Rückständigkeit der Verkehrsmittel auf solche Hauslehrer, „Informatoren" oder Hofmeister geradezu angewiesen; ein nicht geringer Teil des späteren Briefwechsels von Kant besteht aus Bitten um Besorgung von Hofmeistern und seinen Antworten bzw. Empfehlungen.

Die Hauslehrerzeit ist jedoch derjenige Abschnitt in Kants Leben, über den wir am dürftigsten orientiert sind. Wir wollen den Leser mit der Aufzählung der einander zum Teil stark widersprechenden Nachrichten umsoweniger langweilen, als der Philosoph selber später auf die chronologischen Einzelheiten dieser Zeit nicht den mindesten Wert gelegt hat. Er selbst hat zu Borowskis Bemerkung: „Kant wurde durch die Lage seiner Umstände genötigt, Hauslehrer .... zu werden", nur den ganz unbestimmt gehaltenen Zusatz gemacht: „einige Jahre hindurch". Nach dem heute vorliegenden Material steht folgendes mit einiger Sicherheit fest:

Er war zuerst Hofmeister bei dem reformierten Prediger Andersch in dem wohlhabenden Dorfe Judtschen zwischen Insterburg und Gumbinnen, wo er dessen drei jüngere Söhne unterrichtete. Höchstwahrscheinlich hat sich Kant noch im Hochsommer 1749 in dieser Stellung befunden, denn von „Judtschen d. 23. Aug. 1749" ist der erste Brief datiert, der überhaupt von unserem Philosophen erhalten ist. Er ist an einen Unbekannten, wahrscheinlich den bekannten Albrecht von Haller, gerichtet und bittet denselben, sein Erstlingswerk, die *Gedanken von der wahren Schätzung etc.* zu rezensieren. Daß der Druck dieses „Werkchens" sich von 1746 bis 1749 hingezogen, daran seien „sowohl öftere Verhinderungen als auch meine Abwesenheit (sc. von Königsberg) schuld gewesen". Er habe auch noch „eine Fortsetzung dieser Gedanken in Bereitschaft, die nebst einer ferneren Bestätigung derselben andere, eben dahin abzielende Betrachtungen in sich begreifen wird", die er ihm nach Erscheinen ebenfalls zugehen lassen werde[1]. Von der geplanten „Fortsetzung" seiner Erstlingsschrift ist Kant später abgekommen.

Vermutlich um 1750 trat er dann eine zweite Hofmeisterstelle in der entlegensten Ecke der Provinz, in dem Hause des Majors und Rittergutsbesitzers Bernhard Friedrich von Hülsen auf Gr.-Arnsdorf bei Saalfeld zwischen Elbing und Osterode an, wo er wohl dessen zwei ältesten Söhne, den bei Antritt seiner Stellung 10jährigen Ernst Ludwig und den 6jährigen Georg Friedrich, unterrichtet hat. Dort muß er längere Zeit geblieben sein, denn es entspann sich daraus ein näheres Verhältnis zu der Familie, das auch nach seiner Entfernung aus dem freiherrlichen Hause noch jahrelang fortdauerte. Der Vater wie die Zöglinge richteten Briefe an ihn, die sich noch in seinem Nachlaß vorfanden. Sie enthielten (nach Rink) „den gefühltesten Ausdruck des Dankes, der Hochachtung und Liebe", die sich u. a. auch darin zu erkennen gab, „daß sie ihn zum Teilnehmer jedes interessanten Familienereignisses machten". Von Kant selbst erhalten ist ein Brief vom 10. August 1754, als er bereits wieder in Königsberg war, an einen „Monsieur" von Hülsen, wir ver-

---

[1]) Was sich über das Dorf, den Pfarrer und Kants Aufenthalt dort feststellen ließ, hat B. Haagen in einer sorgfältigen Arbeit *Auf den Spuren Kants in Judtschen* (Altpreußische Monatsschrift Bd. 48. S. 382–411 und 528–556) zusammengestellt.

muten deshalb nicht an den Vater, sondern an den älteren (damals 14jährigen) Zögling, dem er ein historisches und ein lateinisches Schulbuch übersendet, nebst ein paar Bildern: „1 vor HE. Fritzchen und 1 vor den lieben HE. Behrend" (vermutlich seinen Nachfolger in der Hofmeisterstelle). „HE. Fritzchen" möge sich „durch unverdrossenen Fleiß bestreben, bald auf die Akademie gehen zu könen." „Herr Fritzchen", der jüngere der beiden Zöglinge, der damals freilich erst 10 Jahre zählte, hat insofern seines vormaligen Hofmeisters Zutrauen Ehre gemacht, als er der einzige unter seinen Geschwistern war, der wirklich bis zur Universität gelangt ist. Er wurde im Herbst 1761 zu Königsberg immatrikuliert und kam dort zu seinem früheren Lehrer, Magister Kant, in Pension.

Anfangs hatte sich der damalige Nachfolger Kants in seiner Arnsdorfer Hauslehrerschaft, ein gewisser Busolt, wie aus seinem ausführlichen lateinischen Briefe vom 23. April 1761 an den „hochgeehrten Gönner" Kant hervorgeht, um die Begleitung des jungen Hülsen auf die Universität bemüht, um die 200 Reichstaler (*imperiales*) Honorar, die jeder junge Edelmann für solche Hofmeisterschaft abgesehen von den Kosten für Tanzen, Reiten, Fechten und französische Konversation bezahlen mußte, für sich selbst zu erringen. Er berichtet auch, der junge Mann brenne vor Begier nach dem Offiziersdegen und schütze die Begierde nach den Wissenschaften nur vor, um desto eher von den väterlichen Penaten loszukommen. Gegen Ende des folgenden Jahres trat Hülsen denn auch wirklich, dem traditionellen Berufe des preußischen Adels folgend, als Offizier in ein schlesisches Regiment ein. Er „beurlaubte sich noch von Arnsdorf aus von seinem treuen Lehrer und Vorsorger durch ein dankbares Schreiben" (Rink).

Vielleicht kann man doch eine Nachwirkung Kantischen Einflusses darin erblicken, wenn später unter der Regierung Friedrich Wilhelms III. sein einstiger Zögling Georg Friedrich von Hülsen (Hüllesem) seinen Gutsuntertanen die Freiheit schenkte, wofür er von dem König in den Grafenstand „erhoben" wurde. In späteren Jahren hat Kant dann selbst seinem einstigen Zögling Hauslehrer aus Königsberg besorgt. In einem zufällig erhaltenen Briefe vom 1. Mai 1784 an Georg Friedrich von

Hülsen schlägt er ihm zwei Rechtskandidaten zur engeren Wahl vor, die beide, außer den nötigen Schulkenntnissen, auch noch Klavier und Violine, der eine sogar außerdem noch „die Flöte und das Bassettel“, zu spielen verständen (*Briefw.* I, S. 366).

Eine dritte Stelle soll Kant nach verschiedenen seiner Biographen im Hause des Grafen Joh. Gebh. Keyserling zu Rautenburg (Kreis Tilsit-Niederung) bekleidet haben. Allein dies könnte, wenn es überhaupt der Fall war, nur kurze Zeit gedauert haben. Denn von den beiden in Betracht kommenden Söhnen war der eine September 1745, der andere gar erst Februar 1747 geboren, so daß als frühester Termin, zumal wenn man mit uns einen mehrjährigen Aufenthalt im Hülsenschen Hause annimmt, doch wohl nur das Jahr 1753 in Betracht kommen könnte. 1754 aber war Kant aller Wahrscheinlichkeit nach wieder in Königsberg; denn von dort ist nicht nur der oben erwähnte, nach dem Hülsenschen Gute gerichtete Brief datiert, sondern er hat in diesem Jahre auch mehrere kleinere Aufsätze in den „Wöchentlichen Königsbergischen Frag- und Anzeigungsnachrichten“ veröffentlicht, hat den Druck der schon im März 1755 erschienenen *Allgemeinen Naturgeschichte und Theorie des Himmels* eingeleitet und vermutlich auch überwacht, und doch wohl auch in der Universitätsstadt selber die schon am 17. April 1755 von ihm eingereichte Promotionsschrift vorbereitet. Endlich ist sein Aufenthalt in Königsberg um 1754 auch deshalb wahrscheinlich, weil er sich um diese Zeit, wie erst neuerdings bekannt geworden ist[1]), mit Vorarbeiten für die von der Berliner Akademie der Wissenschaften im Sommer 1753 für das Jahr 1755 gestellten Preisfrage über den Optimismus von Pope und Leibnitz beschäftigt hat. Auch ist auffällig, daß Kants späterer vertrauter Freund und Kollege Kraus, der 1777—78 beinahe zwei Jahre hindurch Hauslehrer im Keyserlingschen Hause zu Königsberg war und nach damaliger Sitte seinen Zögling täglich in Kants Kolleg begleitete, dort niemals von dessen, freilich

[1]) *Reicke, Lose Blätter aus Kants Nachlaß* (1889), S. 294 ff. Danach stand der junge Kant damals dem Optimismus noch nicht so nahe, wie — vorübergehend — 1759 (s. unten).

ein Vierteljahrhundert früher datierenden, Hofmeisterschaft gehört hat. Er müßte es aber um so eher gehört haben, da die Mutter jener beiden Söhne, Gräfin Charlotte Amalie, die sich mit 15 Jahren jenem Grafen Johann Gebhard vermählt und später in zweiter Ehe einen anderen Grafen (Heinrich Christian) Keyserling heiratete, der 1772 nach Königsberg zog, eine philosophisch sehr gebildete Dame war, in deren Hause Kant später — auch zur Zeit von Kraus' Hofmeisterschaft — jahrzehntelang verkehrte (s. unten Kap. IV), und die er in seiner *Anthropologie* eine „Zierde ihres Geschlechtes" nennt [1]).

Anderseits bemerkt freilich Heilsberg ausdrücklich: Kant habe „bey denen Grafen von Keiserling, wovon einer noch in Kurland lebt, dem die Grafschaft Rautenburg gehört, conditioniert, wie lange . . ., weiß ich nicht. Die Mutter dieser Grafen war seine große Gönnerin . . ." Und Borowski: er habe „einige Zeit hindurch auch einen Grafen von Kaiserlingk geführt": welches „Führen" doch nicht bloß darauf bezogen werden kann, daß derselbe von 1759 an sein Zuhörer war. Endlich spricht für einen nicht ganz vorübergehenden Aufenthalt im Keyserlingschen Hause schon um 1753–54 der Umstand, daß wir ein — im 2. Band der *Kantstudien* zuerst veröffentlichtes — von der genannten philosophischen Gräfin gemaltes Bildnis Kants besitzen, das ihn so jugendlich, wie er auf keinem anderen erscheint, jedenfalls kaum über 30 Jahre alt darstellt. Schließlich könnte die ganze Sache aber auch, wie zuerst Fromm vermutet hat, mit einem anderen Faktum zusammenhängen, das Kraus dem Gedächtnisredner von 1804 (Wald) mitgeteilt hat. Derselbe Kraus nämlich, der von einer „Condition" Kants im Keyserlingschen Hause nichts wußte, schrieb Wald: Kant habe ihm erzählt, er habe „in einem gräflichen Hause unweit Königsberg die Erziehung, die er zum Teil mit von Königsberg aus (als Magister, wenn ich

[1]) Auch bei späteren Nachforschungen seitens eines jüngeren, für Kantische Philosophie und Moral begeisterten Grafen Heinrich Wilhelm Keyserling (1775—1850) in Rautenburg hat sich keine Spur von einem einstigen Aufenthalte des Philosophen daselbst gefunden. Desgleichen wußte der Hausgenosse seiner letzten Jahre (Wasianski) von dieser dritten Hauslehrerstelle (in seiner Antwort an Wald) nichts.

nicht irre) besorgen" helfen, und zwar sei er „regelmäßig alle Woche ein- oder ein paarmal nach dem Gräflich Truchseßschen Gute Capustigall abgeholt worden, um da, ich weiß nicht mehr worin, den Grafen, der noch lebt, zu unterrichten". Da nun die Gräfin Keyserling eine geborene Truchseß-Waldburg war, wäre es immerhin möglich, daß Kant kurz vor oder bald nach Anfang seiner Magisterzeit (1755) in diesem zwei Meilen von Königsberg entfernten Schlosse auch einen von deren Söhnen unterrichtet hätte. Trotz aller eingehenden Erwägungen, die Fromm wie Arnoldt darüber angestellt haben, wird sich indes, solange weitere und bestimmtere Nachrichten fehlen, nichts Festes über diese eventuelle dritte Hauslehrerstelle Kants ausmachen lassen. Und wir wollen keine weitere Konjekturalpolitik treiben, die am Ende noch, wie Arnoldt humoristisch bemerkt, dazu führen könnte, daß man zwischen der jungen, erst 1729 geborenen Gräfin, die schon frühe philosophisches Interesse zeigte (bereits mit 25 Jahren hatte sie ein philosophisches Werk Gottscheds ins Französische übersetzt), und dem von ihr porträtierten Hauslehrer oder Magister Kant ein zartes Verhältnis konstruierte, dessen beide dann zwei Jahrzehnte später, als der berühmte Professor dauernd im Hause ihres zweiten Gemahls verkehrte, nicht mehr gern gedacht hätten.

Uns interessiert auch hier wiederum, mehr als die äußeren Daten, zu hören, was Kant von diesem, wie wir eher annehmen, etwa sechs- bis siebenjährigen Abschnitt seines Lebens für seinen inneren Menschen davongetragen hat. Und da stimmt sicher die Schilderung, die er selbst in der Lebensskizze Borowskis gelesen und unbeanstandet gelassen hat: „Der stille ländliche Aufenthalt diente ihm zur Förderung seines Fleißes. Da wurden schon in seinem Kopfe die Grundlinien zu so manchen Untersuchungen gezogen, manches auch beinahe vollständig ausgearbeitet, womit er .... in den Jahren 1754 u. f. zur Überraschung vieler, die das von ihm, wenigstens nicht in dem Maße erwartet hatten, auf einmal und schnell aufeinander hervortrat. Da sammelte er sich in seinen Miszellaneen aus allen Fächern der Gelehrsamkeit das, was ihm fürs menschliche Wissen irgend erheblich zu sein schien — und denkt heute noch mit vieler

Zufriedenheit an diese Jahre seines ländlichen Aufenthalts und Fleißes zurück." Auch gewöhnte sich der im einfachen Handwerkerhause aufgewachsene junge Mann in den aristokratischen Familien, die er während seines Hauslehrerlebens kennen lernte, an feinere äußere Lebensformen, „obgleich er sonst" — wie Heilsberg hinzuzufügen nicht unterläßt — „in allen Stücken die Rechtschaffenheit und Biederkeit im Umgange jenem Gepränge vorzog und das Komplimentieren haßte". Wie er denn auch (nach Kraus) auf der Rückfahrt von jenem Privatunterricht auf Schloß Capustigall, in vergleichendem Rückblick „öfters mit inniger Rührung an die ungleich herrlichere Erziehung gedachte, die er selbst in seiner Eltern Hause genossen, wo er, wie er dankbar rühmte, nie etwas Unrechtes oder eine Unsittlichkeit gehört oder gesehen". Ob er die Mißlichkeit der Hauslehrererziehung, daß das Kind sich nach den Vorschriften des Hofmeisters richten und doch auch wieder den „Grillen" der Eltern folgen soll, auch am eigenen Leibe erfahren hat, mag dahingestellt bleiben. Er war dafür, daß die Eltern in diesem Falle „ihre ganze Autorität an den Hofmeister abtreten" (*Über Pädagogik* S. 30). Auch für die leibliche Erziehung der ihm noch nicht anvertrauten kleineren Kinder kann seiner Ansicht nach der Hofmeister der Ratgeber der Eltern sein, da „man ohnedem oft nur der einzige Gelehrte im Hause ist" (ebd. S. 37). Dagegen hat er sich als ein besonders tüchtiger praktischer Pädagoge, wie das gewöhnlich bei so gelehrten und zur reinen Abstraktion veranlagten Leuten wie er zu geschehen pflegt, nicht erwiesen. „Er pflegte über sein Hofmeisterleben zu scherzen und zu versichern, daß in der Welt vielleicht nie ein schlechterer Hofmeister gewesen wäre als er. Er hielt es für eine große Kunst, sich zweckmäßig mit Kindern zu beschäftigen und sich zu ihren Begriffen herabzustimmen, aber er erklärte auch, daß es ihm nie möglich gewesen wäre, sich diese Kunst zu eigen zu machen" (Jachmann).

Unter diesen Umständen braucht es der Gymnasiallehrerstand nicht allzusehr zu bedauern, daß der berühmteste deutsche Philosoph nicht — wie er anscheinend um 1755 oder 1757 einmal versucht hat — in seine Reihen eingetreten ist. Anscheinend. Denn auch hier widersprechen sich die Nachrichten. Borowski zufolge hätte er sich, ehe er sich endgültig „dem Dienste der Universität bestimmte“, um die „unterste Schulkollegenstelle“ an dem heute noch bestehenden Kneiphöfischen Domgymnasium, der ältesten Schule Königsbergs (gegr. 1304) gemeldet, wäre aber einem anderen, „gewiß nicht geschickteren“ Bewerber nachgesetzt worden. Wald nennt auch den Namen dieses bei ihm schon zum „notorischen Ignoranten“ gewordenen Rivalen: Kahnert. Andere, wie Kraus und Heilsberg, haben die Sache bezweifelt. Nun hat allerdings A. Warda in seiner genauen Untersuchung der Angelegenheit urkundlich nachgewiesen, daß in der Tat ein Wilhelm Benjamin Kahnert im Oktober 1757 als Lehrer an jener Anstalt angestellt worden ist, aber doch eben von Kants Bewerbung nichts in den Akten gefunden. Falls eine solche dennoch stattgefunden haben sollte, wollen wir uns über ihren Mißerfolg freuen. Denn, wenn selbst Kants Professorgehalt anfangs nicht größer gewesen ist als das eines Lehrers am Kneiphöfschen Gymnasium, wenn er auch in seinen Privatdozentenjahren oft genug ebensoviel Stunden (24) wöchentlich Kolleg gelesen hat, als er an jener Schule Unterrichtsstunden erteilt haben würde: es war doch etwas anderes, als wenn, wie es bei Kahnert der Fall, von 22 Lehrstunden 10 aufs — Schönschreiben fielen. Die Zeit war noch nicht gekommen, wo — wie Kant einem jungen Freunde, dem er selber zur Annahme eines Schulamts riet, zum Troste schrieb — „das Bedürfnis des Publikums, die Schulen dem Fortrücken in der Kultur des Geschmackvollen angemessener zu machen, immer stärker gefühlt wurde“ (Kant an Nicolovius, 16. August 1793). Kurz, es war — auch abgesehen von seinem Mangel an praktischem Lehrtalent und den Schwierigkeiten der Disziplin gegenüber einer ganzen Schulklasse — in jeder Hinsicht für unseren Philosophen besser, daß er in diejenige Laufbahn trat oder bei ihr verharrte, die für seine ganze Geistesanlage die gegebene war: die des akademischen Lehrers.

Drittes Kapitel.

Fünfzehn Jahre Privatdozent und Magister.

1755—1770.

1. Promotion und Habilitation.

Schon durch mehrere wissenschaftliche Schriften hatte der junge Gelehrte die Aufmerksamkeit der gelehrten Welt auf sich gezogen. War der Ruf von seiner Erstlingsschrift in so weite Kreise gedrungen, daß ihr Titel ihm das bekannte spöttische Epigramm von Lessing zuzog[1]), so hatten zwei weitere, in den Königsberger Nachrichten im Juni bzw. August-September 1754 veröffentlichte Aufsätze seinen Namen mindestens in den literarisch gebildeten Kreisen der Heimat noch bekannter gemacht. Von dem ersten, der, durch eine Preisaufgabe der Berliner Akademie angeregt, die Frage untersuchte: „Ob die Erde in ihrer Umdrehung einige Veränderung erlitten habe", urteilt ein heutiger Fachmann, daß sein Ergebnis, der klare Beweis einer allmählichen Verlangsamung der Achsendrehung der Erde, erst nach einem vollen Jahrhundert aufs neue habe entdeckt werden müssen. Die zweite, größere Abhandlung betraf „die Frage, ob die Erde veralte, physikalisch erwogen". Beide waren Vorstudien zu der berühmten, Ostern 1755, zunächst anonym, erschienenen *Allgemeinen Naturgeschichte und Theorie des Himmels,* die „den Ursprung des Weltgebäudes, die Bildung der Himmelskörper

---

[1]) Kant unternimmt ein schwer Geschäfte,
Der Welt zum Unterricht.
Er schätzet die lebend'gen Kräfte,
Nur seine schätzt er nicht.

Später, als der Dichter den Philosophen besser hatte schätzen lernen, unterdrückte er das Epigramm.

und die Ursachen ihrer Bewegung aus den allgemeinen mechanischen Bewegungsgesetzen der Materie nach der Theorie Newtons" herleitete, über deren merkwürdiges äußeres Schicksal die Einleitung zu Bd. 48 der *Philos. Bibl.* berichtet.

So standen Kants Promotion zum Magister — dem heutigen Dr. philosophiae entsprechend — wie seiner Habilitation als Privatdozent natürlich nicht die geringsten Schwierigkeiten entgegen. Er promovierte mit einer, auch heute noch von kundiger Seite geschätzten, lateinischen Abhandlung *Über das Feuer*, die er am 17. April 1755 bei der philosophischen Fakultät einreichte. Das Rigorosum fand am 13. Mai, der feierliche öffentliche Promotionsakt am 12. Juni desselben Jahres statt. Zu ihm hatten sich besonders viele angesehene und gelehrte Männer der Stadt eingefunden, „und bei der lateinischen Rede, die Kant nach der Promotion hielt" — es war darin „vom leichteren und vom gründlicheren Vortrage" der Philosophie die Rede —, „legte das ganze Auditorium durch ausgezeichnete Stille und Aufmerksamkeit die Achtung an den Tag, mit der es den angehenden Magister aufnahm".

Der Magisterpromotion folgte am 27. September des nämlichen Jahres morgens von 8 bis 12 Uhr die öffentliche Verteidigung seiner *pro venia docendi* eingereichten lateinischen Dissertation, wir würden heute sagen Habilitationsschrift: *Eine neue Beleuchtung der ersten Prinzipien der metaphysischen Erkenntnis.* „Respondent" war ein Theologiekandidat, Opponenten ein Stud. theol. und zwei Rechtskandidaten (vgl. *Phil. Bibl. 46 a*, S. XIII ff. und S. 1—51); es war die erste rein philosophische Schrift Kants. Bald darauf wird er seine erste Vorlesung gehalten haben, über die uns ein anschaulicher Bericht Borowskis erhalten ist. „Er wohnte damals in des Prof. Kypke Hause auf der Neustadt und hatte hier einen geräumigen Hörsaal, der samt dem Vorhause und der Treppe mit einer beinahe unglaublichen Menge von Studierenden angefüllt war. Dieses schien Kant äußerst verlegen zu machen. Er, ungewöhnt der Sache, verlor beinahe alle Fassung, sprach leiser noch als gewöhnlich, korrigierte sich selbst oft." Bei der Bewunderung, die sie für seine umfangreiche Gelehrsamkeit hatten, sahen die Zuhörer jedoch darin nur Bescheidenheit, nicht Furchtsamkeit, und „in der nächstfolgenden Stunde war es schon ganz anders. Sein Vortrag war, wie er's in der Folge blieb, nicht allein gründlich, sondern auch freimütig und angenehm". Damit kommen wir zu seinen

2. *Vorlesungen*

überhaupt. Zunächst: Welche Disziplinen bildeten den Gegenstand von Magister Kants Vorlesungen[1])?

In seinem ersten Dozentensemester las er gleich drei Kollegia: Logik, Metaphysik und Mathematik; wahrscheinlich auch Physik. Unter seinen eingeschriebenen Zuhörern befanden sich 2 Juristen und 21 Theologen, unter den letzteren sein Bruder Johann Heinrich und sein späterer Biograph Borowski. Dieselben Fächer hat der fleißige und — einnahmebedürftige Magister dann auch fast für jedes folgende Semester angekündigt, wenn auch vielleicht nicht immer gehalten. Hinzu kam im nächsten Sommer noch Physische Geographie. Kant gehörte zu den ersten Professoren, die Geographie als selbständigen Lehrgegenstand behandelt haben. Diese in der Regel jedes zweite Semester wiederkehrende Vorlesung blieb bis in sein Alter eins seiner Lieblingskollegien; denn er war der Meinung, daß nichts so geeignet sei, „den gesunden Verstand aufzuhellen", als gerade die Erdkunde. Er lud diesmal durch eine besondere Programmabhandlung: *Neue Anmerkungen zur Erläuterung der Theorie der Winde,* datiert vom 25. April 1756, zum Besuch seiner Vorlesungen ein. Im folgenden Winter tritt zum ersten Male Ethik (später auch Moralphilosophie oder Praktische Philosophie genannt) hinzu, die er von da an in der Regel jeden Winter las. Für den Sommer 1758 zeigte er außerdem seine Absicht an, „in einer Mittwoch- und Sonnabendstunde die in den vorigen Tagen abgehandelten Sätze polemisch betrachten

[1]) Der verdienstvolle Kantforscher Emil Arnoldt hat es sich nicht verdrießen lassen, ein genaues Verzeichnis sämtlicher von Kant angekündigten Vorlesungen während der ganzen, 42jährigen Dauer seiner Lehrtätigkeit aufzustellen, welches dann von O. Schöndörffer, dem Herausgeber von Arnoldts Gesammelten Werken und Nachlaß, an verschiedenen Stellen noch ergänzt worden ist. Aus diesem mit wertvollen begleitenden Zusätzen versehenen Verzeichnis (Ges. Schr. Bd. V, 2) schöpft unsere obige Darstellung.

zu wollen", „welches meiner Meinung nach eines der vorzüglichsten Mittel ist, zu gründlichen Einsichten zu gelangen". Ein solches ‚Disputatorium' hat er auch für Sommer 1761 angekündigt, regelmäßiger aber erst von den 70er Jahren an abgehalten. 1759/60 wurden zum erstenmal ‚reine Mathematik' und ‚mechanische Wissenschaften' in gesonderten Stunden behandelt. Indes hat er über Mechanik überhaupt nur zweimal gelesen und von Herbst 1763 ab auch seine bis dahin jedes Semester angekündigten mathematischen Vorlesungen endgültig aufgegeben. Anstatt dessen tritt als neues Fach Sommer 1767 zuerst das Naturrecht auf. Im folgenden Winter kam als weitere Neuerung eine ‚Enzyklopädie der ganzen Philosophie nebst einer kurzgefaßten Geschichte derselben' für solche, die sie „ausführlicher zu verfolgen nicht Zeit haben", hinzu; sie muß Anklang gefunden haben, denn er las sie in den nächsten Jahren bis 1772 häufig, während sie von da an wieder hinter anderen Gegenständen in den Hintergrund tritt.

Von 1760/61 an sind in der Regel auch die Tagesstunden erwähnt, an denen Kant seine Vorlesungen hielt; sie nahmen meist den ganzen Vormittag von 8 bis 12 Uhr ein. In einem Semester (Sommer 1761) hat er an Fleiß geradezu Unglaubliches geleistet oder mindestens leisten wollen. Er kündigte für dieses Semester nicht weniger als sechs Kollegia an: 8—9 Logik, 9—10 Mechanik, 10—11 theoretische Physik, 11—12 Metaphysik; nachmittags 2—3 physische Geographie (6stündig), 3—4 Arithmetik, Geometrie und Trigonometrie; dazu ein „Disputatorium" Mittwoch und Sonnabend von 8 bis 9. Außerdem aber erbot er sich auch noch, „die übrigen Mittwoch- und Sonnabendstunden Wiederholungen und Lösungen von Zweifeln" gratis zu widmen. Auch im Winter 1776/77 hat er, nach seiner eigenen Angabe in den Senatsakten, 26 bis 28 Wochenstunden nicht bloß angekündigt, sondern auch wirklich gelesen. Im allgemeinen betrug der Durchschnitt in seinen Magisterjahren nicht unter 16 Stunden. Und dabei war er, wie übereinstimmend berichtet wird, ein Muster von Pünktlichkeit und Pflichttreue. Niemals setzte er, etwa seiner schriftstellerischen Arbeiten oder gar um des Vergnügens willen, eine Vorlesung aus, außerhalb der festgesetzten akademischen Ferien. Desgleichen wurde er in der Regel mit seinem Pensum auch fertig. Er konnte in der Ankündigung seiner Vorlesungen Winter 1759/60 schreiben: „Man weiß schon, daß ich jede dieser (sc. fünf) Wissenschaften in einem halben Jahre zu Ende bringe und, wenn dieses zu kurz ist, den Rest in einigen Stunden des folgenden nachhole.“ So war es denn wohl verdient, wenn ihm bei seiner Ernennung zum Professor (1770) an erster Stelle bescheinigt wurde, daß er sich „durch seine bisherigen fleißigen Vorlesungen um besagte Universität verdient gemachet“.

Es war für die Professoren Vorschrift, daß sie ihren Vorlesungen bestimmte Kompendien zugrunde legen mußten. Selbst ein so liberaler Minister wie Zedlitz hat noch 1778 diese Regel den Professoren der Königsberger Philosophenfakultät mit der Begründung eingeschärft: „Das schlechteste Kompendium ist gewiß besser als keines, und die Professores mögen, wenn sie soviel Weisheit besitzen, ihren *Autorem* verbessern, soviel sie können, aber das Lesen über *Dictata* muß schlechterdings abgeschaffet werden.“ Von dieser Verfügung war einzig und allein „der Professor Kant und sein Kollegium über die physische Geographie“ ausgenommen, „worüber bekanntlich noch kein gantz schickliches Lehrbuch vorhanden ist“. Immerhin hatte Kant — wie denn auch in einem Ministerialreskript vom 25. Mai 1767 besonders beifällig anerkannt wurde — eine gute Auswahl unter den Lehrbüchern getroffen: er las z. B. Logik nach der *Vernunftlehre* Meiers (eines der selbständigeren Wolfianer), Naturrecht nach Achenwalls *Jus naturale*, Enzyklopädie nach seines späteren Gegners Feder *Grundriß*, Metaphysik und Ethik meist nach dem durch die erste „Ästhetik“ berühmt gewordenen Baumgarten. Im übrigen hat uns Kant selbst über Zweck und Gang seiner philosophischen Vorlesungen ausführlich orientiert in der gedruckten *Nachricht von der Einrichtung seiner Vorlesungen in dem Winterhalbjahr von 1765 bis 1766*.

Er wollte, so führte er hier aus, an seinen Zuhörern zunächst nur den Verstand, dann allmählich ihre Vernunft ausbilden und erst in letzter Linie Gelehrte aus ihnen machen. Sie sollten bei ihm keine ihnen nur äußerlich anklebenden Gedanken, sondern denken, keine fertige

Philosophie, sondern philosophieren lernen. Seine Methode sollte daher „zetetisch d. i. forschend", nicht „dogmatisch d. i. entschieden" sein. Den Verfasser des zugrunde gelegten Kompendiums sah er darum auch „nur als eine Veranlassung" an, „selbst über ihn, ja wider ihn zu urteilen", und war sich dabei seiner von dem „gemeinen" Verfahren „sehr abweichenden" Art durchaus bewußt. So erlaubte er sich denn auch mit dem „Lesebuch" Baumgartens, das er „vornehmlich um des Reichtums und der Präzision seiner Lehrart willen" gewählt habe, eine „kleine Biegung", indem er, abweichend von ihm, von der empirischen Psychologie ausging, dann die körperliche und leblose Natur, darauf die „allgemeineren Eigenschaften aller Dinge" und erst zuletzt „die Ursache aller Dinge, d. i. die Wissenschaft von Gott und der Welt" behandelte. Dies Fortschreiten vom Leichteren zum Schwereren habe nebenbei auch den Vorteil, daß der Hörer nicht durch die Schwierigkeiten der Ontologie gleich zu Anfang abgeschreckt werde und selbst diejenigen etwas mit nach Hause trügen, deren Eifer vorzeitig erlösche. Denn in Königsberg war es damals schon so wie heute, und so wußte auch Kant, „wie eifrig der Anfang der Kollegien von der munteren und unbeständigen Jugend gemacht wird, und wie darauf die Hörsäle etwas geräumiger werden". Er verbreitet sich dann weiter über den Gang, den seine Vorlesungen über Logik, Ethik und physische Geographie nehmen würden, von denen er die letztere inzwischen durch Hinzufügung eines anthropologischen und politischen Teils ergänzt hatte.

So befolgte er denn — wie dies sein Zuhörer Borowski schon für die frühesten Vorlesungen bezeugt — „das Compendium, welches er etwa zum Grunde legte, nie strenge . . . Oft brachte er ein besonderes handschriftliches Heft außer dem Compendium mit, in diesem hatte er sich Marginalien beigezeichnet". Daß er dies Verfahren auch weiterhin einschlug, bezeugt der Befund seiner Handbücher nach seinem Tode. So hat z. B. Erdmann an der Hand von Kants eigenem Handexemplar der Baumgartenschen Metaphysik festgestellt, daß er dieselbe „nichts weniger als sklavisch benutzte" und „schon in der vorkritischen Zeit sich in stetig fortschreitendem Maße von dem Inhalt desselben frei machte". Das Buch war, wie seine meisten Handexemplare und auch einzelne seiner eigenen Werke, mit Papier durchschossen, und nicht bloß diese und die vor dem Titelblatt befindlichen Blätter, sondern auch die Ränder der Druckseiten, ja sogar der freie Raum zwischen den einzelnen Zeilen „vielfach, oft vollständig mit ungemein kleiner, an Abkürzungen reicher, aber meist nicht undeutlicher Schrift beschrieben". Und E. Adickes, der Herausgeber seines Nachlasses in der Akademieausgabe, fügt dem neuerdings hinzu: „. . . selbst die kleinsten freien Plätzchen hat Kant (namentlich in den 80 er Jahren) nicht verschmäht, um, wenn alles andere voll war, auf ihnen noch einige Reflexionen notdürftig unterzubringen, die dann freilich in zwei, drei, vier Stücke getrennt . . . werden mußten. So bieten manche Seiten ein sehr buntes Bild, und Kants Gedächtnis und scharfes Auge sind zu bewundern, wenn er sich in den Vorlesungen der 80 er und 90 er Jahre in dem beängstigenden Wirrwarr solcher Blätter noch zurechtfinden konnte".[1])

Von Kants Vorlesungen erzählt sein Schüler Borowski weiter: „Oft führte ihn die Fülle seiner Kenntnisse auf Abschweifungen, die aber doch immer sehr interessant waren, von der Hauptsache. Wenn er bemerkte, daß er zu weit ausgewichen war, brach er geschwind mit einem ‚Und so weiter' oder ‚Und so fortan' ab und kehrte zur Hauptsache zurück." Mit Gründlichkeit wußte er Anmut der Darstellung zu verbinden; dagegen suchte er nie durch Pikanterien oder Sticheleien auf Kollegen wohlfeilen Beifall zu erwerben. „Dem Nachschreiben war er nicht hold. Es störte ihn, wenn er bemerkte, daß das Wichtigere oft übergangen und das Unwichtigere aufs Papier gebracht ward, sowie auch manche andere Kleinigkeit, z. B. eine auffallende Kleidung" — eine Anekdote erzählt von einem fehlenden Knopfe am Rock eines in der vordersten Reihe sitzenden Zuhörers — „ihn störte." Immer wieder warnte er vor bloßer Nachbeterei, immer wieder

[1]) Vgl. *Erdmanns* Einleitung zu seiner Ausgabe der *Reflexionen Kants zur kritischen Philosophie* I, 1 (Lpz. 1882), *E. Adickes, Kants WW.* (Ak.-Ausg.) *Bd. XIV, S. XXII f.* Über Kants Vorlesungen überhaupt: *E. Arnoldt, Kritische Exkurse im Gebiete der Kantforschung,* S. 269–430. *E. Adickes, Untersuchungen zu Kants physischer Geographie* (1911) S. 34 f. u. a.

schärfte er ein: Selbst denken, selbst forschen, auf eigenen Füßen stehen! Zweifel, die ihm vorgelegt wurden, oder Bitten um nähere Aufklärung nahm er, wenigstens in seinen jüngeren Jahren sehr freundlich entgegen und setzte den Betreffenden, z. B. auf Spaziergängen, die Sache auseinander. Oft ging die Vorlesung in den Ton „freien Diskurses, mit Witz und Laune gewürzt“ über, vermischt mit Hinweisen auf eben von ihm gelesene Schriften oder kleinen, zur Sache gehörigen Anekdoten, ohne indes jemals in das Pikante fallen zu wollen. Trotzdem war, wie Borowski bemerkt, „rege Aufmerksamkeit bei seinen Vorträgen nötig. Die . . . Gabe, die vorkommenden Begriffe und Sachen ganz ins klare für jeden zu setzen, sie etwa durch Wiederholung in anderen Ausdrücken auch dem versäumteren und zerstreuteren Zuhörer doch faßlich zu machen, . . . war Kant freilich nicht eigen. Es mußte auf alles, wie billig, genau gemerkt werden.“ So traute denn u. a. auch Hamann, als Kant im Jahre 1759 „mit einer Kinderphysik schwanger ging“, d. h. eine Naturlehre für Kinder abfassen wollte, dem gelehrten Magister nicht zu, daß er dies fertigbringen würde, da doch „Ihre erwachsenen Zuhörer Mühe haben, es in der Geduld und Geschwindigkeit des Denkens mit Ihnen auszuhalten“ (*Briefw.* I, S. 19). Die meisten Studiosen begannen deshalb auch, weil Kants übrige Vorlesungen für zu schwer galten, mit seiner physischen Geographie oder Moralphilosophie (*Mortzfeld* S. 58 f.).

Aber, wer ihm mit geeigneten Gaben und mit ganzer Seele folgte, der trug auch reichen Lohn davon. Wir glauben, diesen Abschnitt nicht besser abschließen zu können, als mit den schönen Worten, die Herder, mehr als drei Jahrzehnte nachdem er Kants Vorlesungen gehört, und obwohl er mit diesem inzwischen schon in literarische Differenzen gekommen war, in seinen *Briefen zur Beförderung der Humanität* (1795, Brief 29, S. 168) dem einstigen Lehrer widmete:

„Ich habe das Glück genossen, einen Philosophen zu kennen, der mein Lehrer war. Er, in seinen blühendsten Jahren, hatte die fröhliche Munterkeit eines Jünglings, die, wie ich glaube, ihn auch in sein greisestes Alter begleitet. Seine offene, zum Denken gebaute Stirn war ein Sitz unzerstörbarer Heiterkeit und Freude; die gedankenreichste Rede floß von seinen Lippen; Scherz und Witz und Laune standen ihm zu Gebot, und sein lehrender Vortrag war der unterhaltendste Umgang. Mit eben dem Geist, mit dem er Leibniz, Wolf, Baumgarten, Crusius, Hume prüfte und die Naturgesetze Keplers, Newtons, der Physiker verfolgte, nahm er auch die damals erscheinenden Schriften Rousseaus, seinen Emil und seine Heloise, sowie jede ihm bekannt gewordene Naturentdeckung auf, würdigte sie und kam immer zurück auf unbefangene Kenntnis der Natur und auf moralischen Wert des Menschen. Menschen-, Völker-, Naturgeschichte, Naturlehre, Mathematik und Erfahrung waren die Quellen, aus denen er seinen Vortrag und Umgang belebte; nichts Wissenswürdiges war ihm gleichgültig; keine Kabale, keine Sekte, kein Vorteil, kein Namensehrgeiz hatte je für ihn den mindesten Reiz gegen die Erweiterung und Aufhellung der Wahrheit. Er munterte auf und zwang angenehm zum Selbstdenken; Despotismus war seinem Gemüt fremde. Dieser Mann, den ich mit größester Dankbarkeit und Hochachtung nenne, ist Immanuel Kant; sein Bild steht angenehm vor mir."

Neben den Vorlesungen her gehen gerade während dieses Zeitraumes eine große Anzahl von, freilich meist kleineren,

3. *Schriften*

und Abhandlungen. Sehen wir auch, dem Zwecke dieser Biographie gemäß, sowohl von einer innneren Entwicklungsgeschichte des Kantischen Denkens, die in eine Geschichte der Philosophie gehört, wie von der äußeren Entstehungsgeschichte der einzelnen Schriften, die in unseren Einleitungen zu deren Ausgaben in der *Philos. Bibl.* zu finden ist, ab: so müssen wir doch insoweit einen kurzen Blick auf sie werfen, als wir aus ihnen Kants mannigfaltige Interessen kennen lernen; wobei wir gerade die kleinen, in der *Philos. Bibl.* noch nicht behandelten Aufsätze bevorzugen.

Am 1. November 1755 hatte das furchtbare Erdbeben von Lissabon, um mit Goethes „Wahrheit und Dichtung" zu reden — „ungeheuren Schrecken über die in Frieden und Ruhe schon eingewohnte Welt verbreitet". Da nun gerade Kant im Jahre vorher am Schluß seiner Abhandlung: *Ob die Erde veralte?* (S. 39), fast als ob er es vorausgeahnt hätte, von der von den „Feuerschätzen" des Erdinnern beständig drohenden Gefahr gesprochen hatte, so wünschte das Königsberger Publikum von ihm Belehrung über das Wesen und die Gründe des gewaltigen Naturereignisses und der ihm folgenden weiteren Erdstöße. Daraufhin handelte er denn zunächst in zwei Januarnummern (1756) der Königsbergischen usw. Nachrichten *Von den Ursachen der Erderschütterungen bei Gelegenheit des Unglücks, welches die westlichen Länder von Europa gegen das Ende des vorigen Jahres betroffen hat*, und gab kurz darauf — Anfang März — eine als Sonderschrift (40 Seiten Quart) erschienene ausführliche *Geschichte und Naturbeschreibung der merkwürdigsten Vorfälle des Erdbebens, welches am Ende des 1755 sten Jahres einen großen Teil der Erde erschüttert hat*, die — weil sie die allgemeine Spannung erregte — „bogenweise von drei zu drei Tagen verteilt ward". Sie fand solchen Beifall, daß ihr Verfasser sich veranlaß sah, in zwei weiteren Nummern der „Nachrichten" — vom 10. und 17. April — *Fortgesetzte Betrachtungen der seit einiger Zeit wahrgenommenen Erderschütterungen* zu veröffentlichen. Seine in diesen Aufsätzen entwickelte Ansicht, daß die große Verbreitung des Lissaboner Erdbebens durch Fortpflanzung der Erderschütterungen im Meere verursacht war, wird jetzt allgemein als richtig anerkannt. Was die bei solchen Naturkatastrophen ja auch heute noch immer wieder hervortretende religiös-moralische Beurteilung anlangt, so trat der Philosoph dem „sträflichen Vorwitz" derer entgegen, die solche Schicksale als „verhängte Strafgerichte" ansähen und sich anmaßten, „die Absichten der göttlichen Ratschlüsse einzusehen und nach ihren Einsichten auszulegen"; sie sollten uns vielmehr zur Betätigung der Menschenliebe anregen, die Großen der Erde abhalten, die Drangsale des menschlichen Geschlechtes durch noch weiteres selbstgeschaffenes Elend wie den Krieg zu vermehren, im übrigen freilich uns daran erinnern, daß „der Mensch nicht geboren ist, um auf dieser Schaubühne der Eitelkeit ewige Hütten zu erbauen".

Fast gleichzeitig mit diesen Betrachtungen verfaßte Magister Kant eine dritte lateinische Abhandlung zum

Zweck seiner Bewerbung (s. unten) um die seit Knutzens Tode verwaiste außerordentliche Professur für Logik und Metaphysik. Es war nämlich durch eine Verordnung Friedrichs II. die Zulassung eines Privatdozenten zu einer solchen an die Bedingung einer dreimaligen öffentlichen Disputation über eine von dem betreffenden Bewerber abzufassende lateinische Schrift geknüpft. Die von Kant am 23. März 1756 der Fakultät eingereichte Schrift behandelte den ‚Gebrauch der mit Mathematik verbundenen Metaphysik in der Naturphilosophie‘, und zwar als deren ersten Teil die *Physische Monadologie.* Die Disputation erfolgte Samstag, den 10. April; einer der Opponenten war sein damals erst 16jähriger Schüler L. E. Borowski. Die für die Zeit „bald nach zurückgelegtem Osterfeste“ in Aussicht genommene dritte Dissertation unterblieb, weil Kants Bewerbung keinen Erfolg hatte.

Endlich veröffentlichte Kant in demselben Monat April noch eine Programmschrift zur Ankündigung seiner Vorlesungen unter dem Titel: *Neue Anmerkungen zur Erläuterung der Theorie der Winde.* Auch mit ihr eilte Kant seiner Zeit weit voraus. Das bekannte nach seinem Namen benannte „Drehungsgesetz“, das der berühmte Astrophysiker Dove 1835 neu entdeckt zu haben glaubte, wonach die regelmäßigen Windströmungen mit der Achsendrehung der Erde zusammenhängen, hat fast mit denselben Worten Magister Kant schon achtzig Jahre vorher in seiner damals wohl kaum über die Grenzen der Universität Königsberg hinaus bekanntgewordenen Programmabhandlung erläutert. — Auch seine drei folgenden kleinen Schriften bestehen aus solchen Programmabhandlungen. So die zum Sommer 1757 aus dem *Entwurf und Ankündigung eines Collegii der physischen Geographie*, welcher eine ausführliche Inhaltsübersicht oder, wie Kant sagt, einen „kurzen Abriß“ dieser seiner vielbesuchten Spezialvorlesung gibt. Aus der Einleitung ergibt sich, wie ausgedehnt Kants Vorbereitung zu diesem Kolleg vermittelst der Lektüre aller ihm erreichbaren Reisebeschreibungen, Naturhistorien, Akademieabhandlungen u. a. m. gewesen ist. Als Anhang hinzugefügt war eine „kurze Betrachtung“ über eine mit der vorigen Abhandlung in sachlichem Zusammenhang stehende Frage, nämlich die: „ob die Westwinde in unseren Gegenden darum feucht seien, weil sie über ein großes Meer streichen?" (Kant glaubte diese „gemeine Meinung" stark anzweifeln zu müssen.) Für den folgenden Sommer (1758) wählte er ein mehr naturphilosophisches Thema: *Neuer Lehrbegriff der Bewegung und Ruhe und der damit verknüpften Folgerungen in den ersten Gründen der Naturwissenschaft* (acht Quartseiten): „ein Bogen", der nach Borowski „gleich beim ersten Erscheinen viele Aufmerksamkeit erregte" und nach dem Urteil seines neuesten Herausgebers Kurd Laßwitz ein „interessantes Zeichen" dafür ist, wie frühzeitig einige Grundgedanken von Kants naturphilosophischer Hauptschrift (den *Metaphysischen Anfangsgründen der Naturwissenschaft*, 1786) ausgebildet wurden. Wie in seiner Erstlingsschrift, so tritt auch in dieser letzten naturwissenschaftlichen Schrift Kants aus der vorkritischen Zeit eine entschiedene Freiheit von aller äußeren Autorität stark hervor. Witzig meint er in der Einleitung, er würde sich kaum gegenüber dem „entscheidenden Gutachten" des „ehrwürdigen großen Haufens" die Freiheit genommen haben, „die durch nichts weiter als durch — die gesunde Vernunft gerechtfertigt ist". Da er aber eine Menge gleichgesinnter „unternehmender Köpfe" um sich bemerke, die gleichfalls „mit dem Gesetze des Ansehens nichts wollen zu schaffen haben", so wage er es daraufhin, seine „Einfälle" zu äußern: „ob ich gleich weiß, daß diejenige Herren, welche gewohnt sind, alle Gedanken als Spreu wegzuwerfen, die nicht auf die Zwangmühle des Wolffischen oder eines anderen berühmten Lehrgebäudes aufgeschüttet worden, bei dem ersten Anblick die Mühe der Prüfung für unnötig und die ganze Betrachtung für unrichtig erklären werden".

Hatten Kants Schriften sich bisher, mit alleiniger Ausnahme der metaphysischen Dissertation von 1755, mit naturwissenschaftlichen Problemen beschäftigt, so tritt zu Anfang der 60er Jahre eine Wendung zu teils logischen, teils anthropologisch-moralischen Gegenständen ein. Dem letzteren Gebiete gehört der der Ankündigung seiner Vorlesungen für Winter 1759/60 beigegebene *Versuch einiger Betrachtungen über den Optimismus* an. Der Streit über den Optimismus und Leibniz' „beste der Welten" stand, zumal seit die Berliner Akademie seine Prüfung zum Gegenstande einer Preisaufgabe für das Jahr

1755 gemacht hatte, auf der Tagesordnung. Männer wie Mendelssohn, Lessing und Wieland hatten darüber geschrieben, und noch im selben Jahre 1759 war Voltaires, mit Absicht einem Deutschen (!), „Dr. Ralph", in den Mund gelegter, satirischer Roman *Candide ou l'optimisme* erschienen. Kant kam durch sein nur einen Bogen zählendes Schriftchen in einen kleinen literarischen Streit mit einem Magister Weymann, der sich am 6. Oktober 1759 mit einer Dissertation *De mundo non optimo* in Königsberg habilitiert hatte und nun die am folgenden Tage herauskommende Kantische Schrift, die sich gegen seines Herrn und Meisters Crusius Angriffe auf den Optimismus wandte, auf sich selbst bezog, zumal da Kant, wie er an Lindner schrieb, „wegen seiner (Weymanns) bekannten Unbescheidenheit" es abgelehnt hatte, seinen Opponenten zu spielen. Obwohl nun Kant an ihn gar nicht gedacht hatte, veröffentlichte der gereizte Kollege bereits am folgenden Sonntag einen Bogen „voller Unbescheidenheiten, Verdrehungen u. dgl." gegen den vermeinten Widersacher. Kant hatte keine Neigung, „sich mit einem Cyklopen auf Faustschläge einzulassen", auch konnte er sich auf „das Urteil des Publici" verlassen und zog es deshalb vor, „auf die anständigste Art, d. i. durch Schweigen" zu antworten und den Gegner der baldigen verdienten Vergessenheit zu überlassen. Inhaltlich war Kants übrigens „mit einiger Eilfertigkeit entworfenes" Schriftchen eine Verteidigung des Satzes: „daß das Ganze das Beste sei, und alles um des Ganzen willen gut sei", mithin eben des Optimismus. Sie war wirklich eine seiner schwächsten Schriften, so daß der geistreiche Hamann Kants Einfälle nicht ganz ohne Grund als „blinde Junge" bezeichnete, die eine „eilfertige Hündin geworfen" (an Lindner, 12. Okt. 1759).

Von Kants persönlicher Religiosität sowie von seiner Fähigkeit, unter Umständen auch in schwungvoller, fast poetischer Sprache reden zu können, zeugt sein vom 6. Juni 1760 datiertes Trostschreiben an eine trauernde Mutter: *Gedanken bei dem frühzeitigen Ableben des Herrn Johann Friedrich von Funk.* Der im jugendlichen Alter von 21 Jahren an der Schwindsucht Verstorbene war ein kurischer Student, der erst ein Jahr zuvor in Begleitung seines Hofmeisters nach Königsberg gekommen und auch

Kants Schüler gewesen war. Das „Sendschreiben“ wurde auf Veranlassung des Hofmeisters abgefaßt, „welcher glaubte, daß Kant zur Beruhigung der Mutter viel wirken würde“ (so Borowski, der selbst den hoffnungvollen jungen Kommilitonen „genau gekannt“ hat). Wer es liest, wird nicht mehr der Ansicht sein, daß der Philosoph ohne jedwedes weichere Gefühl gewesen sei.

Vielleicht ist auch die kleine Abhandlung über *Die falsche Spitzfindigkeit der vier syllogistischen Figuren* (35 S.), die unser Denker zu Anfang des Winters 1762 erscheinen ließ, eine Begleitschrift zu der Ankündigung seiner Vorlesungen über Logik für dies Wintersemester gewesen, auf die er sich an einer Stelle bezieht. Er könne in ihnen „nicht alles seiner Einsicht gemäß einrichten“, sondern müsse „manches dem herrschenden Geschmack zu Gefallen tun“. Aber er wolle wenigstens in dieser Abhandlung begründen, weshalb er die syllogistischen Spitzfindigkeiten nur kurz behandeln werde, um die gewonnene Zeit zur „wirklichen Erweiterung nützlicher Einsichten“ — und „die wissenswürdigen Dinge häufen sich zu unseren Zeiten“ — zu verwenden. So richtet sich der ganze Aufsatz mit bemerkenswerter Schärfe gegen den ganzen „unnützen Plunder“ der üblichen Schul logik; freilich dürfe er nicht hoffen, diesen tönernen „Kolossen“ durch seine „Arbeit von einigen Stunden“ umzustürzen. — Einen ähnlichen Oppositionsstandpunkt nimmt gegenüber der alten Schul metaphysik ein der Sommer 1763 verfaßte, aber erst zur Ostermesse 1764 angezeigte *Versuch, den Begriff der negativen Größen in die Weltweisheit einzuführen* (72 S.), dessen Tendenz und Gedankengang wir in der Einleitung zu unsrer Ausgabe (Bd. 46 a S. XVIII ff.) näher charakterisiert haben. — Der Zeit nach zwischen beide Abhandlungen fällt die als Frucht eines „langen Nachdenkens“ bezeichnete größere Schrift: *Der einzig mögliche Beweisgrund zu einer Demonstration des Daseins Gottes* (205 S.). Sie scheint Kants Namen zum erstenmal in weiteren Gelehrtenkreisen bekanntgemacht zu haben. In den *Literaturbriefen* wurde er von Mendelssohn als „Selbstdenker“ gepriesen und aufgefordert, selber ein dauerhaftes philosophisches System zu errichten, Ploucquet in Tübingen schrieb besondere *Observationes* dazu, die Theologen Töllner und Clemm berücksichtigten Kants Bezweiflung der herkömmlichen Gottesbeweise (von denen er nur den sogenannten ontologischen, in vertiefterer Form, bestehen ließ), und in Wien kam sie auf die Liste der verbotenen Bücher. Freilich, Kant hatte die Kühnheit besessen, mit dem Satze zu schließen: „Es ist durchaus nötig, daß man sich vom Dasein Gottes überzeuge; es ist aber nicht ebenso nötig, daß man es demonstriere." Seine Stellung gegen die Metaphysik tritt hier noch stärker hervor; sie wird im Vorwort mit einem „finsteren Ozean ohne Ufer und Leuchttürme" verglichen. Er will mit seiner Schrift zunächst nur „die ersten Züge eines Hauptrisses" liefern, den geübtere Hände verbessern mögen, damit darauf ein „Gebäude von nicht geringer Vortrefflichkeit" errichtet werden könne.

Das folgende Jahr (1764) brachte wieder zwei größere Schriften des unermüdlich tätigen Magisters, daneben, in einer Reihe von Zeitungsartikeln, einen *Versuch über die Krankheiten des Kopfes.* Der letztere hatte eine sehr merkwürdige Veranlassung. Um jene Zeit hielt sich nämlich eine Art Naturmensch und religiöser Schwärmer zugleich, der Pole Jan Pawlikowicz Zdomozyrskich Komarnicki in den Wäldern des Amtes Kalthof unweit Königsberg auf. Bloß in Tierfelle gekleidet, führte er einen bei ihm aufgewachsenen munteren achtjährigen Knaben und eine Herde von Kühen, Schafen und besonders (46) Ziegen mit sich, weshalb er vom Volke der „Ziegenprophet" genannt wurde. Kant, der sich die wunderliche Erscheinung ebenfalls ansah und seine biblischen Orakel anhörte, empfand weit weniger Interesse an dem „begeisterten Faunus" selbst als an seinem ohne jede Kultur in den Wäldern aufgewachsenen frischen Buben, der ihm als Naturkind im Sinne Rousseaus der Beobachtung wert erschien. „Von mehreren aufgefordert," veröffentlichte er in Nr. 3 der „Königsbergschen Gelehrte und Politische Zeitungen", im Anschluß an Hamanns (ihres Herausgebers) Darstellung der Sache, ein „Räsonnement" in diesem Sinne. In den folgenden fünf Nummern (vom 13.—27. Februar 1764) ließ er dann den obengenannten Aufsatz folgen, der freilich mit dem „Ziegenpropheten" und seinem Buben in keiner unmittelbaren Beziehung mehr steht, sondern — in populärer, unterhaltender Form — eine geistvolle psychologische Plauderei über die „Gebrechen des menschlichen Kopfes" von der „Dummköpfigkeit" bis zur Narrheit und von der Blödsinnigkeit bis zur Tollheit enthält. Auch in ihm spricht sich die Sympathie für Rousseau aus, auf die wir noch zurückkommen werden.

Den gleichen Stilcharakter tragen die kurz vorher erschienenen *Beobachtungen über das Gefühl des Schönen und Erhabenen* (110 Seiten). Keine der größeren Schriften ist in so kurzen, leicht- und allgemeinverständlichen Sätzen voll Geist, Heiterkeit, Laune und praktischer Menschenkenntnis geschrieben. Sie ist eigentlich nicht, wie man nach dem Titel vermuten könnte, ästhetischen, sondern eher moralpsychologischen oder anthropologischen Inhalts, indem sie, nach einer kurzen Einleitung über das Erhabene und Schöne in Natur und Kunst, diese beiden Eigenschaften am Menschen überhaupt, an den beiden Geschlechtern und an den verschiedenen Nationalcharakteren verfolgt. Man lernt aus ihr den M e n s c h e n Kant kennen. Und ihre gefällige äußere Form bei dem geistvollen Inhalt läßt es wohl begreifen, daß ein Rezensent den Verfasser mit dem berühmten französischen Sittenschilderer Labruyère verglich, ein anderer meinte, sie gehöre nicht bloß in die Studierzimmer der Gelehrten, sondern auch auf — die Toilettentische der Damen! Sie erlebte denn auch in verhältnismäßig kurzer Zeit (bis 1771) zwei neue Auflagen.

Die dritte, im Jahre 1764 veröffentlichte, wenngleich schon früher verfaßte Schrift, war die namentlich methodisch und erkenntnistheoretisch bedeutsame *Untersuchung über die Deutlichkeit der natürlichen Theologie und der Moral*, die durch eine Preisfrage der Berliner Akademie der Wissenschaften veranlaßt war und der preisgekrönten Arbeit von Moses Mendelssohn, wie die Akademie ausdrücklich erklärt, an Wert „so nahe wie möglich kam und das größte Lob verdiente"[1]. Da wir uns über ihre Entstehungsgeschichte und ihren Inhalt in der Einleitung zu unserer Ausgabe (Philos. Bibl. 46a S. XXI—XXVII)

[1] Nach Kraus (in Reickes Kantiana S. 21 Anm.) hätte Sulzer sogar an Kant geschrieben, er würde es wohl nicht übelnehmen, daß man Mendelssohn „zu dessen Aufmunterung" den Preis gegeben, obwohl Kant ihn eher verdient hätte.

ausführlich ausgelassen haben, wollen wir uns hier nicht wiederholen. — Das gleiche gilt von der bereits oben berührten *Nachricht von der Einrichtung seiner Vorlesungen in dem Winterhalbenjahre von 1765—1766*, sowie von den geistreichen, „zwischen Scherz und Ernst die Mitte haltenden" *Träumen eines Geistersehers, erläutert durch Träume der Metaphysik* (1766, 128 S.), deren hervorragende Wichtigkeit für die philosophische Entwicklungsgeschichte Kants hier nicht geschildert werden kann (vgl. ebd. Bd. 46b S. III—XIII); endlich von dem in den Königsberger „Frag- und Anzeigungsnachrichten" 1768, Nr. 6—8 veröffentlichten, zur Philosophie der Mathematik gehörigen Aufsatze *Von dem ersten Grunde des Unterschiedes der Gegenden im Raume*, der bereits einen Vorläufer der Inaugural-Dissertation von 1770 darstellt (vgl. ebd. S. XIII f.).

4. *Äußere Lebensbedingungen.*

Kehren wir von diesem Überblick über Kants Vorlesungen und Schriften zu seinem äußeren und inneren Leben während der langen, fünfzehnjährigen Magisterzeit zurück.

Zunächst: Welches waren die äußeren Lebensbedingungen für ihn während dieser Zeit? Da er als Privatdozent keine feste Besoldung bezog, so waren sie auf keinen Fall glänzende. Gleichwohl hat gegen die mitleiderregende Schilderung eines gewissen Denina Kant selbst in einem Brief an ihren gemeinsamen Verleger La Garde in Berlin mit folgenden Worten protestiert: „... Da ich von dem ersten Anfange meiner *academ*ischen Laufbahn an (im Jahre 1755) ununterbrochen ein zahlreiches *Auditorium* gehabt und nie Privatinformation gegeben habe (man müßte denn das *collegium privatissimum* in seinem eigenen *Auditorio*, welches gemeiniglich sehr gut bezahlt werden muß, darunter verstehen), so habe ich immer mein reichliches Auskommen gehabt: so, daß es nicht allein zureichte, für meine 2 Stuben den Zins und meinen sehr guten Tisch zu bezahlen, ohne nötig zu haben, bey irgend jemanden, selbst nicht bey meinem Freunde, dem jetzt verstorbenen Engländer, ohne zu jeder Mahlzeit invitiert zu seyn, gleichsam als zu einem Freytische zu gehen, sondern immer noch dazu einen eigenen Bedienten halten konnte und jene Jahre gerade die angenehmsten meines Lebens gewesen sind; welches auch dadurch bewiesen werden kan, daß ich binnen dieser Zeit 4 *Vocationen* auf auswärtige *Universitaeten* ausgeschlagen habe."

Enthält dieser 35 Jahre später geschriebene Brief auch einzelne Ungenauigkeiten, wird man ihm doch im ganzen und großen den Glauben nicht versagen dürfen. Auch stimmt damit, was Borowski, der ihm gerade in seiner ersten Magisterzeit sehr nahe stand, erzählt: „Er war schon damals der äußerst drückenden Armut . . . nicht ausgesetzt, wohnte ganz anständig und lebte zwar nicht das Leben des, der Überfluß, — aber doch eines Mannes, der für seinen Bedarf völlig genug hat, der keines als seiner selbst bedurfte." Er hatte sich, vermutlich schon während der Hauslehrerjahre, eine Art eisernen Bestand von 20 Friedrichsdor (= etwa 400 Mark) gespart, den er „nie angriff, um bei einer etwaigen Krankheit vor gänzlichem Mangel gesichert zu sein". Und wenn er vor 1766 auch keinerlei feste Besoldung bekam, so waren doch seine Kollegien stark besucht und wurden, wie Borowski schon für 1757 und 1758 „sicher zu wissen" behauptet, auch gut bezahlt. Zudem „führte", d. h, beaufsichtigte er doch auch zuweilen, wie für den Fall Hülsen (s. oben) bezeugt ist, vornehmere Studenten, die auf Wunsch ihrer Eltern in demselben Hause mit ihm wohnten: „eine Beschäftigung, die, wie er sich auch später darüber äußerte, nicht seinen Wünschen gemäß, aber für seine eigene Erhaltung notwendig war". Jedenfalls war er auf Lektionen in einem ihm nicht näher liegenden Fache nicht angewiesen. Als ihn 1759 eine Anzahl Studenten um ein ästhetisches Kolleg und Übungen in „Wohlredenheit und im deutschen Stil" baten, lehnte er es ab und übertrug es dem jungen Borowski, der dann in den beiden Wintern 1759/60 und 1760/61 einem Kreise von 15 bis 18 jungen Leuten „unter der Direktion" Kants einen derartigen Unterricht gab. Dagegen ist anderseits mit Bestimmtheit überliefert, daß er „für Standespersonen, z. B. für den Herzog von Holstein-Beck u. a. m. „Privatissima" las (Jachmann S. 26). Auch, daß er während der mehrere Jahre dauernden Okkupation Ostpreußens durch die Russen zur Zeit des Siebenjährigen Krieges „viele russische Offiziere in der Mathematik . . . privatim unterrichtete“ (Reicke S. 40); ebenso wie es auch der ihm befreundete General von Meyer „gern sah, wenn die Offiziere seines Regiments sich durch Kants Privatunterricht, namentlich in der Mathematik, auszubilden suchten“ (Rink S. 32); auch soll er damals „jungen Offizieren in Privatissimis Vorträge über Fortifikation“ gehalten haben (Arnoldt S. 264). Kant erzählte selbst oft von einem ihm besonders ans Herz gewachsenen Schüler, einem polnischen Edelmann von Orsetti, „der als ein junger Herr im Sommer auf seinen Gütern wirtschaftete, im Winter aber sich in Königsberg aufhielt und sich von Kant, als damaligem Magister *privatim*, besonders in den mathematischen Wissenschaften, unterrichten ließ“.

„Reichlich“ scheint uns trotzdem sein Auskommen nicht immer gewesen zu sein. Aber er war ja von Jugend an Entbehrungen in äußeren Genüssen gewöhnt. Schulden wollte er um keinen Preis machen; lieber ging er in einem alten, abgetragenen Rock. „In seinen Magisterjahren ist sein einziger Rock schon so abgetragen gewesen, daß einige wohlhabende Freunde, unter anderen der Geheime Rat J. [Jacobi?], es für nötig geachtet haben, ihm auf eine sehr diskrete Art Geld zu einer neuen Kleidung anzutragen. Kant freute sich aber noch im Alter, daß er Stärke genug gehabt habe, dieses Anerbieten auszuschlagen und das Anstößige einer schlechten, aber doch reinen Kleidung der drückenden Last der Schuld und Abhängigkeit vorzuziehen. Er hielt sich deshalb auch für ganz vorzüglich glücklich, daß er nie in seinem Leben irgendeinem Menschen einen Heller schuldig gewesen ist. Mit ruhigem und freudigem Herzen konnte ich immer: Herein! rufen, wenn jemand an meine Tür klopfte, pflegte der vortreffliche Mann oft zu erzählen, denn ich war gewiß, daß kein Gläubiger draußen stand“ (Jachmann S. 66 f.). Nicht eigentlich „den Druck seiner häuslichen Lage“, sondern nur eine notwendige Sparsamkeit beweist es doch auch, daß Kant einst einem armen Studenten den größten Teil des Honorares schenkte und nur „etwas“ davon behielt, um seine halbjährige Miete „völlig zu tilgen“.

Aller Wahrscheinlichkeit nach sind die Einnahmen Kants während dieser 15 Jahre ziemlich schwankend gewesen. Er selbst spricht in zwei Eingaben vom Oktober 1765, die wir noch kennen lernen werden, von seiner „sehr mißlichen Subsistenz auf der hiesigen Akademie“ bzw. seiner „sehr unsicheren akademischen subsistence“. Vielleicht fällt in Zeiten solcher Ebbe — in denen er daher auch eine besonders große Menge von Vorlesungen ankündigte (S. 42) — die von Jachmann berichtete Tatsache, daß er sich, um jene Notsumme nicht anzugreifen, während seiner Magisterzeit genötigt gesehen habe, „seine damals ansehnliche und auserlesene Bibliothek nach und nach zu veräußern, weil er einige Jahre hindurch seine dringendsten Bedürfnisse von seinem Verdienste nicht bestreiten konnte“. Neue Bücher freilich brauchte er sich kaum anzuschaffen. Wenigstens seit er mit dem Buchhändler Kanter 1762 als Verleger seiner Schriften und auch als Mitarbeiter der von jenem 1764 gegründeten *Königsberger gelehrte und politische Zeitungen* in Verbindung getreten war, stand ihm der Zutritt in dessen Laden jederzeit frei. Professoren und andere Schriftsteller trafen sich häufig dort, wo an jedem Posttag gegen 11 Uhr die Neuerscheinungen des Büchermarkts ausgelegt wurden und — ebenso wie die politischen Zeitungen — sogar zweimal wöchentlich den Studenten zur unentgeltlichen Lektüre zur Verfügung standen. Man unterhielt sich, diskutierte, schrieb Briefe in Kanters Kontor, als wäre man zu Hause. Und dem berühmten Kant, auf dessen Mitarbeiterschaft an seinem Verlage er stolz war, gab Kanter natürlich gern alle gewünschten Bücher mit nach Hause, zumal seit jener von 1766 an länger in seinem Hause wohnte. Der Philosoph hatte dort, im alten Löbenichtschen Rathause, die linke Mansardenwohnung des zweiten Stockwerkes inne und hielt daselbst auch seine Vorlesungen ab. Übrigens hatte Kant mittlerweile schon einen so angesehenen Namen erworben, daß er im Sommer 1768 einem einheimischen Maler (namens J. G. Becker) sitzen mußte, damit auch sein Porträt neben denen von Moses Mendelssohn, Ramler, Hippel, Scheffner, Lindner und anderen preußischen Berühmtheiten in der Schreibstube des neuen Kanterschen Ladens seinen Platz finden sollte (so Hamann an Herder, 28. August 1768). Oder vielmehr, wie wir jetzt wissen, kam das Original in Kants Wohnung, während der Kantersche Laden sich mit einer Kopie begnügen mußte, die heute noch im Besitz der Buchhandlung von Gräfe & Unzer (Königsberg) sich befindet. Es ist das älteste Ölbildnis des Philosophen und stellt ein Brustbild des Vierundvierzigjährigen in natürlicher Größe dar[1]).

In seiner ersten Magisterzeit hatte er auf der sogenannten Neustadt (S. 40) einige Zimmer innegehabt, dann in der „Magistergasse" — offenbar einer von seinen Standesgenossen bevorzugten Straße — gewohnt, wo ihn jedoch das Geräusch, das von den Schiffen, namentlich den polnischen Fahrzeugen, auf dem nahen Pregelflusse herkam, störte. Aus seiner Wohnung bei Kanter vertrieb ihn schließlich auch eine Störung durch einen nachbarlichen — Hahn, dessen Krähen ihn zu oft in seinem angestrengtesten Nachdenken unterbrach. „Für jeden Preis wollte er dieses laute Tier ihm abkaufen und sich dadurch Ruhe schaffen, aber es gelang ihm bei dem Eigensinn des Nachbars nicht, dem es gar nicht begreiflich war, wie ein Hahn einen Weisen stören könnte." Letzterer gab deshalb dem Tiere nach und siedelte nach dem Ochsenmarkt über. — Daß Kant in der Tat schon als Magister einen eigenen Bedienten hatte, geht aus seinem Briefe an Borowski vom 6. März 1761 hervor. Ob es schon der alte Lampe gewesen ist, der (nach Wasianski) gleich nach seinem Abschied aus dem preußischen Heere in die Dienste des Philosophen trat und „gegen 40 Jahre" bis zum Januar 1802 darin verblieb, können wir nicht mit Sicherheit behaupten.

5. *Geselliger Verkehr.*

Kants Lebensweise war damals noch nicht so streng, sozusagen nach der Uhr geregelt wie in späterer Zeit. Nach Beendigung seiner Vormittagsvorlesungen ging er gern in ein Kaffeehaus, trank eine Tasse Tee, unterhielt sich über Tagesereignisse oder spielte eine Partie Billard. Dann speiste er an offener Tafel im Gasthaus, teils — im

---

[1]) Über die Schicksale dieses erst 1897 wieder aufgefundenen Kantbildes s. *Kantstudien* III, 255 u. *Altpreuß. Monatsschr.* XVIII, 511.

Gegensatz zu dem Sonderling Schopenhauer — um der Geselligkeit willen, teils um seine Menschenkenntnis zu erweitern. Übrigens wetteiferten allmählich die reichsten und vornehmsten Häuser der Stadt immer mehr, den geistreichen Unterhalter an ihren Tisch zu ziehen. Die Abende brachte er ebenfalls oft im Gasthaus oder in Privatgesellschaften bei unterhaltendem Gespräch oder beim L'Hombrespiel zu, auf das er sich, wie wir schon aus seiner Studentenzeit wissen, vortrefflich verstand, und das er für eine nützliche Übung nicht bloß des Verstandes, sondern auch in der Selbstbeherrschung erklärte. Auch liebte er damals noch den Besuch des Theaters, so daß er zuweilen erst gegen Mitternacht nach Hause kam, während er trotzdem seinen Grundsatz regelmäßigen Frühaufstehens streng befolgte.

Da er in der besten Gesellschaft zu verkehren gewohnt war, sah er auch auf eine gewisse Eleganz in der Kleidung. Er hielt selbst darauf und prägte es auch seinen Zuhörern ein, man müsse, schon um nicht aufzufallen, „nie ganz aus der Mode sein“ und sich in der Wahl der Farben nach dem Vorbilde der Mutter Natur richten; so passe z. B., wie bei den Aurikeln braun und gelb, zu einem braunen Oberrock eine gelbe Weste. Eine anständige und gewählte Kleidung behielt er auch später stets bei. „Er trug einen kleinen dreieckigen Hut, eine kleine blondhaarige, weißgepuderte Perücke mit einem Haarbeutel; eine schwarze Halsbinde und ein Oberhemd mit einer Halskrause und mit Manschetten, ein mit Seide gefüttertes Kleid von feinem, gewöhnlich schwarz, braun und gelb meliertem Tuche, wovon auch die Weste und die Beinkleider verfertigt waren, grauseidene Strümpfe, Schuhe mit silbernen Schnallen und einen Degen, als dieser in Gesellschaft noch Mode war, nachmals einen gewöhnlichen Rohrstock.“ Nach der herrschenden Mode waren Rock, Weste und Beinkleider auch mit einer Goldschnur eingefaßt und die Knöpfe mit Gold oder mit Seide besponnen. Sparsam war er dabei gleichwohl, denn „eine ähnliche Kleidung trug er täglich, selbst in seinem Hörsaale, weil die abgetragene bessere Kleidung zuletzt im Hörsaale benutzt wurde“. Gegen Wind und Unwetter trug er einen blauen Regenrock wie ein gewöhnlicher Bürgersmann.

Weit entfernt von Gelehrtenpedanterie und Stubenhockerei, liebte es unser Philosoph, mit gebildeten Männern der verschiedensten Stände zu verkehren. Seine besten Freunde, wenn man von solchen sprechen darf — denn er pflegte zu sagen: „Liebe Freunde, es gibt keinen (sc. idealen) Freund!" —, oder seinen liebsten Umgang wählte er sogar mit Vorliebe gerade unter den Nicht-Fachgenossen; denn er haßte das Cliquenwesen, das sich so leicht in Universitätskreisen wie überhaupt unter Leuten von genau derselben Lebensstellung ausbildet. Zu seinen liebsten Bekannten gehörte der Oberförster Wobser, ein Mann von großer Natürlichkeit, gesundem Verstand und edlem Herzen, den er oft während der Ferien in seinem eine Meile von Königsberg gelegenen Forsthause Moditten — und zwar, was bei Kant viel heißen wollte, auch wohl länger als eine ganze Woche — besuchte. Hier, in der Stille des Waldes verfaßte er 1763 seine Schrift über das Schöne und Erhabene. Auch der Beginn der Bekanntschaft mit dem englischen Kaufmann Joseph Green (1727—86) muß schon in diese Zeit fallen. Nach Jachmanns Erzählung wäre sie zwar erst zur Zeit des Englisch-nordamerikanischen Krieges (1776—83) entstanden; bei Gelegenheit eines Wortwechsels über diesen hätten sie sich aus Gegnern in Freunde verwandelt. Der heftige Green, der sich durch Kants eifriges Eintreten für die Rechte der Amerikaner beleidigt gefühlt habe, hätte den Philosophen sogar zum Zweikampf herausgefordert, sich aber dann durch die ruhige und doch überzeugende Beredsamkeit Kants besänftigen, ja schließlich gewinnen lassen. Allein die chronologischen Daten stimmen nicht. Als der nordamerikanische Unabhängigkeitskrieg ausbrach, war Green längst mit Kant befreundet. Hamann erzählt schon Pfingstmontag 1768, daß er vor einigen Tagen bei seinem Freunde Green Kant getroffen habe, und widmet auch bereits 1770 eine seiner Schriften Herr Green ausdrücklich als „dem Freunde unseres Kant". Von anderer Seite[1]) ist denn auch neuerdings behauptet worden, der englische Held

[1]) Mitteilung der Nachkommen Robert Motherbys an Professor August Rosikat, den Verfasser eines interessanten Aufsatzes: *Kant und der Kaufmann* in der Sonntags-Beilage der *Königsberg. Hartungschen Zeitung* vom 31. Juli und 6. August 1911.

jener Szene sei nicht Green, sondern sein Sozius Robert Motherby gewesen. Aber auch dieser war, wie wir bei Gelegenheit von Kants literarischer Tätigkeit für das Philanthropin noch sehen werden, bereits März 1776 mit Kant näher befreundet; immerhin wäre dieser Fall eher möglich. Motherbys Nachkommen schieben ihrem Ahnen auch folgende humoristische Geschichte zu, die Jachmann von Green erzählt: „Kant hatte eines Abends dem Green versprochen, ihn am folgenden Morgen um acht Uhr auf einer Spazierfahrt zu begleiten. Green, der bei solcher Gelegenheit um drei Viertel schon mit der Uhr in der Hand in der Stube herumging, mit der fünfzigsten Minute seinen Hut aufsetzte, in der fünfundfünfzigsten seinen Stock nahm und mit dem ersten Glockenschlage den Wagen öffnete, fuhr fort und sah unterwegs den Kant, der sich etwa zwei Minuten verspätet hatte, ihm entgegenkommen, hielt aber nicht an, weil das gegen seine Abrede und gegen seine Regel war." Die Sonderlingsnatur des Junggesellen Green — auch von seiner völlig unmusikalischen Eigenart berichtet Kant ein merkwürdiges Beispiel (*Briefw.* II, 233) — und die ältere Überlieferung sprechen mehr für diesen. Der Philosoph fand jedenfalls trotzdem bei ihm so viel Geist und Gemüt, daß er jahrelang täglich einige Nachmittagsstunden bei ihm zubrachte. Ja, noch mehr: wie Jachmann aus Kants eigenem Munde gehört haben will, hätte dieser in seiner Kritik der reinen Vernunft „keinen einzigen Satz niedergeschrieben, den er nicht zuvor seinem Green vorgetragen und von dessen unbefangenem und an kein System gebundenem Verstande hätte beurteilen lassen".

In diese Zeit fällt auch schon der Verkehr mit anderen, auffallenderweise meist aus dem Auslande stammenden Kaufleuten: außer Motherby mit dem Schotten George Hay, den Inhabern der Firma Toussaint & Laval und deren Frauen (Motherbys Gemahlin war eine geborene Toussaint), mit den deutschen Kaufleuten Hüge, den er öfters auf seinem Gute Prilacken besuchte, dem Geheimen Kommerzienrat J. K. Jacobi, dem Bankdirektor Ruffmann und dem Münzmeister Goeschen, der 1769 die von ihrem Manne geschiedene schöne Frau Jacobi (S. 64) heiratete.

Auch höhere Offiziere der Königsberger Garnison suchten den Umgang des durch seine Vorlesungen über physische Geographie (S. 41) auch weiteren Kreisen bekanntgewordenen und dabei auch in den äußeren Umgangsformen gewandten Weltweisen. So der Chef des dortigen Dragonerregiments, General (von) Meyer. Hamann schrieb am 1. Febr. 1764 an Lindner: „Mag. Kant hält jetzt ein Kollegium über Mathematik und physische Geographie für den General Meyer und seine Offiziere, das ihm“ [wem? könnte man mit Recht fragen! K. V.] „viel Ehre und Nutzen bringt; er speist fast täglich dort und wird mit einer Kutsche zu seinen Vorlesungen abgeholt.“ Meyer war ein großer Verehrer Kants und hörte gern auf seinen Rat und seine Empfehlung, so daß mancher dem Philosophen eine Förderung seines Glücks zu danken hatte. — Ebenso zugetan war ihm der General Daniel Friedrich von Lossow, von dem noch verschiedene von seinem Gute bei Goldap datierte Briefe an den Philosophen aus den Jahren 1770, 74 und 77 erhalten sind, aus denen freundschaftliche Gesinnung und hohe Verehrung spricht. Ihn besuchte Kant auch einmal während der Herbstferien 1765 auf jenem hübsch gelegenen Gute unweit der russischen Grenze: die weiteste Reise, die unser Philosoph je gemacht hat, und von der er sich auch bald wieder zurücksehnte[1]. — Auch mit jüngeren Offizieren hat er natürlich in jüngeren Jahren verkehrt. Noch nach 27 Jahren gedachte ein Freiherr von Dillon, der inzwischen k. k. Kürassier-Oberstleutnant an der ungarisch-türkischen Grenze geworden war, in einem Briefe von dort der „vielen ihm unvergeßlichen, sehr angenehmen Stunden“, die er 1762 in Kants Gesellschaft zugebracht habe, wo „bei den Herren G. und C. tausend geistreiche Schertze hervorgekommen, ohne gelehrte unterhaltungen zu berühren, so für einen jungen Mann, wie ich damahls war, höchst dienlich gewesen“ (D. an Kant, 2. Juni 1789, *Briefw.* II S. 55).

Auch von dem Umgang mit Damen hielt sich Magister Kant, wenn er auch Junggeselle blieb, keineswegs

[1]) Wenn Paulsen in seiner Kant-Monographie (S. 45) meint, Kant habe nie ein Gebirge und vielleicht nicht einmal das Meer gesehen, so ist dem zu entgegnen, daß er bei Goldap wenigstens ansehnliche Hügel erblicken konnte. Und das Meer hat er nicht bloß mehrmals mit seinem Freunde Green zusammen aufgesucht, sondern er hat sogar, wie er selbst (*Anthropologie* S. 70) erzählt, auf einer Schiffahrt von Pillau nach Königsberg die Seekrankheit bekommen.

zurück. Mit den galantesten Wendungen beginnt er z. B. sein ausführliches Schreiben an Fräulein Charlotte von Knobloch über Swedenborg (s. *Phil. Bibl. 46 b* S. 71 bis 76), indem er von der „Ehre und dem Vergnügen spricht, dem Befehl einer Dame, die die Zierde ihres Geschlechts ist, durch die Abstattung des erforderten Berichts nachzukommen“, der freilich von anderer Art sei, „als diejenigen gewöhnlich sein müssen, denen es erlaubt sein soll, mit allen Grazien umgeben in das Zimmer der Schönen einzudringen“. Noch nach neun Jahren erinnerte sich die mittlerweile mit einem Herrn von Klingsporn verheiratete und Mutter von vier Kindern gewordene Dame gern des Philosophen, der die „gütige Absicht hatte, ein junges Frauenzimmer durch angenehmen Unterhalt zu bilden“. — Noch charakteristischer ist ein glücklicherweise erhaltenes amüsantes Briefchen der in der Königsberger Gesellschaft eine große Rolle spielenden jungen Frau seines Freundes Jacobi (1739—95) das so prächtig ist, daß wir es ganz hierher setzen:

„Wehrter Freünd Wunderen Sie sich nicht daß ich mich unterfange an Ihnen als einen großen *Philosophen* zu schreiben? Ich glaubte sie gestern in meinen garten zu finden, da aber meine Freündin mit mir alle *alleen* durchgeschlichen, und wir unseren Freünd unter diesem Zirckel des Himmels nicht fanden, so beschäfftigte ich mich mit Verfertigung eines Degen Bandes, dieses ist ihnen gewidmet. Ich Mache ansprüche auf Ihre gesällschaft Morgen Nachmittag, Ja Ja ich werde kommen, höre ich sie sagen, nun Gutt, wir erwarten sie, dan wird auch meine Uhr aufgezogen werden [1]), verzeihen Sie mir diese erinnerung Meine Freündin und Ich überschicken Ihnen einnen Kuß *per. Simpatie* die Lufft wird doch woll im Kneiphoff dieselbe seyn, damit unser Kuß nicht die *Simpatetische* Krafft verlieret, Leben Sie Vergnügt und Wohl

auß dem *garten*, d. 12 *Juny* 1762.

Jacobin

---

[1]) Kant pflegte von den Damen zu behaupten: „sie brauchen ihre Bücher ebenso wie ihre Uhr, nämlich sie zu tragen, damit gesehen werde, daß sie eine haben; ob sie zwar gemeiniglich stillsteht oder nicht nach der Sonne gestellt ist“ (*Anthropologie* S. 234).

Aus allem Gesagten geht hervor, daß Kant kein Stubengelehrter war, sondern sich gern und mit Geschick in den Formen der großen Welt bewegte, wenngleich er nie zum leeren Formenmenschen herabsank. „Nie war Kant weitläufig in Komplimenten, in leerem Wortgepränge“, freilich noch weniger „verschwenderisch in vertraulichen Herzensergießungen“. Daß man ihn auch unter den Studenten als Kenner feinerer Sitte schätzte, läßt sich aus der Tatsache schließen, daß er bei der Leichenfeier des Professor Funk 1764 „das Gepränge veranstalten“ sollte (Hamann an Lindner, Ostermontag 1764). Dabei braucht man noch nicht gerade mit dem phantasiereichen Hamann anzunehmen, daß er damals „durch einen Strudel gesellschaftlicher Zerstreuungen fortgerissen“ worden sei: hat er doch eben um jene Zeit, wie wir gesehen haben, neben seinen zahlreichen Vorlesungen noch eine Reihe gehaltvoller Schriften veröffentlicht. Selbstverständlich hielt er es nicht für unter seiner Würde, auch mit Studenten zu verkehren, zumal mit solchen, die begabt, fleißig und philosophisch interessiert waren, wie Borowski oder der junge Herder, oder die ihm durch ihre Eltern oder sonstwen empfohlen waren. Öfters forderte er nach der letzten Vorlesungsstunde einen oder zwei seiner Zuhörer zu einem Spaziergang mit ihm auf. Wie sorgfältig er auf ihr Wohlergehen bedacht war, geht aus seinem Brief an Mendelssohn vom 7. Februar 1766 hervor. Ein ihm von Mendelssohn empfohlener jüdischer Student Leon hatte sich durch seine Vernachlässigung religiöser Gebräuche bei der Königsberger jüdischen Gemeinde Schwierigkeiten zugezogen, so daß er sogar eine vorübergehende Reise nach Polen zu den Seinigen für geraten hielt. Da er nun seiner materiellen Verhältnisse wegen auf die Gemeinde angewiesen war, so bittet Kant den Berliner Weltweisen, ihm „künftig die gehörige Vorschrift zu geben“, wie er selbst ihm schon im voraus „einige Erinnerung, die die Klugheit gebeut, habe merken lassen“.

Daß unser Philosoph überhaupt weder in der Welt der Zerstreuungen noch auch in der kleinen akademischen Welt, die ihn umgab, aufging, ergibt sich aus einem noch aus seinen ersten Magisterjahren stammenden merkwürdigen Briefe, über dessen glücklichen Fund (1906) man sich besonders freuen darf, da er uns, wie kaum ein anderer, einen Blick in das Innenleben des sonst seine persönlichen Gefühle in echt norddeutscher Art gern in sich verschließenden Mannes tun läßt. Er gehört mit seinem Datum vom 28. Oktober 1759 zu den frühesten erhaltenen Briefen Kants und ist an den auch sonst aus seinem Briefwechsel bekannten Magister Lindner, späteren Kollegen Kants, damals Gymnasiallehrer in Riga, gerichtet. Er beglückwünscht diesen dazu, daß er dort anerkannt und geschätzt werde, und daß er sich über „die elende Buhlereyen um den Beyfall und die abgeschmakte Einschmeichelungs Künste“ hinwegsetzen könne, die in Königsberg „großthuerische kleine Meister, die höchstens nur schaden können, denen auferlegen, welche gern ihre Belohnung verdienen und nicht erschleichen möchten“. Offenbar sind damit einflußreiche Mitglieder der Universität gemeint, Kleinmeister, die Kant als geistig unter ihm stehend empfindet, während er doch für sein Vorwärtskommen auf ihre Gunst angewiesen ist. Auch Rink (S. 43) erwähnt, daß „in älteren Zeiten“ einzelne neidische Kollegen, die sich durch ihn verdunkelt sahen, weniger friedliebend gegen ihn gewesen, als er gegen sie. Auch die Vorlesungen, die sich in ihrem Stoffe oft genug wiederholten, und die er vor vielfach noch recht unreifen Zuhörern — man konnte damals schon mit 16, ja mit 15 Jahren die Universität beziehen — hielt, befriedigten seine innerste Seele nicht. „Ich meines Theils sitze täglich vor dem Ambos meines Lehrpults und führe den schweeren Hammer sich selbst ähnlicher Vorlesungen in einerley tacte fort.“ Doch er ist durch seine wirtschaftliche Lage an eine möglichst ausgedehnte Erwerbstätigkeit dieser Art gebunden und kann seinen innersten Neigungen nicht nachgehen. „Bisweilen reitzt mich irgendwo eine Neigung edlerer Art, mich über diese enge Sphäre etwas auszudehnen, allein der Mangel, mit Ungestühmer Stimme so gleich gegenwärtig mich anzufallen und immer wahrhaftig in seinen Drohungen, treibt mich ohne Verzug zur schweren Arbeit zurück.“ Aber er fügt sich schließlich, wenn auch resigniert, in seine Lage. Für „den Ort, wo ich mich befinde“ muß er immerhin noch zufrieden sein mit den „kleinen Aussichten des Überflusses“, die er „sich erlauben“ darf; und so befriedigt er sich in Ermangelung eines Besseren „mit dem Beyfalle, womit man mich begünstigt, und mit den Vorteilen, die ich daraus ziehe“, und — nun folgt ein Wort, das man dem kühlen, verstandesklaren Kant kaum zutraut — „träume mein Leben durch“.

So pessimistisch äußert sich unser Magister zur selben Zeit, wo er — seine Verteidigung des Optimismus (S. 51) schrieb. Gerade das damit verbundene Auftreten eines „kleinen Meisters“ wie des Magister Weymann mag ihn in jene Stimmung versetzt haben, die an die Klage Fausts gemahnt: „Das ist Deine Welt!, das heißt eine Welt!“, wie sie in dem Briefe an den Freund in die ironischen Worte ausklingt: „Das sind unsere große Dinge, wovon wir kleine Geister uns wundern, daß draußen nicht mehr davon gesprochen wird“. Es sind Stimmungen, wie sie schließlich keinem Genie erspart bleiben, das sich durch die Armseligkeiten und Kleinlichkeiten des Lebens durchringen muß, und dem dann seine Umgebung, in diesem Falle die kleine akademische Welt der Stadt Königsberg, wie ein Theater erscheint, das so gut wie das wirkliche seine „Harlequins“ hat.

6. Geistige Einflüsse der 60er Jahre. Rousseau. Beziehungen zu Hamann und Herder, Lambert und Mendelssohn.

Mit unseren letzten Ausführungen sind wir schon in die Betrachtung dessen eingetreten, was das Interessanteste an einer Biographie ist: der Entwicklung des inneren Menschen. Aber gerade darüber sind uns, bei der zurückhaltenden Natur unseres Philosophen, nur dürftige Nachrichten erhalten, zumal wenn wir von der nicht an diesen Ort gehörigen, vielbehandelten und noch immer vielumstrittenen philosophischen Entwicklung absehen. Wir müssen uns darauf beschränken, einiges Allgemeinste über die Entwicklung seiner Weltanschauung und die Einwirkungen einzelner bedeutender Persönlichkeiten auf dieselbe hervorzuheben.

Auf eine gewisse Modifizierung seiner Interessen, die Wendung von der äußeren zur inneren Natur, von der Naturwissenschaft zur Psychologie und Kritik der menschlichen Erkenntnis, sind wir schon oben bei der Musterung seiner Schriften aufmerksam geworden. Damit hängt die um die Wende der 60'er Jahre sich vollziehende größere Schätzung der zeitgenössischen englischen und französischen Denker zusammen. Während die Einwirkung Humes mehr die uns hier nicht angehende wissenschaftliche Seite seines Denkens betrifft, haben wir an dieser Stelle vor allen Dingen Rousseau zu nennen.

Rousseaus Werke kannte er sämtlich, sein Bild allein — von Freund Ruffmann geschenkt — schmückte die sonst kahlen Wände seines Studierzimmers, und als der *Emile* 1762 erschien, geschah das Ungewohnte, daß seine Lektüre unseren Philosophen mehrere Tage hintereinander von seinem regelmäßigen Spaziergang zurückhielt. Schon der Stil des Franzosen zog ihn an. „Ich muß den Rousseau so lange lesen, bis mich die Schönheit der Ausdrücke gar nicht mehr stört, und dann kann ich allererst ihn mit Vernunft übersehen", so schrieb er in sein Handexemplar der *Beobachtungen* usw. von 1764 und bewunderte die „ungemeine Scharfsinnigkeit des Geistes", den „edlen Schwung des Genius" und die „gefühlvolle Seele" desselben: Eigenschaften, wie sie in so hohem Maße vereint vielleicht niemals ein Schriftsteller irgendeiner Zeit oder irgendeines Volkes besessen habe. Aber noch tiefer wirkte auf ihn der Inhalt des neuen Evangeliums, der eine Revolution in seinem Innern hervorrief. Vorher hatte er den „ganzen Stolz der Gelehrten" in sich gefühlt. „Ich bin selbst aus Neigung ein Forscher. Ich fühle den ganzen Durst nach Erkenntnis und die begierige Unruhe, darin weiter zu kommen, oder auch die Zufriedenheit bei jedem Fortschritte. Es war eine Zeit, da ich glaubte, dies alles könnte die Ehre der Menschheit machen, und ich verachtete den Pöbel, der nichts weiß." Allein „Rousseau hat mich zurecht gebracht. Dieser verblendende Vorzug verschwindet, ich lerne die Menschen ehren und würde mich viel unnützer finden als die gemeinen Arbeiter, wenn ich nicht glaubte, daß diese Betrachtung allen übrigen einen Wert erteilen könne, die Rechte der Menschheit wiederherzustellen." Er verglich den französischen Denker mit Newton. Wie dieser zuerst in die äußere Natur „Ordnung und Regelmäßigkeit, verbunden mit großer Einfachheit" gebracht habe, so entdeckte Rousseau „zu allererst unter der Mannigfaltigkeit der menschlichen angenommenen Gestalten, die tief verborgene Natur des Menschen und das versteckte Gesetz, nach welchem die Vorsehung durch seine Beobachtungen gerechtfertigt wird". Freilich, es wehrte sich zugleich seine kühlere Eigenart gegen den Gefühlsüberschwang, mit dem Rousseau schon durch „die Schönheit der Ausdrücke", d. h. seine hinreißende Sprache ihn zu umstricken drohte; und es befremdeten ihn doch die anscheinend mit Absicht dem „allgemein Gangbaren" entgegengestellten „seltsamen und widersinnigen" Meinungen des Genfer Autodidakten. Schon seine Methode war eine andere: „Rousseau verfährt synthetisch und fängt vom natürlichen Menschen an, ich verfahre analytisch und fange vom gesitteten an." Auch wollte er, wenn er die „Glückseligkeit des Wilden" erwog, deshalb nicht in die Wälder zurückkehren, sondern nur sehen, „was man verloren habe, indem man andererseits gewinnt": damit man inmitten der heutigen „geselligen Üppigkeit" ein gesitteter Mensch der Natur bleibe. Auch die Hofmeister-Erziehung des einzelnen Kindes durch einen Einzelnen, wie im *Emile*, hielt er für unnatürlich; freilich, damit wahre Schulen möglich werden, müsse man zuvor Emile erziehen. „Rousseau hätte zeigen sollen, wie daraus Schulen entspringen könnten." Wir werden sehen, wie er sich in den 70er Jahren für praktische Reformbestrebungen dieser Art begeisterte. Auch ihm näherstehende Zuhörer, wie Herder, wußte er für Hume und Rousseau zu interessieren.

In die Jahre seiner Magisterzeit fällt ferner der persönliche Verkehr mit Hamann und Herder. Hamann, mehr als sechs Jahre jünger wie Kant, war 1759, nach mehrjährigen im Interesse des befreundeten Rigaer Kaufmannshauses Behrens unternommenen Auslandsreisen, nach seiner Vaterstadt Königsberg zurückgekehrt. Hier trat er bald in näheren Verkehr mit dem „kleinen Magister", den er „sehr liebte und hochschätzte", machte Ausflüge mit ihm und Behrens, z. B. in den Krug der nahegelegenen Windmühle, wo man zusammen „ein bäurisch Abendbrot hielt" (Hamann an Lindner, 12. Juli 1759), und schüttete ihm Herz und Gedanken in langen, phantasiereichen Briefen aus. Doch konnte zwischen den beiden in ihrem Wesen so grundverschiedenen Männern kein dauernder Verkehr, geschweige denn eine engere Freundschaft aufkommen. Das sieht man schon aus dem Ton der vier ausführlichen Briefe Hamanns an Kant, die aus diesem Jahre erhalten sind. Kant ist ihm der Sokrates, dessen Alkibiades, ein andermal der „gelehrte Eroberer“ Bacchus, dessen Silen er sein will! Aber bald darauf klagt er, Kant sei gar nichts daran gelegen, ihn zu verstehen oder nicht zu verstehen. Überzeugen könne Kant ihn nicht, glauben wolle jener auch nicht, zumal da er eine jeden Augenblick eingreifende Vorsehung leugne und auch den „Herrn Christum“ nicht kenne und sich darauf beschränke, seine (Hamanns) ihm närrisch und verwunderlich scheinende Einfälle sich oder anderen zu erklären. Und als er nicht lange nachher ohne Grund in dem Philosophen den Anstifter einer gegnerischen Rezension einer seiner Schriften vermutete, brach er den Verkehr mit dem „kleinen Magister“ ganz ab. In Kants und seiner Anhänger Augen sei er ja doch nur ein Mystiker à la Jakob Böhme; worin er freilich nicht unrecht haben mochte, da sich in der Tat der Philosoph für des merkwürdigen Mannes von diesem selbst sehr bewunderte Geisteskinder nicht erwärmen konnte. Erst Anfang 1763 erfolgte wieder eine gewisse Annäherung seitens Hamanns. Dieser empfahl dem bekannten Nicolai Kant als einen „Mann, der die Wahrheit ebensosehr liebt als den Ton der guten Gesellschaft“. Zwar mit Kants *Einzig möglichem Beweisgrund* war er wenig zufrieden — diese Schrift verdiene „eine exemplarische Rute“! —, aber die *Beobachtungen* gefielen ihm so gut, daß er eine ausführliche und annerkennende Besprechung derselben für die Königsberger Zeitung schrieb, die er damals herausgab, und für die der Philosoph seinerseits ungefähr zur nämlichen Zeit die *Krankheiten des Kopfes* verfaßte (s. oben). In den beiden folgenden Jahren wurde der Verkehr durch Hamanns Aufenthalt in Kurland wiederum unterbrochen. Aber als letzterer im Februar 1767 wieder zurückgekehrt war, verschaffte Kants Fürsprache ihm eine ihn ernährende Anstellung bei der Akzise-Direktion seiner Vaterstadt.

Näher schien eine Zeitlang das Verhältnis zwischen dem jugendlichen Herder und seinem verehrten Lehrer

Kant werden zu können. Der 18jährige Mohrunger Kantorssohn war 1762 nach Königsberg gekommen, und der Philosoph ließ den begabten, aber armen Jüngling — wie er in solchen Fällen gern tat — unentgeltlich an allen seinen Vorlesungen der nächsten vier Semester teilnehmen. „Mit gespannter Aufmerksamkeit“, berichtete nach Herders Tode ein befreundeter Mithörer dessen Gemahlin, „faßte er jede Idee, jedes Wort des großen Philosophen auf und ordnete zu Hause Gedanken und Ausdruck . . . Einst in einer heiteren Frühstunde, wo Kant mit vorzüglicher Geisteserhebung und, wenn die Materie die Hand bot, wohl gar mit poetischer Begeisterung zu sprechen und aus seinen Lieblingsdichtern Pope und Haller Stellen anzuführen pflegte, war es, wo der geistvolle Mann sich über Zeit und Ewigkeit mit seinen kühnen Hypothesen ergoß. Herder wurde sichtbarlich und so mächtig davon betroffen, daß, als er nach Hause kam, er die Ideen seines Lehrers in Verse kleidete, die Hallern Ehre gemacht hätten. Kant, dem er sie am folgenden Morgen vor Eröffnung der Stunde überreichte, war ebenso betroffen von der meisterhaften poetischen Darstellung seiner Gedanken und las sie mit lobpreisendem Feuer im Auditorium vor.“ Herders eigene begeisterte Schilderung seines ersten philosophischen Lehrers haben wir schon kennen gelernt. Auch nach seiner Entfernung von der Universität blieb das Verhältnis zunächst ein gutes. Kant sandte z. B. 1765 seine *Träume eines Geistersehers* dem früheren Schüler bogenweise nach Riga zu; dieser besprach sie mit großer Anerkennung in den Königsberger *Nachrichten* (1766, 18. Stück), forderte auch seine Jugendfreunde von Riga aus auf, Kants Vorlesungen zu besuchen.

Gleichwohl ist in den beiden im Jahre 1767 zwischen ihnen gewechselten Briefen, die wir jetzt kennen (*Kants Briefw.* I, S. 72ff.), bei aller freundschaftlichen Wärme des Ausdrucks doch für ein feineres Auge die allmählich zwischen beiden sich öffnende Kluft der Anschauungen nicht zu verkennen. Herder hatte inzwischen seine berühmten *Fragmente über die deutsche Literatur* in die Welt und natürlich auch Kant zugesandt. Dieser beglückwünscht ihn am 9. Mai 1767 zu seinem literarischen Erfolg und meint, auch er sei als Lehrer ein wenig eitel darüber, aber im Grunde sei doch Herders Schrift „bloß auf Ihrem eigenen Boden gewachsen und derjenigen Anweisung, die Sie bei mir zu nehmen beliebten, nichts schuldig". Schon Herders kleines Gedicht, das er noch aufhebe, lasse auf ihn als einen dereinstigen Pope hoffen, einen Dichter, der die Grazie mit der Weisheit verbinde. Bei der frühen Entwicklung von Herders Talenten sehe er mit Vergnügen „auf den Zeitpunkt hinaus, wo der fruchtbare Geist, nicht mehr so sehr getrieben durch die warme Begeisterung des jugendlichen Gefühls, diejenige Ruhe erwirbt, welche sanft, aber empfindungsvoll ist". Eine solche Gemütsverfassung entspreche dem „beschaulichen Leben des Philosophen", wenn es auch das Gegenteil von dem sei, „wovon Mystiker träumen"; sie sei es, die ihrem Besitzer wie der Welt am meisten nutze. Montaigne und Hume seien Beispiele dafür.

In diesen Sätzen liegt bei allem Lobe im Grunde der ganze Gegensatz zwischen den beiden wesensungleichen Naturen ausgesprochen. Die milde Warnung des Lehrers an den Schüler war vergeblich. Herders Antwort vom November d. J. zeigt ihn zwar sehr erfreut über den freundschaftlichen Ton des hochverehrten Lehrers und bescheiden in bezug auf die Erstlingsschrift wie auf das „rauhe, dunkle" Jugendgedicht, das jener doch „in seiner Nacht umkommen lassen" möge, aber doch schon eine recht große Selbständigkeit gegenüber dem „geschätzten Freund" (!) und „liebenswürdigen (!) Philosophen". Er lehnt es ab, Hume und Montaigne nachzueifern, höher steht ihm Shaftesbury. Auch hege er Zweifel gegenüber manchen von Kants philosophischen Hypothesen und Beweisen. Aber „das lasse sich nicht alles schriftlich sagen". Es ist aber offenbar nichts mehr schriftlich und, da beide bald räumlich weit auseinander kamen und blieben, auch nichts mehr mündlich darüber gesagt worden. So vertiefte sich allmählich der Gegensatz zwischen ihnen, der dann, wie wir sehen werden, in der Mitte der 80er Jahre zum offenen Ausdruck kam.

In demselben Brief vom 9. Mai 1767 macht Kant dem jüngeren Freunde offenherzige Mitteilungen von der Gärung seiner Gedanken seit den Jahren ihres Zusammenseins: „Was mich betrifft, da ich an nichts hänge und mit einer tiefen Gleichgültigkeit gegen meine oder anderer Meinungen das ganze Gebäude öfters umkehre und aus allerlei Gesichtspunkten betrachte, um zuletzt etwa denjenigen zu treffen, woraus ich hoffen kann, es nach der Wahrheit zu zeichnen, so habe ich, seitdem wir getrennt seyn, in vielen Stücken anderen Einsichten Platz gegeben." Jetzt sei sein Augenmerk „vornehmlich darauf gerichtet, die eigentliche Bestimmung und die Schranken der menschlichen Fähigkeiten und Neigungen zu erkennen". Noch im laufenden Jahre hoffe er seine Grundsätze und Methode in bezug auf die Ethik ausführen zu können.

In Zusammenhang mit diesem wiederholten Suchen nach neuen Grundlagen seines philosophischen Denkens steht es, daß Kant sich um die Mitte der 60er Jahre denjenigen zeitgenössischen Denkern nähert, die ebenfalls neue, eigene Wege in der Philosophie einzuschlagen suchten. So vor allem dem erst neuerdings mehr bekannt gewordenen Joh. Heinr. Lambert, Professor und Mitglied der Akademie der Wissenschaften in Berlin (1728—1777), der gerade kurz vorher (1764) sein philosophisches Hauptwerk, das *Neue Organon*, hatte erscheinen lassen, übrigens seinerseits zuerst den Weg zu Kant suchte. Wie man in jener Zeit sehr oft, um das teure Porto zu sparen, die Briefe einem Bekannten zur direkten Beförderung mitgab, so benutzte auch Lambert im November 1765 die Abreise eines befreundeten Gelehrten nach Königsberg, um sich ohne umständliche Redensarten, „was durch die Ähnlichkeit unserer Gedankensart vollkommen entschuldigt wird", an Kant zu wenden. „Hier herum", schrieb er von Berlin, philosophiere man nur sehr oberflächlich in ästhetisierender Weise über die sogenannten schönen Wissenschaften. Strenge Methode aber sei in der Philosophie vor allem nötig, und da sie beide bisher ja von selbst „fast auf einerlei Untersuchungen" verfallen seien, ohne voneinander zu wissen, so schlage er für die Zukunft vorherige Verständigung durch einen wissenschaftlichen Briefwechsel vor. Kant fühlt sich, in seiner Antwort vom 31. Dezember des Jahres, durch diese Annäherung des „ersten Genies in Deutschland" hochgeehrt, spricht von den mancherlei „Umkippungen", die sein philosophischer Standpunkt durchgemacht, glaubt aber jetzt, bald der richtigen Methode auf der Spur zu sein. Auch er sei des „ewigen Getändels der Witzlinge“ und der „ermüdenden Schwatzhaftigkeit der itzigen Scribenten“ müde, die „weiter keinen Geschmack haben, als den, vom Geschmack zu reden“. Lamberts ausführliche Erwiderung vom 3. Februar 1766 ist rein philosophisch gehalten. Dann aber trat anscheinend eine lange Pause in dem geplanten Briefwechsel ein. Von Kant ist erst wieder ein Brief vom 2. September 1770 erhalten. Er entschuldigt darin sein langes Schweigen mit der unvorhergesehenen Entwicklung seiner Gedanken. Erst seit einem Jahre sei er zu einem einigermaßen festen Standpunkt gekommen. Nach Ablauf des nächsten Winters hoffe er ihm seine Gedanken zur Prüfung vorlegen zu können.

Fast um dieselbe Zeit wie Lambert knüpfte auch ein anderer Berliner Denker mit dem nunmehr bekannter gewordenen Königsberger Privatdozenten eine philosophische Korrespondenz an. Es war der schon berühmte Moses Mendelssohn, der ihn nicht lange vorher, wie Kant selber noch später seinem Freunde Kraus dankbar bekannte, durch die Besprechung seiner Schriften über das Dasein Gottes und die syllogistischen Figuren in den *Literaturbriefen* (Nicolais) „in das Publikum eingeführt“ hatte. Mendelssohns erster Brief ist nicht erhalten, dagegen die Antwort Kants vom 7. Februar 1766, mit der er, wenn auch nicht in so schmeichelhaften Worten wie gegenüber Lambert, Mendelssohns Vorschlag eines ständigen Briefwechsels annimmt; übrigens fast mit derselben Wendung beginnend, die Lambert ihm gegenüber gebraucht hatte: „Es gibt keine Umschweife von der Art, wie sie die Mode verlangt, zwischen zwei Personen, deren Denkungsart durch die Ähnlichkeit der Verstandesbeschäftigungen und die Gleichheit der Grundsätze einstimmig ist.“ Er sendet ihm zugleich seine *Träume eines Geistersehers.* Mendelssohns Antwort ist wiederum verloren; erhalten dagegen der ausführliche Brief Kants an ihn vom 8. April d. J., der sich auf die nämliche Schrift bezieht. Da ich denselben jedoch in der Einleitung zu meiner Ausgabe der *Träume* (*Phil. Bibl. 46 b* S. V—VIII) eingehend behandelt habe, so möchte ich hier nur auf zweierlei hinweisen. Einmal auf die darin ausgesprochene Stellungnahme zur Metaphysik, die er keineswegs an sich bekämpfen, sondern der er nur „das dogmatische abziehen“ und ihre „vorgegebenen“ Einsichten skeptisch behandeln will, um zu positiven und gegründeten „Einsichten“ zu gelangen. Und zweitens auf die in ihm enthaltene berühmte Selbstschilderung: „Was es auch für Fehler geben mag, . . . so ist doch die wetterwendische und auf den Schein angelegte Gemütsart dasjenige, worin ich sicherlich niemals geraten werde, nachdem ich schon den größesten Teil meiner Lebenszeit hindurch gelernt habe, das meiste von demjenigen zu entbehren und zu verachten, was den Charakter zu korrumpieren pflegt . . .“

Daß Kant in der Tat gelernt hatte zu entbehren, wissen wir jetzt aus seiner Knaben-, Studenten-, Hauslehrer- und seiner überlangen Magisterzeit Sehen wir zum Schluß, wie er aus seiner mißlichen äußeren Lage herauszukommen versucht hat, bis es ihm endlich nach fünfzehn langen Wartejahren gelang.

7. *Erfolglose Bewerbungen. Unterbibliothekar. Endlich Professor.*

Kraus schrieb 1804 von Kant: „Soviel ich weiß, hat Kant nie in seinem Leben um etwas für sich gebeten oder nachgesucht.“ Daran ist so viel richtig, daß es ihm von jeher verhaßt gewesen und geblieben ist, eine Vergünstigung für sich zu erbetteln oder durch Konnexionen, Bücklinge, Schmeicheleien u. dergl. zu erschleichen. Dagegen wäre es töricht gewesen, wenn er sich nicht um diejenigen Ämter beworben hätte, denen vollauf gewachsen zu sein er sich bewußt sein konnte. Das hat er denn auch mehrmals — und zwar mit den zu seiner Zeit üblichen und auch in unserem „fortgeschrittenen“ 20. Jahrhundert noch immer nicht ganz ausgestorbenen konventionellen Formeln — getan. Zum erstenmal in einem noch erhaltenen Schreiben vom 8. April 1756 um die seit Knutzens Tod (1751) erledigte außerordentliche Professur für Logik und Metaphysik. Er weist in der formell an König Friedrich II., tatsächlich an die Kgl. Regierung in Königsberg gerichteten Eingabe darauf hin: „Da meine größeste Bestrebung jederzeit dahin gegangen, mich zu dem Dienste Ew. Königl. Majestät auf Höchst Dero *Academi*en nach Möglichkeit geschickt zu machen, und in dieser Absicht die philosophische Wissenschaften zu dem vornehmsten Felde meiner Bestrebungen gewählet, so habe, wie alle übrige Teile derselben, auch die *Logic* und *Metaphysik* mit aller Aufmerksamkeit zu *excoli*ren niemals einige Zeit oder Gelegenheit verabsäumet." Er weiß nicht, ob „die geringe Proben" seiner angewandten Bemühungen Ew. Kgl. Majestät bekannt geworden, und „erstirbt" zum Schluß als dero „alleruntertänigster Knecht" Immanuel Kant. Es war indes eine schlechte Zeit für die Erfüllung seiner Hoffnung. Die Kgl. Regierung, bei dem bevorstehenden Entscheidungskampfe mit Österreich auf Ersparnisse bedacht, war entschlossen, die eingehenden Extraordinariate überhaupt nicht zu besetzen. So blieb dies sein erstes Gesuch ohne Erfolg.

Nicht besser erging es dem zweiten, Ende des Jahres 1758 fast gleichzeitig an Rektor und Senat (11. Dezember), die philosophische Fakultät (12. Dezember) und die „Allerdurchlauchtigste Großmächtigste Kayserin, Selbstherrscherin aller Reußen, Allergnädigste Kayserin und große Frau" Elisabeth von Rußland gerichteten Bewerbungsschreiben. Diesmal handelte es sich um die kurz zuvor durch den Tod des bisherigen Inhabers, Doktors und Professors der Theologie und Philosophie Kypke, erledigte ordentliche Professur für Logik und Metaphysik. Kants alter Direktor und Gönner F. A. Schultz, damals Rector Magnificus, hatte seinem früheren Schüler zugeredet, sich um die Stelle zu melden. Er ließ ihn zu sich rufen und versprach ihm seine Unterstützung. Beim Eintritt ins Zimmer hatte er ihn jedoch erst „sehr feierlich" gefragt: „Fürchten Sie auch Gott von Herzen?", was Borowski (und ihm zufolge auch Kant selbst später) merkwürdigerweise dahin auslegt, daß die Frage nur ein feierliches Bekenntnis der — Verschwiegenheit habe sein sollen. Kant meldete sich dann noch in letzter Stunde. Offiziell an die — recht wenig sachverständige — Selbstherrscherin aller Reußen, tatsächlich an den russischen Gouverneur Nikolaus von Korff mußte die Eingabe gerichtet werden, weil seit einem Jahre ganz Ostpreußen von den Russen besetzt und eine ständige, bis zu ihrem Abzug 1762 fortdauernde russische Verwaltung dort eingerichtet war, weshalb von Anfang 1758 an „alle an die Landes-Collegia gerichtete Memorialia, Suppliquen und Vorstellungen an Ihre Kayserl. Majesté von allen Reussen gerichtet und dergestalt eingegeben werden sollten“ (Warda, Altpreuß. Mon. XXXVI, 498 Anm.). Magister Kant hatte diesmal auf „2 öffentliche *dissertationes*, 4 Abhandlungen in dem (sc. Königsbergischen) *Intelligentz*-Werke, 3 *programmata* und 3 andere Traktate“ und außerdem darauf hinweisen können, daß er „jedes *semestre* die beyde benannte Wissenschaften in *privat-praelectionen* und oft zugleich in *privatissimis* erkläret“. Er kam denn auch mit dem Extraordinarius der Philosophie F. Joh. Buck in engere Wahl, indem die anderen, die sich gemeldet hatten (davon drei ebenfalls schon Professoren, einer ein Dr. phil. et med.), in dem Bericht des Senats an die Kaiserin überhaupt nicht genannt wurden, Kant und Buck dagegen als solche bezeichnet wurden, die beide die zu dem Amte erforderliche „Geschicklichkeit“ besäßen. Man überließ es „Ew. Kayserl. Majestät“, „ob die nunmehro vakant gewordene Professio der Logic und Metaphysic sogleich wieder besetzet, als auch durch wen auf solchen Fall dieselbe unter den beyden angeführten Competenten verwaltet werden soll“. Schließlich siegte das Anciennitätsprinzip: der am 11. November 1722 geborene Buck, „der 15 Jahr bei der Academie ohne salario der studierenden Jugend mit seinem fleißigen Unterricht gedient“, erhielt noch vor Ablauf des Jahres die Stelle [1]).

Bessere Aussichten schienen sich dem nunmehr schon 40jährigen Magister im Jahre 1764 zu eröffnen. Schon seit Juli 1762 war durch Professor Bocks Tod die Professur für Dichtkunst erledigt, jedoch während der Kriegszeit und im ersten Jahre danach noch nicht wieder besetzt worden. Diesmal lenkte das Justizministerium in Berlin, dem damals auch die „Unterrichtsangelegenheiten“ noch unterstanden, selbst seine Blicke auf Kant, auf den es vermutlich durch dessen Preisarbeit von 1763 (s. S. 64) aufmerksam geworden war. Am 5. August 1764 erging

---

[1]) So nach der neuen aktenmäßigen Darstellung von A. Warda, *Altpreuß. Monatsschrift,* Bd. 48, S. 378—380.

ein Reskript an die (Ost-)Preußische Regierung, das mit den Worten beginnt: „Uns ist ein gewisser dortiger Magister, namens Immanuel Kant, durch einige seiner Schriften bekannt geworden, aus welchen eine sehr gründliche Gelehrsamkeit hervorleuchtet." Dann wird gefragt: „Ob aber derselbe zugleich die nötigen Gaben eines öffentlichen Lehrers zum Vortrag, und in der deutschen und lateinischen Poesie sich hervorgetan, auch Neigung habe, diese Stellung einzunehmen?" Erst, wenn Kant „weder die erforderlichen Fähigkeiten zu dieser Stelle besitzen noch solche anzunehmen geneigt sein sollte", sollten sie andere „hinlänglich qualifizierte Subjekte" in pflichtmäßigen Vorschlag bringen. Aber Kant fühlte sich für diese Professur, mit der u. a. auch die Zensur aller akademischen Gelegenheitsgedichte und die Verpflichtung verbunden war, bei allen akademischen Feiern als offizieller Dichter der Universität aufzutreten, nicht berufen, sondern lehnte sie ab und empfahl sich nur für eine passendere Gelegenheit. Er hätte sonst in der Tat, wie sein Freund und Mitbewerber J. G. Lindner in Riga, der die Professur dann erhielt, es tun mußte, bereits im Dezember ein lateinisches Carmen zu dem Weihnachtsfest und zwei deutsche Carmina für das Krönungsfest und Königs-Geburtstag liefern müssen. Gut, daß unser Philosoph Unabhängigkeitsgefühl genug besaß, um die für einen amtlosen Magister verlockende Stelle gleichwohl auszuschlagen. Das Ministerium nahm ihm übrigens diese Ablehnung nicht übel, sondern achtete seine Beweggründe, indem es am 24. Oktober 1764 den Spezialbescheid nach Königsberg richtete: „Dessenohnerachtet sind wir nicht weniger gnädigst entschlossen, den M. Immanuel Kant zum Nutzen und Aufnehmen der dortigen Akademie bei einer anderweitigen Gelegenheit zu placieren; und befehlen Euch demnach hiermit in Gnaden, auf was Art solches am füglichsten geschehen könne, befohlenermaßen Uns annoch allergehorsamst anzuzeigen" und am 28. Oktober hinzufügte: daß „der sehr geschickte und mit allgemeinem Beifall auf der hiesigen Academie docierende Mag. Kant bei erster Gelegenheit befördert werden sollte".

Diese Gelegenheit bot sich etwa ein Jahr später; freilich nicht eine ordentliche Professur, sondern das simple Unter-Bibliothekariat an der Kgl. Schloßbibliothek. Das Amt des Oberbibliothekars mit 100 Thlr. Jahresgehalt hatte Professor F. S. Bock inne, das Sub-Bibliothekariat der alte Hofrat und Hofgerichtsadvokat Gorraisky, der sich nach fast 35jähriger Wirksamkeit am 1. Oktober 1765 „bey meinem zunehmenden Alter und mit allerhand Zufällen behafteten Leibesbeschaffenheit“ einen gewissen Magister Nikuta, den er bereits ‚angelernt‘ habe, als Adjunkten und demnächstigen Nachfolger erbat. Aber vierzehn Tage nachher meldete sich auch Magister C. D. Reusch, und am 25. Oktober endlich ging auch ein wiederum formell an den König, tatsächlich an die Regierung gerichtetes „alleruntertänigstes Ansuchen“ des Magister Kant ein, ihm „durch Conferierung dieser Stelle sowohl eine erwünschte Gelegenheit zum Dienste des gemeinen Wesens, als auch eine gnädige Beyhülfe meiner sehr mißlichen Subsistence auf der hiesigen Academie angedeyen zu lassen“. Als Beilage war eine Abschrift des eben erwähnten „huldreichen Reskripts“ vom Oktober 1764 hinzugefügt. Es war gerade kein besonders beneidenswerter Posten, um den sich der nunmehr schon 41jährige Magister Kant bewarb, denn er war nur mit einem Fixum von 62 Talern jährlich dotiert; die „Deputatstücke“ an „Getreide, Bier, Fleisch, Butter, Käse, Brennholtz und dergleichen, auch jährlich ein Priesterkleid (!)“, die neben einer freien Wohnung und einem „privilegierten Buchhandel“ vormals dem Ober- und „nach Verhältnis“ auch dem Subbibliothekar zugestanden hatten, waren schon seit einem halben Jahrhundert in Wegfall gekommen. Dabei hatte der anscheinend recht bequeme Oberbibliothekar Bock die eigentliche Arbeit seinem Unterbibliothekar aufzuhalsen verstanden. Freilich war die Bibliothek nur zweimal in der Woche, Mittwoch und Sonnabend nachmittags von 1—4 Uhr, für das allgemeine Publikum geöffnet, aber unter dem alten und abständigen Gorraisky war allerlei Unordnung eingerissen, „insonderheit“ hatten sich, wie Bock berichtete, „junge rohe Leute die Zeit her erkühnet“, „denen von Ew. Majestät Allerhöchst eigenhändig festgestellten Gesetzen zuwider, Bücher nach eigenem Gefallen herauszuziehen und das Bibliothec-Zimmer als eine öffentliche Promenade zu gebrauchen“. Dazu waren die

Zimmer trotz ihres Steinbodens im Winter ungeheizt, und die Fenster schlossen schlecht, so daß der Bibliothekar nach der beweglichen Schilderung Bocks mit „erstarrten Händen" bei „gefrorener Tinte" sitzen mußte und jeder, der nicht „von sehr robuster Constitution ist", unfehlbar „Krämpfe, Flußfieber und Zahnschmerzen" sich zuziehen mußte; und in den kurzen Wintertagen, bei dem meistenteils nebligen Wetter sei es so dunkel, daß auch „das Lesen und Schreiben nicht wohl stattfinden kann", und auch niemand die Bibliothek besuche. Ein Bibliotheksdiener wurde von dem sparsamen König nicht bewilligt.

Es muß demnach doch um Kants pekuniäre Lage um das Jahr 1765 nicht besonders bestellt gewesen sein, wenn er sich um diese Stelle bewarb und sein offizielles Gesuch überdies durch ein noch erhaltenes Privatschreiben vom 20. Oktober 1765 an den Oberkurator der Universität, Minister von Fürst, unterstützte. In diesem Schreiben, das sich von dem seines Rivalen Reusch durch seinen bescheidenen und doch von jeder Unterwürfigkeit freien Ton vorteilhaft unterscheidet, betonte er: er habe geglaubt, „mit der Litteratur so viel bekannt zu sein, daß er dieses Amt dem Erfordern gemäß geziemend verwalten könne". Erwünscht werde ihm die Gelegenheit sein, „so viele Hülfsmittel der Wissenschaften bey der Hand zu haben", desgleichen „das kleine Gehalt, welches dem Vernehmen nach [!] von 60 Rthlr. sein soll und meiner sehr unsicheren academischen subsistence zu einiger Beyhülfe dienen würde". Im Gegensatz zu seinen mit allerlei Empfehlungen versehenen Mitbewerbern habe er „nichts vor sich als einige nicht ganz mislungene Bestrebungen in dem Stande, worin ich mich befinde". Daraufhin befahl ein schon am 2. November „auf Seiner Königl. Majestät Allergnädigsten Special Befehl" ausgefertigtes Reskript der Preußischen Regierung, ihr „pflichtmäßiges Gutachten" auch auf den dem Ober Curatorio „durch seine Metaphysische und andere Schriften bekannt gewordenen geschickten Magister Kant" auszudehnen, und am 15. Dezember erging eine Verfügung des Ministers von Münchhausen, „auf den M. Cant der ihm bereits gegebenen Versicherung zufolge vorzüglich zu reflektieren". Da aber der alte Gorraisky seine Stelle erst endgültig niederlegen sollte, zog sich das Hinundherschreiben zwischen Königsberg und Berlin noch bis Mitte Februar hin. Endlich, unter dem 14. Februar, wurde die Bestallung Kants durch eigenhändige Namensunterschrift des Königs vollzogen und die „Subbibliothekarien-Stelle bey Unserer dortigen Schloß Bibliothec . . . dem geschickten und durch seine gelehrten Schriften sich berühmt gemachtem Magister Kant allergnädigst anvertraut“. Die Besoldung sollte Gorraisky noch bis zum Trinitatissonntag zustehen und erst dann Kant „in denen gewöhnlichen Quartalen“ ausgezahlt werden, also jedesmal 15 $^{1}/_{2}$ Taler! Tant de bruit pour une omelette!

Ja, nachdem endlich eine Woche später die Bestallung in Königsberg eingetroffen, zwischen dem 13. und 17. März der neue „Sub-Bibliothekar“ in der „Geheimten Ratsstube“ der Regierung in „Eydes-Pflicht genommen“ und am 9. April von dem Oberbibliothekar „auf der Bibliothek introduciret und zu treufleißiger Verwaltung sothaner Function angewiesen“ war, gab es noch allerhand Schwierigkeiten, indem sich der alte Gorraisky trotz aller Mahnungen nicht dazu bringen ließ, die Bibliothek seinem Nachfolger ordnungsmäßig zu übergeben. So mußte der bequeme Vorgesetzte Kants (Bock), wie er am 9. Oktober klagt, „mit meiner, des ersten Bibliothecarii, großen Beschwerde und vieler Stöhrung“, in Gemeinschaft mit Kant die Revision des Bücherbestandes selbst vornehmen, wobei wohl der letztere die Hauptarbeit getan haben wird. Denn es ist in einem späteren Verantwortungsschreiben Gorraiskys vom 12. November davon die Rede, daß Kant „auf geschehene Anweisung des itzigen Ober-Bibliothecarii“ die Vergleichung der Kataloge mit den Büchern übernommen habe und damit schon ziemlich weit gekommen sei. Kant wird in seiner gewissenhaften Pflichttreue auch fernerhin dem trägen Vorgesetzten manche Unbequemlichkeit abgenommen haben; denn es ist sehr bezeichnend, daß während der sechs Jahre seines Unterbibliothekariats (1766—72) keine Rüge seitens der Regierung vonnöten war, während sogleich im folgenden Winter wieder vom Dezember bis Mitte März des folgenden Jahres die Bibliothek nicht geöffnet wurde.

Unterdessen hatte der mittlerweile zum Professor ernannte Kant, nach fast genau sechsjähriger Tätigkeit, durch ein Schreiben vom 14. April 1772 um Entlassung von seinem Posten gebeten. Die älteren Biographen, soweit sie genauer von der Sache erzählen, geben als Grund an: weil er es besonders lästig gefunden, daß „mehr neu- als wißbegierige Personen die Bibliotheken zu besuchen pflegen", während Bock in seiner uns dem Inhalt nach schon bekannten Verantwortungs- und Klageepistel vom 19. März 1773 den Anschein zu erwecken sucht, daß Kant sich durch Gesundheitsrücksichten „genötigt" gesehen habe, den ungesunden Posten zu verlassen. Das letztere ist sehr unwahrscheinlich, das erstere mag mitgewirkt haben. In seinem Entlassungsgesuch jedenfalls hat er als Grund nur angegeben, daß es „nicht allein bis daher ungewöhnlich ist, daß die Stelle eines Subbibliothecarii von einem Professor Ordinario bekleidet werde, sondern sich auch solche mit den Obliegenheiten dieses letzteren Postens und der Einteilung meiner Zeit nicht wohl vereinigen läßt". Durch königliches Reskript vom 15. Mai 1773 wurde denn auch unter dieser Motivierung Kants Enthebung von seinem Posten bewilligt und derselbe dem literarisch gebildeten jungen Juristen Jester übertragen, der am 1. Juli d. J. sein Amt antrat, es jedoch auch bald wieder niederlegte.

Offenbar hatte unser Philosoph die seiner Geistesgröße wenig würdige Stelle in erster Linie nur des kleinen, aber sicheren Gehaltes wegen angenommen. Wohl aus demselben Grunde übernahm er um dieselbe Zeit auch die Aufsicht über ein wertvolles, namentlich an schönen Bernsteinstücken reiches Naturalienkabinett, das der reiche Kommerzienrat Saturgus in seinem Garten angelegt hatte, und das zu den Sehenswürdigkeiten der Stadt gehörte. Da vor ihm der uns bekannte Oberbibliothekar F. S. Bock die Aufsicht geführt hatte, ist er vielleicht durch die nähere Verbindung mit diesem dazu gekommen; dann ist aber auch zu vermuten, daß er mehr Arbeit und Unbequemlichkeit als pekuniären Gewinn davon gehabt hat. Jedenfalls hat er auch diesen Posten, bei dem er allerdings Mineralogie studieren konnte, aber auch jedem durchreisenden Fremden auf alle möglichen törichten Fragen Auskunft zu geben gezwungen war, nur vorübergehend bekleidet.

Endlich sollte indes die überlange Wartezeit des Privatdozenten Kant auf ein ordentliches Lehramt ein Ende nehmen. Daß sein Name mittlerweile weit über die Grenzen seiner Vaterstadt hinausgedrungen war, ergibt sich aus manchen Tatsachen. So wollte ihn am 18. November 1769 ein gewisser K. R. Hausen in Halle wegen seiner „so schönen und zugleich so gründlichen Schriften“ in eine Sammlung von „Biographien berühmter Philosophen und Geschichtsschreiber des 18. Jahrhunderts in und außer Deutschland“ aufnehmen und bat ihn deshalb um genaue Angaben über Leben, Lehre und Schriften. Und Lambert hatte ihn schon 1765 nach Berlin ziehen wollen. Er hatte diesen Wunsch in seinem Briefe an Kant vom 13. November 1765 allerdings nur angedeutet, weil er noch nicht wußte, ob „die hiesige Verfassung der Sachen“ denselben werde verwirklichen lassen. Jetzt boten sich im Winter 1769/70 dem nahezu 46jährigen Magister, der eine heimische Professur zweimal vergeblich erstrebt, ein drittes Mal, als seinen Anlagen nicht entsprechend, tapfer ausgeschlagen hatte, binnen weniger Monate drei verschiedene Aussichten, darunter zwei ehrenvolle Berufungen nach auswärts.

Der erste Ruf kam von der damals markgräflich-ansbachischen Universität Erlangen. Die treibende Kraft war anscheinend deren Kurator und „Mäzen“, der Minister von Seckendorf, den die Lektüre von Kants „unvergleichlichen Beobachtungen über das Gefühl des Schönen und Erhabenen“ für den Königsberger Magister eingenommen hatte. Der ihm angetragene Lehrstuhl war der erste in Erlangen ausschließlich für theoretische Philosophie errichtete, während diese Wissenschaft bis dahin im Nebenamte von Mitgliedern der drei „oberen“ Fakultäten gelehrt worden war! Kant hatte am 25. Oktober 1769 dem die Korrespondenz mit ihm führenden Professor der Mathematik und Physik S. G. Suckow seine Einwilligung ausgesprochen, da er „die Gelegenheit zu einem kleinen, aber sicheren Glück nicht übereilt ausschlagen“ wollte. Die Bedingungen waren: ein Gehalt von 500 Gulden rheinisch an Geld und fünf Klafter Brennholz jährlich, dazu bei der großen Entfernung zwischen Königsberg und Erlangen noch 100 Taler Reise- und Transportkosten. Daß man ihn gern dorthin haben wollte, geht daraus hervor, daß auf seinen erst am 10. November in Erlangen eingetroffenen Brief schon am 23. November die Ernennungsurkunde für den „Hoch-Edelgebohrnen Herrn, Herrn Immanuel Kant, der Weltweisheit berühmten Doktori“ vom Markgrafen Alexander unterzeichnet wurde. Ein Schreiben der Universität vom 11. Dezember sprach die Hoffnung aus, daß er bereits bald nach Neujahr 1770 oder wenigstens gegen Lichtmeß (2. Februar) in Erlangen eintreffen werde. Und unter „allen hier Studierenden“ herrschte bereits „die lebhafteste Freude“ über Kants Kommen und glühten „die heißeste Wünsche für Deroselben baldige glückliche Überkunft“. Der Hofmeister Ziegler, der das am 3. Januar 1770 schreibt, bietet ihm im Namen seiner Zöglinge, der Barone von Rosen und von Löwenwolde, vier leerstehende Zimmer in ihrem Hause als Quartier an. Aber alle seine Empfehlungen der „reitzenden“ Lage, der gesunden Luft, der Billigkeit und der „unter Ihro Hochfürstl. Durchlaucht des regierenden HE. Marggrafen“ allmählich aufblühenden Universität Erlangen kamen zu spät. Kant hatte bereits am 15. Dezember 1769 unter dem Ausdruck des Bedauerns und mit der „inständigsten Entschuldigung“ erklärt, daß er sich die „zugedachte Ehre und Versorgung hiedurch gehorsamst verbitten“ müsse.

Die Gründe für diesen „Anschein einer wandelbaren Gesinnung“ führt Kant in dem genannten Briefe selbst an. Man hatte ihm „erneute und viel vermögende“ Versicherungen in seiner Vaterstadt gemacht, die diesmal, da eine Vakanz, wie wir gleich sehen werden, aller Wahrscheinlichkeit nach nahe bevorstand, wirklich der Erfüllung nahe schienen. Da regten sich die „Anhänglichkeit an eine Vaterstadt“, „ein ziemlich ausgebreiteter Kreis von Bekannten und Freunden“ und nicht am wenigsten die Rücksicht auf „meine schwächliche Leibesbeschaffenheit“ mächtig in seinem Gemüte; er meinte schließlich seine körperliche und seelische Ruhe nur da zu finden, wo er sie, „obzwar in beschwerlichen Umständen, bis daher jederzeit“ gefunden hatte: in der alten Heimat. Und so bat er, einem „Gemüt, was zu Veränderungen unentschlossen ist, die anderen nur gering scheinen“, zu verzeihen, wenn er dieser Gefühle, trotz der vielleicht für ihn nachteiligen Folgen, nicht Herr werden könne.

Kaum einen Monat später, am 12. Januar 1770, suchte ihn der Theologieprofessor E. J. Danovius, ein Landsmann, der ihn schon zum Lehrer gehabt hatte, nach Jena zu ziehen, wo „seine vortrefflichen Schriften allgemein bekannt“ wären und die „Serenissimi Nutritores“ der Akademie eine neue Professur der Philosophie zu errichten beabsichtigten. Er werde dort allerdings nur 200 Taler Fixum beziehen, brauche aber dafür auch nur zwei Wochenstunden öffentlich zu lesen und könne sich durch Privatkollegia noch weitere 150 Taler verdienen, und weiteres durch „Verleger die Menge, welche gute Schriften anzunehmen, sich um die Wette bemühen und sie gerne bezahlen“; während man zugleich in Jena sehr wohlfeil lebe. Welche Aussicht, wenn Kant dorthin gegangen wäre und später mit Goethe und Schiller zusammen gelebt hätte! Aber er wurde bald für immer an seine Vaterstadt gefesselt.

Die Königsberger Vakanz, die Kant in jenem Schreiben nach Erlangen im Auge gehabt hatte, trat am 15. März 1770 durch den Tod des schon lange dahinsiechenden ordentlichen Professors der Theologie und Mathematik Langhansen wirklich ein. Nun strebte Kant, der nur eine seiner „Geschicklichkeit und Neigung angemessene“ Stelle einnehmen wollte, zwar nicht nach diesem mathematischen Lehrstuhl, schlug aber seinem Gönner, dem Minister von Fürst, einen Stellentausch vor: die mit „guten Emolumenten“, namentlich durch das Inspektorat über das *collegium Albertinum*, versehene erledigte Stelle möge man entweder dem Schwiegersohn des Verstorbenen, dem Professor der Moral Christiani, übertragen, wodurch dann des letzteren „Profession“ für ihn (Kant) frei würde; oder dem Professor der Logik und Metaphysik Buck (S. 77), der ja schon verschiedene Jahre Extraordinarius der Mathematik gewesen sei und „nur bei Gelegenheit des russischen Gouvernements“ die logisch-metaphysische Professur, „zu welcher ich sonst von der *academie* alle Empfehlung hatte“, bekommen habe.

Es stand für Kant diesmal eine Lebensfrage zur Entscheidung. Und so begreift man, daß er, ganz gegen seine sonstige Gewohnheit, bereits am Tage nach Langhansens

Tode den Brief an Fürst und drei Tage später das offizielle Gesuch an den König richtete; begreift man auch den ernst-elegischen Ton, der aus verschiedenen Stellen beider Schreiben widerklingt, wie: „Ich trete in diesem Frühjahre in das 47ste Jahr meines Alters, dessen Zunahme die Besorgnisse eines künftigen Mangels immer beunruhigender macht"; oder: „Meine Jahre und die Seltenheit der Vorfälle, die eine Versorgung auf der *Academie* möglich machen, wenn man die Gewissenhaftigkeit hinzusetzt, sich nur zu denen Stellen zu melden, die man mit Ehren bekleiden kan, würden, im Falle daß mein untertänigstes Gesuch den Zweck verfehlete, in mir alle fernere Hoffnung zu künftigem Unterhalte in meinem Vaterlande vertilgen und aufheben müssen." Diesmal sollten denn auch seine Hoffnungen nicht enttäuscht werden. Der Minister entschied sich für den zweiten der ihm von Kant unterbreiteten Vorschläge, und schon am 31. März 1770 wurde durch Kgl. Kabinettsorder Magister Immanuel Kant „wegen desselben Uns . . . angerühmten Fleißes und Geschicklichkeit auch besonders in den Philosophischen Wissenschaften erlangten gründlichen *Erudition*" zum „*Professor Ordinarius* der *Logic* und *Metaphysic* bey der Universität zu Königsberg in Preußen" ernannt: in der Voraussetzung, daß „Uns und Unserem Königl. Hause derselbe treu, hold und gewärtig seyn" und „die studierende Jugend *publice* und *privatim docendo et disputando* ohnermüdet unterrichten, und davon tüchtige und geschickte *Subjecta* zu machen sich bemühen, wie nicht weniger derselben mit gutem Exempel vorausgehen" werde. Am 2. Mai desselben Jahres fand die feierliche Einführung in einer Senatssitzung statt.

Viertes Kapitel.

Bis zum Erscheinen der Kritik der reinen Vernunft.

1770—1781.

1. Kant im Professoramte. Verhältnis zu Minister von Zedlitz und Markus Herz.

So war denn unser Philosoph endlich, im nahezu vollendeten 46. Lebensjahre, in die seinen Anlagen und Wünschen schon so lange entsprechende Stellung des ordentlichen Professors der Logik und Metaphysik an der Universität Königsberg eingerückt. Formell trat er, der damaligen Vorschrift gemäß, das neue Amt erst mit der Verteidigung einer neuen lateinischen Abhandlung im großen Hörsaale der Universität am 21. August 1770 an Es war die berühmte Inaugural-Dissertation *Über die Form und die Prinzipien der Sinnen- und Verstandeswelt*, über deren äußere Geschichte, Bedeutung und Inhalt wir in der Einleitung zu ihrer Neuausgabe (*Philos. Bibl. 46b S. XIV—XXIV*) berichtet haben. Opponenten waren ein studiosus artium [liberalium? K. V.], ein Theologie- und ein Rechtskandidat. Mit dem wichtigeren Amte des „Respondenten" hatte er seinen bisherigen Zuhörer, den 23 jährigen Studiosus der Medizin und Philosophie Markus Herz aus Berlin betraut: zum Verdruß einiger orthodoxer Kollegen, von denen einer seinem Zorne durch die Befriedigung darüber Ausdruck gab, daß „der Jude wenigstens an dem Professorenschmaus keinen Teil nehmen könne" (*N. Berliner Monatsschr. 1805, S. 153*).

Zu diesem seinem Ehrentage begrüßten den neuen Professor 17 besonders begeisterte Zuhörer, sämtlich Kur- und Livländer, mit einem Huldigungsgedicht, das einer von ihnen, der als „Stürmer und Dränger" bekannte, nicht lange nachher auch in Goethes Leben eine Rolle spielende Reinhold Lenz, verfaßt hatte. Die von jugendlicher Überschwenglichkeit erfüllten zwölf Strophen priesen den Mann, „in welchem Tugend bei der Weisheit wohnet“, den Lehrer der Menschheit, der selbst übet, was er lehrt, der sich nie durch äußeren Schimmer blenden ließ, sondern hochfahrender Torheit die Maske abriß, der seinen Schülern stets Einfalt im Denken, Natürlichkeit im Leben empfahl, der ihren Wissensdurst stillend, doch nimmer löschend, ihnen auch den Tod nicht schreckhaft machte. Den Schluß bildete das Gelöbnis, in seinem Sinne leben und auch die Nachkommen erziehen zu wollen, und der Ausdruck des Stolzes, daß Frankreich nicht mehr am deutschen Genius zweifeln werde, solange Kant lebe.

Nachdem Kant einmal die ihm zukommende Stelle an der heimischen Universität erlangt, blieb er dieser bis zu seinem Ende treu und lehnte mehrfache Berufungen nach auswärts ab. Wenig Verlockendes mochte für ihn der 1775 an ihn ergehende Ruf an das „akademische Gymnasium“ in Mitau haben, obwohl es durch die Unterstützung des dort residierenden Herzogs von Kurland gerade jetzt emporblühte (Hartmann an Kant, 4. September 1774); übrigens wurde um die nämliche Zeit sein jüngerer Bruder Johann Heinrich an der „Mietauschen großen Schule“, also doch wohl der gleichen Lehranstalt, als Konrektor angestellt. Anders stand es mit der Berufung nach Halle, wo der als Verfasser vielgebrauchter Lehrbücher bekannte selbständigere Wolfianer (Anhänger Baumgartens) G. F. Meier 1777 gestorben war. Zu dessen Nachfolger suchte ihn vor allem sein Gönner und Verehrer, der Unterrichtsminister von Zedlitz zu gewinnen.

Zedlitz, der seit 1771, damals 40 jährig, die preußischen Kirchen- und Unterrichtsangelegenheiten leitete, hatte sich von Anfang an, infolge einer Art geistiger Wahlverwandtschaft, für den freidenkenden Philosophen interessiert. Eine Ministerialverfügung vom 25. Dezember 1775, welche die Rückständigkeit der Königsberger Professoren in manchen Beziehungen, z. B. im Gebrauch veralteter Kompendien, rügte, hatte davon ausdrücklich die Professoren Kant und Reusch ausgenommen. Auch für eine zeitgemäßere Philosophie war das auf königlichen Spezialbefehl erlassene Reskript energisch eingetreten; „da unsere landesväterliche Absicht dahin gehet, daß auf unseren Universitäten die Köpfe der Studierenden nicht mit nahrungslosen Subtilitäten verdüstert, sondern aufgeheitert und durch die Philosophie besonders zur Annahme und Anwendung wahrhaft nützlicher Begriffe fähig gemacht werden sollen". Daher solle die Crusianische Philosophie, „über deren Unwert die erleuchtetsten Gelehrten längst eins sind", dort fernerhin nicht mehr gelehrt werden; ihre Anhänger, die Magister Weymann und Wlochatius, könnten sich andere Gegenstände ihrer Vorlesungen aussuchen. Dieses etwas nach aufgeklärtem Despotismus schmeckende Verbot suchte der Erlaß durch den Satz zu rechtfertigen: „So wenig Wir gewohnt sind, über individuelle Meinungen herrschen zu wollen, so halten Wir doch für nötig, der Ausbreitung gewisser allgemein nutzenlos befundener Meinungen vorzubeugen."[1]) — Aber der Minister gab seiner Verehrung für den Philosophen auch positiveren und persönlicheren Ausdruck. Am 21. Februar 1778 schrieb er ihm: „Ich höre jetzt ein Collegium über die physische Geographie bei Ihnen, mein lieber Herr P. Kant, und das wenigste, was ich tun kann, ist wohl, daß ich Ihnen meinen Dank dafür abstatte." Er lese nämlich — etliche 80 Meilen von ihm entfernt — die Nachschrift eines von Kants Zuhörern; da dieselbe aber vielfach unvollständig und undeutlich sei, so bitte er ihn, ihm zu einem sorgfältiger nachgeschriebenen Manuskripte behilflich zu sein, „gegen die heiligste Versicherung, das Msc. nie aus meinen Händen zu geben". Jedenfalls schätze er Kant und seine Kenntnisse „ganz unaussprechlich hoch".

Acht Tage später wiederholt er seine Bitte und fragt zugleich an, ob er ihn dem Könige als Professor der Philosophie in Halle mit 600 Taler Gehalt vorschlagen dürfe. „Mir erzeigen Sie sicher einen Gefallen, wenn Sie diesen Antrag annehmen." „Sie kennen den Königsbg. Univ.-Fond und wissen also, daß ich Ihnen dort zu keiner Ver-

[1]) Der von Schubert (S. 59—61) unvollständig und ungenau veröffentlichte Text des sehr scharf gehaltenen ausführlichen Erlasses ist jetzt von Schöndörffer ergänzt und berichtigt (Arnold, Ges. Schr. V 2, S. 249 Anm.). Wlochatius brach denn auch daraufhin mitten im Semester seine Vorlesung über Metaphysik ab!

besserung" — Kant bezog damals nur 236 Taler Fixum — „Hoffnung machen kann, und in Halle kann ich das immer, wenn Sie auch nur 600 rth. zu Anfang haben." Kant muß trotz des liebenswürdigen Angebots schon bald ruhig, aber entschieden abgelehnt haben. Denn genau einen Monat später, am 28. März 1778, folgt ein neuer, dringenderer Brief des Ministers. Er bot ihm jetzt 800 Taler Gehalt, wies darauf hin, daß er die Universität Halle auch sonst in jeder Weise zu heben suche, daß sie das Zentrum des gelehrten Deutschlands sei, auch ein besseres Klima biete, und vor allem, daß er dort weit mehr, 1000—1200 Studenten finden werde. Kant habe die Pflicht, „in einem weiteren Zirkel gemeinnützige Kenntnisse u. Licht auszubreiten". „Ich wollte wünschen, daß Leute von Ihren Kenntnissen u. Gaben in Ihrem Fach nicht so selten wären, ich wollte Sie nicht so quälen. Ich wollte aber, daß Sie auch die Pflicht nicht verkennten, so viel Nutzen zu stiften, als Sie bei den Ihnen angebotenen Gelegenheiten stiften können." Etwas unphilosophisch meint er endlich zum Schlusse: er wisse nicht, „ob vielleicht Nebenumstände, von denen sich auch der Philosoph nicht trennen kann, Ihnen den Titel eines Hofrats angenehm machen würden"; in diesem Falle werde er es bei dem König beantragen [1]).

Wir besitzen leider Kants Antwort auch auf dieses Schreiben nicht; wohl aber einen Anfang April geschriebenen ausführlichen Brief an Markus Herz, der tiefer in seine Seele blicken und die „unüberwindlichen" Ursachen erkennen läßt, die ihn zu der wiederholten Ab-

[1]) Welchen Einfluß Mendelssohn wie Kant bei dem liberalen Minister besaßen, geht aus der Tatsache hervor, daß der „Jude" Mendelssohn, gelegentlich einer Geschäftsreise ins Ostpreußische im Juli 1777, im Auftrage des Ministers sich mit der Bitte an Kant wandte, ihm einen Nachfolger für Meier vorzuschlagen. Kant dachte damals vorübergehend an seinen begabten Schüler Chr. J. Kraus, der sich jedoch selbst noch für zu unreif hielt. Kant war übrigens doch so weltklug, daß er Kraus riet, „etwas Philosophisches auszuarbeiten und Zedlitzen zu dedizieren". Mendelssohn werde ihn dann „mit seinem Ansehn unterstützen" und event. „zu einer anderen Stelle helfen". Als dann Juni 1780 der alte Christiani in Königsberg starb, schrieb Kant selbst an den Minister im Interesse von Kraus, der sich diesmal bewarb und auch ernannt wurde.

lehnung bewogen. Herz hatte ihm offenbar einen sehr herzlichen Glückwunschbrief zu der Berufung nach Halle geschrieben. Darauf erwidert Kant an der entscheidenden Stelle: „. . . In diesem Betracht vermischt sich meine angenehme Empfindung doch mit etwas Schwermütigem, wenn ich mir einen Schauplatz eröffnet sehe, wo diese Absicht (sc. ‚gute und auf Grundsätze errichtete Gesinnung zu verbreiten') in weit größerem Umfange zu befördern ist, und mich gleichwohl durch den kleinen Anteil an Lebenskraft, der mir zugemessen worden, davon ausgeschlossen finde. Gewinn und Aufsehen auf einer großen Bühne haben, wie Sie wissen, wenig Antrieb vor mich. Eine friedliche und gerade meiner Bedürfnis angemessene Situation, abwechselnd mit Arbeit, Spekulation und Umgang besetzt, wo mein sehr afficirtes, aber sonst sorgenfreies Gemüt und mein noch mehr launischer, doch niemals kranker Körper ohne Anstrengung in Beschäftigung erhalten werden, ist alles, was ich gewünscht und erhalten habe. Alle Veränderung macht mich bange, ob sie gleich den größten Anschein zur Verbesserung meines Zustandes gibt, und ich glaube, auf diesen Instinkt meiner Natur Acht haben zu müssen, wenn ich anders den Faden, den mir die Parzen sehr dünn und zart spinnen, noch etwas in die Länge ziehen will. Den größesten Dank also, meinen Gönnern und Freunden, die so gütig gegen mich gesinnet sind, sich meiner Wohlfahrt anzunehmen, aber zugleich eine ergebenste Bitte, diese Gesinnung dahin zu verwenden, mir in meiner gegenwärtigen Lage alle Beunruhigung (wovon ich zwar noch immer frei gewesen bin) abzuwehren und dagegen in Schutz zu nehmen." Ähnlich schreibt er noch einige Monate später an Mendelssohn: „Mein Gesundheitszustand, den ich nur durch eine gewisse Gleichförmigkeit der Lebensart und der Gemütsbeschäftigung erhalten kann, hat es mir unmöglich gemacht, der guten Meinung des verehrungswürdigen Ministers von mir (woran Sie, wie ich glaube, einen vorzüglichen Anteil haben) mich folgsam zu bezeigen . . ." An die Stelle ward dann am 13. Juni Kants späterer Gegner Eberhard, damals Prediger in Charlottenburg, berufen.

Wie schade, daß Kant jenen Instinkt seiner Natur nicht hat überwinden können! werden wir heute sagen.

Denn in der Tat, welche unabsehbaren Aussichten für die Entwicklung unserer geistigen Kultur hätte jene Übersiedelung des Philosophen nach der bedeutendsten und besuchtesten der preußischen Universitäten, nach dem Herzen Deutschlands, in die Nähe unserer klassischen Dichter eröffnet! Haben doch die Parzen seinen Lebensfaden noch über ein Vierteljahrhundert in die Länge gezogen, hat er gerade doch in dieser Zeit erst seine eigentlich durchschlagenden philosophischen Grundwerke veröffentlicht! Sollte er sich nicht in allzu großer Ängstlichkeit und Vorsicht gescheut haben vor dem *Quieta non movere?* Nun, das sind heute müßige Betrachtungen. Was wir auch wünschen möchten, wir müssen uns gegenüber einem so entschiedenen Instinkt eines so klarsehenden Kopfes, wie Kant es war, bescheiden, zumal da er, wie wir gesehen, gegen die Vorteile des veränderten Wirkungskreises keineswegs blind war und nur mit wehmütigem Bedauern ihm entsagt hat.

So hat jedenfalls auch sein Verehrer Zedlitz gedacht. Denn in seinem nächsten, nur wenige Monate später geschriebenen Briefe (vom 1. August d. J.) ist bereits nicht mehr die Rede von jenem Vorschlag, dagegen die Herzlichkeit und Verehrung zu dem „lieben Herrn Professor Kant“ die alte, unverminderte. Er entschuldigt gern die Verzögerung der zugesagten Kollegnachschrift, er will statt dessen im Winter trotz seiner beschränkten Zeit bei Kants Schüler Markus Herz, zumal da Mendelssohn für dessen Talent gutgesagt habe, ein Kolleg über rationale Anthropologie hören; und er bittet den Philosophen um Rat, wie er die Studenten „von den Brot-Collegiis zurückhalten und ihnen begreiflich machen“ könne, „daß das bischen Richterei, ja selbst Theologie u. Arznei-Gelahrtheit unendlich leichter und in der Anwendung sicherer wird, wenn der Lehrling mehr philosophische Kenntnis hat, daß man doch nur wenige Stunden des Tages Richter, Advocat, Prediger, Arzt u. in so vielen Mensch ist, wo man noch andere Wissenschaften nötig hat“. Also das nämliche Thema und die gleiche Anschauung, wie Schiller sie zehn Jahre später in seiner Jenaer Antrittsvorlesung über: *Was ist und zu welchem Zweck studiert man Universalgeschichte?* vertrat. Welches vortreffliche Kleeblatt:

der klassische Dichter, der kritische Philosoph und ein solcher Unterrichtsminister! — Und nur auf das „Begreiflich machen“ kommt es bezeichnenderweise dem letzteren an; denn „gedruckte Anweisungen, *leges*, *Reglements*“ — die wir auch heute noch im Überfluß haben — „das ist alles noch schlimmer als das Brot-Collegium selbst“!

Herzens Kolleg, das über dreißig „Leute vom Stande und Gelehrte von Profession: Professores der Medizin, Prediger, Geheimräte, Bergräte usw.“ hörten, besuchte der weitherzige Minister als einer der eifrigsten. Auf der Stube des einfachen jüdischen Arztes war er „immer der erste, und der letzte, der hinweggehet, und hat bisher, sowie keiner von den übrigen, noch nie eine Stunde versäumet“ (Herz an Kant, 24. November 1778). Auch anderen Schülern Kants suchte Zedlitz sich gefällig zu erweisen. So nahm er den damals in Berlin befindlichen Chr. Jak. Kraus in den Gelehrtenkreis auf, mit dem er jeden Mittwoch zu speisen pflegte, unterhielt sich verschiedene Male sehr liebenswürdig allein mit ihm, stellte ihm ein akademisches Amt in Aussicht und machte ihn, besonders durch seinen Privatsekretär Dr. Biester, den bekannten späteren Herausgeber der *Berlinischen Monatsschrift*, mit noch weiteren Gelehrten bekannt (Kraus an Kant, 2. März 1779). Auch als Herz, durch seinen ersten Erfolg ermutigt, April 1779 einen neuen Kursus über Psychologie begann, versäumte „unser Minister (ich bin stolz, daß ich Ihn auch meinen nennen kann)“ — so schreibt Biester 11. April an Kant — „keine Stunde. Zuweilen bittet Er auch Krausen auf eine philosophische Unterredung zu sich. In dem Abglanz dieser beiden (sc. Herz und Kraus) erkennen wir Ihr Licht“. So war es denn weder leere Höflichkeit noch gar Schmeichelei, wenn Kant zwei Jahre später seine Kritik der reinen Vernunft dem Minister von Zedlitz widmete als einem Manne, der mit den Wissenschaften „nicht bloß durch den erhabenen Posten eines Beschützers, sondern durch das viel vertrautere Verhältnis eines Liebhabers und erleuchteten Kenners“ innigst verbunden sei.

Doch kehren wir von Berlin nach Königsberg zurück. Einmal Professor geworden, rückte Kant ordnungsmäßig in die üblichen akademischen Nebenämter und -würden ein. So bekleidete er Sommer 1776 zum erstenmal das Amt des Dekans der philosophischen Fakultät, das er danach noch fünfmal selbst verwaltet hat. Im Sommer 1780 trat er an Stelle seines verstorbenen Amtsgenossen Christiani — also erst mit 56 Jahren — als ständiges Mitglied in den akademischen Senat ein, womit „Emolumente" in der Höhe von — 27 Taler 75 Groschen 10 Pfg. verbunden waren. Bis dahin hatte er (wie A. Warda ganz genau nach den einzelnen Rubriken berechnet hat, Altpreuß. Mon. XXXVIII, 412) bloß 236 Taler 76 Groschen an Gehalt und „Emolumenten" bezogen, wozu nun die genannten Senatorengebühren kamen, die „dem jede Verbesserung so sehr verdienenden Prof. Log. et. Met. Kant" durch Hofreskript vom 11. August 1780 verliehen wurden. Allerdings sind die Kolleggelder noch hinzuzurechnen. Damit kommen wir zu seinen

2. *Vorlesungen*

während dieser Zeit, über die wiederum Arnoldt ausführlichsten, aktenmäßigen Bericht erstattet hat. Eine von Berlin aus am 26. Mai 1770 ergangene „Anweisung, wie die Philosophie, Philologie und diejenigen Wissenschaften, worin die Philosophische Fakultät den Unterricht gibt, und in welcher Ordnung und Verbindung sie auf der Universität zu betreiben", die jedem neuankommenden Studierenden im Abdruck zugestellt werden sollte, hatte gerade unmittelbar vorher den Sinn für Philosophie zu heben gesucht, und zwar in echt philosophischem Geiste: „Die wahre Philosophie ist eine Fertigkeit, selbst ohne Vorurteile und ohne Anhänglichkeit an eine Sekte zu denken und die Naturen der Dinge zu untersuchen". Zugleich war die Notwendigkeit der Ausbildung in den einzelnen philosophischen Disziplinen für die Fachstudien aller Fakultäten nachgewiesen worden. Im allgemeinen behielt Kant die Kollegien bei, die er schon in seinen letzten Magisterjahren gelesen hatte. 1770/71 las er ausnahmsweise ein vierstündiges Kolleg über Mineralogie: offenbar veranlaßt durch ein Ministerialreskript vom 21. Januar 1770, wonach dieser Zweig der Naturwissenschaft „historisch und praktisch" zu lehren sei, um „den

Bergbau zu extendieren"; worauf die Universität mit Recht erwiderte, daß es in Ostpreußen an Bergwerken fehle und daher keine Gelegenheit zu deren Studium sei. Vielleicht hat sich unser Philosoph damals zu dieser mit dem Vorzeigen von Fossilien verbundenen Vorlesung erboten, weil er um jene Zeit ja das Saturgussche Mineralienkabinett verwaltete (S. 82). Im ganzen aber schränkte er doch die Zahl seiner Vorlesungen gegenüber der Magisterzeit etwas ein. Vielleicht mit bewogen durch den Rat und die Bitte seines medizinischen jungen Freundes M. Herz in Berlin: „Ist es denn gar nicht möglich, daß Sie sich die Last ihrer Collegien verringern können? wenn Sie nun die Hälfte nachmittag leseten oder überhaupt nicht mit so vieler Anstrengung vortrugen? Denn diese allein und nicht das Sitzen scheint mir die Ursache Ihrer Schwäche zu sein. Es gibt ja Lehrer in Königsberg, die vom Morgen bis Abend sitzen u. ihr [sic!] Mund bewegen, ohne daß sie jemals über ihre Leibesbeschaffenheit zu klagen haben." Immerhin las er im Durchschnitt noch immer etwa 14 Stunden wöchentlich, also mehr als jeder heutige deutsche Philosophieprofessor. Und zwar benutzte er dazu, nicht bloß im Sommer, sondern auch im Winter, jetzt in erster Linie die frühesten Morgenstunden, von 7 bis 9. Mitunter kam freilich auch, z. B. S.-S. 1773, eines oder das andere Kolleg nicht zustande. Auch hielt er von dieser Zeit ab fast regelmäßig *publice* ein Examinatorium oder Repetitorium, meist Mittwoch und Samstag morgens von 7 bis 8, ab.

S.-S. 1774 trug er zum erstenmal Natürliche Theologie, 1776/77 zum erstenmal *publice* Pädagogik, und zwar charakteristischerweise, seinen später zu berührenden Reformbestrebungen entsprechend, über *Basedows Methodenbuch* vor. Da dies vom Senat „zur Verbesserung des hiesigen Schulwesens" vorgeschlagene und 1774 von der Regierung angeordnete Kolleg von den „Professores Philosophiä" abwechselnd gelesen werden sollte, kam Kant erst Sommer 1780 wieder an die Reihe. Diesmal benutzte er als Kompendium — vielleicht bezieht sich darauf der Zusatz *praecepto regio* — Bocks *Lehrbuch der Erziehungskunst zum Gebrauch für christliche Eltern und künftige Jugendlehrer.* Auch in einer anderen Angelegenheit vertrat der Senat die Sache des Fortschritts, diesmal sogar in Opposition gegen den König bezw. die Regierung. Gegenüber dem von letzterer wiederholt dringend geäußerten Verlangen des Gebrauchs der lateinischen Sprache mindestens in einem Teile der Vorlesungen und Repetitorien für alle Studierende hatten Rektor und Senat den Mut, in einem auch von Kant unterzeichneten ausführlichen Schreiben vom 1. Oktober 1781 auf das Fruchtlose solcher Bemühungen hinzuweisen, wie sie schon ein Jahr vorher der Wiedereinführung der veralteten lateinischen Disputationen, welche Dreistigkeit und Zungenfertigkeit über solide Kenntnis den Vorzug verleihen würde, in einem von der Regierung als „sehr didaktisch" empfundenen Ton entgegengetreten waren [1]).

Sein Kolleg über Metaphysik arbeitete Kant in diesem Dezennium, entsprechend der in ihm sich vollziehenden philosophischen Entwicklung, stark um, so daß es, wie er am 28. August 1778 an Herz (der eine Abschrift derselben gewünscht hatte) schreibt, „auch einem scharfsinnigen Kopfe schwer werden möchte, aus dem Nachgeschriebenen die Idee *praecise* herauszubekommen", zumal da sie „von meinen vormaligen und den gemein angenommenen Begriffen sehr abweicht". Und über seine Zuhörer äußerte er aus Anlaß derselben Sache, was auch heute noch gilt: „Diejenige von meinen Zuhörern, die am meisten Fähigkeiten besitzen, alles wohl zu fassen, sind gerade die, so am wenigsten ausführlich und diktatenmäßig nachschreiben, sondern sich nur Hauptpunkte notieren, welchen sie hernach nachdenken"; während die anderen, „die im Nachschreiben weitläufig sind", selten das Wichtige vom Unwichtigen richtig zu unterscheiden vermögen und „eine Menge unverstandenes Zeug unter das häufen, was sie etwa richtig auffassen möchten" (Kant an Herz, 20. Oktober 1778). Vom Sommer 1775 an finden sich in den Universitätsakten auch Angaben über die Zahl der eingeschriebenen Zuhörer. Daraus ergibt sich, daß in dem Jahrfünft 1775—80 Kants Zuhörerzahl im allgemeinen in fortwährendem Steigen begriffen war.

---

[1]) Beide interessante Schreiben s. in *E. Arnoldts WW.*, herausgegeben von *O. Schöndörffer*, V 2 S. 259—262.

So zählten seine Vorlesungen über *Logik* 1775: 45, 1776: 60, 1777 und 78: 50, 1779: 70, 1780 sogar: 100 Zuhörer, die höchste Ziffer, die Kant — übrigens in den 80er Jahren auch noch zweimal — erreicht hat. Den etwas schwierigeren über *Metaphysik* wohnten Winter 1775/76: 30, 77/78 und 78/79: 60, 79/80 und 80/81: 70 Zuhörer bei. Auffallend erscheint, daß die populäreren Kollegien über *Physische Geographie* (1775: 42, 76: 24, 77: 49, 80: 54, 81: 56) und namentlich *Anthropologie* (1775/76: 28, in den folgenden Wintersemestern nacheinander 33, 41, 29, 55, 38) weniger Zuhörer hatten; doch kommt dies wohl daher, daß jene ersteren eben als Pflichtkollegia galten, während die letzteren nicht offiziell vorgeschrieben waren. Vermutlich wurden auch die reiferen Männer aus anderen Ständen, die sich in den beiden letzteren als Hörer zahlreich einfanden, in den bloß den Studierenden geltenden Universitätsakten nicht mitgezählt.

Natürlich besuchten auch durchreisende Fremde Kants mittlerweile schon berühmt gewordene Vorlesungen. So hospitierte u. a. Mendelssohn, gelegentlich seines Königsberger Aufenthaltes, am 18. August 1777 in zwei Stunden des Philosophen; was dieser zwei Tage darauf dem gemeinsamen Freunde Herz mit den Worten mitteilte: „Er tat mir vorgestern die Ehre, zween meiner Vorlesungen beizuwohnen, *à la fortune du pot*, wie man sagen könnte, indem der Tisch auf einen so ansehnlichen Gast nicht eingerichtet war." Da gerade die Ferien unmittelbar vorhergegangen seien, habe er den größten Teil der betr. Stunden auf eine summarische Übersicht des vorhergehenden Stoffes verwenden müssen.

Zum Schluß noch ein Wort über seine populären Vorlesungen. Aus dem Ende unseres Zeitabschnitts berichtet der aus Holland stammende, damals als 20jähriger preußischer Leutnant in Königsberg stehende Dirk van Hogendorp über den Eindruck, den besonders Kants Vorlesungen über Anthropologie auf ihn machten, in seinen — erst 1887 erschienenen, französisch geschriebenen — Memoiren: „Ich will nicht von dem philosophischen System dieses ausgezeichneten großen Mannes sprechen. Wenig Leute haben es ganz klar begriffen... Was ich aber aus eigener Erfahrung versichern kann, ist, daß er selbst Bruchstücke davon in seinen Vorlesungen mit großer Klarheit entwickelte, und daß sein leicht zu verstehender Ausdruck kaum der Erklärungen bedurfte, die man zuweilen von ihm verlangte und die er stets mit aller erdenklichen Gefälligkeit gab.“ Und ferner: „Ich offenbarte ihm meinen Wunsch, ihn in der Öffentlichkeit zu hören; und auf seinen Rat besuchte ich seine Vorlesungen über Anthropologie. Dort habe ich die Grundsätze geschöpft, die später mich in meinen Beziehungen zu den Menschen zu leiten dienten; und ich habe ihre Richtigkeit durch die glücklichen Anwendungen bewährt gefunden, die ich manchmal davon gemacht habe.“ [1]) — Das war ganz im Sinne des Philosophen selber gesprochen; denn mit diesem Kolleg wollte er, wie er Ende 1778 Herz brieflich [2]) entwickelte, nicht etwa die „ersten Gründe“ der menschlichen Natur oder die „in meinen Augen auf ewig (!) vergebliche Untersuchung über die Art, wie die Organe des Körpers mit den Gedanken in Verbindung stehen“, enthüllen, sondern die „Quellen der Sitten, der Geschicklichkeit, des Umganges, der Methode, Menschen zu bilden und zu regieren, mithin alles Praktischen eröffnen“. Auf diese Weise sollten seine Zuhörer von Anfang bis zu Ende keine trockene, sondern eine unterhaltende Beschäftigung und Anlaß haben, seine Bemerkungen mit ihrer eigenen Erfahrung zu vergleichen. Die *Anthropologie* und *Physische Geographie* sollten „Weltkenntnis im Auge haben“.

Im Gegensatz zu dieser reichen Vorlesungstätigkeit, zu der von Zeit zu Zeit noch seine Amtsgeschäfte als Dekan oder, wie wir noch sehen werden, als offizieller Opponent bei Inaugural-Disputationen kamen, steht die auffallende Unfruchtbarkeit an

3. Schriften

während dieser Periode. In den ganzen elf Jahren zwischen dem Erscheinen seiner Inaugural-Dissertation von 1770 und der Kritik der reinen Vernunft sind von ihm nur ein

---

1) Altpreuß. Monatsschr. Bd. 41 S. 96 f.
2) *Briefw.* I S. 138 f.

paar kurze Aufsätze, die wir gleich kennen lernen wollen, gedruckt worden. Alle übrige Muße des in dieser Zeit übrigens, wie er in seinen Briefen öfters Freunden klagt, häufig von Unpäßlichkeit heimgesuchten Philosophen war eben dem Ausreifen seines kritischen Hauptwerkes gewidmet: „dem Produkt des Nachdenkens von wenigstens 12 Jahren“, das dann in 4—5 Sommermonaten des Jahres 1780 niedergeschrieben wurde, dabei freilich aus dem in Aussicht genommenen „Bändchen“ oder „Werkchen“ zu einem mächtigen Bande von 856 Druckseiten angeschwollen war. Die Entstehungsgeschichte seines Fundamentalwerkes kann hier nicht erzählt werden, nicht einmal die äußere, geschweige denn die innere, die ein Buch für sich erfordern würde. Die wichtigsten Daten der ersteren gibt Benno Erdmann in der Einleitung zu Bd. IV der Akademie-Ausgabe S. 569—587; eine kurze Skizze habe ich selbst in der Einleitung zu meiner Ausgabe (O. Hendel, Halle, 1899) S. VI—X entworfen. Am ausführlichsten ist sie von E. Arnoldt in seinen *Kritischen Exkursen zur Kantforschung* S. 99—189 dargestellt worden.

Ehe seine systematischen Gedanken völlig ausgereift waren, wollte Kant sein schon so lange beabsichtigtes und von der Gelehrtenrepublik mit Spannung erwartetes Werk nicht veröffentlichen; und vor dieser Veröffentlichung hatte er, bei der Strenge der Anforderungen, die er an sich selbst stellte, begreiflicherweise keine Neigung, etwas Philosophisches, das seine Gedanken noch in der Gärung gezeigt hätte, in die Welt hinauszugeben. Daher kommt es, daß die nun zu erwähnenden kleinen Aufsätze vom eigentlich philosophischen Gebiet abseits liegen. Die beiden ersten sind naturwissenschaftlichen, zwei spätere pädagogischen Inhalts.

Am 23. August 1771 erschien in den *Königsb. gel. und polit. Zeitungen* die (anonyme) Rezension einer Schrift des italienischen Anatomen Moscati: *Von dem körperlichen wesentlichen Unterschiede zwischen der Structur der Tiere und Menschen* (übers. von *Joh. Beckmann*, Göttingen), die nach Kraus' Zeugnis von Kant herrührt. Der Italiener hatte in seinem zu Pavia gehaltenen Vortrag zu zeigen gesucht, daß der aufrechte Gang dem

Menschen unnatürlich sei und ihm viele Nachteile gegenüber den Tieren, ja sogar Krankheiten zuziehe. Kant verhielt sich in seiner Besprechung zwar in der Hauptsache referierend, hatte aher offenbar an Moscatis paradoxer Idee seine Freude; denn „Denken und womöglich immer was Neues, die gewöhnlichen Begriffe überflügelndes Denken war für seinen regen Geist Bedürfnis" (Kraus). Die Paradoxie „unseres italienischen Doktors", die übrigens durch seine scharfsinnigen Zergliederungen fast zur Gewißheit werde, gibt ihm Anlaß zu der, darwinistische mit teleologischen Gedanken verbindenden, Schlußfolgerung: Zunächst habe die Natur dafür gesorgt, daß der Mensch als Tier sich in seiner Art erhalten werde, wozu die vierfüßige Stellung am geeignetsten gewesen sei; sobald sich aber die Vernunft aus dem in ihn gelegten Keime entwickelte, die ihn für die Gesellschaft bestimmte, nahm er die „hierzu geschickteste" Stellung, nämlich die zweifüßige ein; wobei er dann, wie der Philosoph ironisch schließt, „auch mit den Ungemächlichkeiten vorlieb nehmen muß, die ihm daraus entspringen, daß er sein Haupt über seine alten Kameraden so stolz erhoben hat".

Ostern 1775 veröffentlichte Kant zum letztenmal eine Begleitschrift zur Ankündigung seiner Vorlesungen, und zwar wiederum derer über die Physische Geographie. Das nur 12 Quartseiten umfassende Schriftchen erschien später in erweiterter Umarbeitung in Engels[1]) *Philosoph für die Welt* (Leipzig 1777), S. 125—164. Es handelte *Von den verschiedenen Racen der Menschen* und wollte mehr eine „nützliche Unterhaltung" als eine „tiefe Nachforschung" darstellen. Die für den jetzigen Standpunkt der Wissenschaft längst veralteten Einzelheiten übergehen wir. Von philosophischem Interesse ist die Bemerkung, daß alle anscheinend neuen Arten von lebenden Wesen

[1]) Joh. Jak. Engel, Professor am Joachimstalschen Gymnasium in Berlin, gehörte mit Biester u. a. zu dem Kant gesinnungsverwandten Kreise der Berliner Aufklärer; und es ist bezeichnend, daß Kant zu Anfang seines Briefes an Engel, mit deutlicher Anspielung auf die ihm widerwärtigen Kraftgenies der 70er Jahre, den Herausgeber des *Philosophen für die Welt* zu den „wenigen zählt", die „bei dem überhandnehmenden Verfall des guten Geschmacks (!) durch echte Muster der Sprachreinigkeit, der Naivetät und der Laune die Ehre Deutschlands noch zu erhalten suchen" (Kant an Engel, 4. Juli 1779).

„nichts anderes als Abartungen und Racen von derselben Gattung sind, deren Keime und natürliche Anlagen sich nur gelegentlich in langen Zeitläuften auf verschiedene Weise entfaltet haben“. Allerdings können „der Zufall oder allgemeine mechanische Gesetze“ keine Zweckmäßigkeit und ebensowenig einen organischen Körper überhaupt hervorbringen, sondern jene muß als ein „besonderer Keim oder natürliche Anlage“ in dem betr. organischen Geschöpf „vorgebildet“ gewesen sein; „denn äußere Dinge können wohl Gelegenheits-, aber nicht hervorbringende Ursachen von demjenigen sein, was notwendig anerbt und nachartet“. Kant vermißt neben der den gegenwärtigen Zustand der äußeren Natur schildernden Naturbeschreibung die uns noch fast gänzlich fehlende Naturgeschichte[1]), welche deren Entwicklung begründet und „eine abgesonderte Wissenschaft ist, die wohl nach und nach von Meinungen zu Einsichten fortrücken könnte“ (Ak.-Ausg. Bd. II S. 443, vgl. S. 434 Anm.). Neben diesem naturphilosophischen tritt auch ein geschichtsphilosophischer Gesichtspunkt hervor: daß nämlich „in der Vermengung des Bösen mit dem Guten die großen Triebfedern liegen, welche die schlafenden Kräfte der Menschheit in Spiel setzen und sie nötigen, alle ihre Talente zu entwickeln und sich der Vollkommenheit ihrer Bestimmung zu nähern“. Es sind Gedanken, die später in der Kritik der teleologischen Urteilskraft bzw. den geschichtsphilosophischen Aufsätzen um die Mitte der 80er Jahre ihre weitere Ausbildung empfangen sollten.

Von nicht zu unterschätzender Bedeutung für die Kenntnis der Entwicklung seiner ästhetischen Anschauungen anderseits ist eine erst vor kurzem[2]) ver-

---

[1]) Der Verleger Breitkopf wünschte daher von Kant eine solche oder wenigstens einen Teil derselben in Verlag zu nehmen; der Philosoph erklärte sich jedoch als augenblicklich „mit dringender Arbeit von ganz anderer Art beschäftigt“. Außerdem sei die Naturgeschichte nicht sein „Studium“, sondern nur sein „Spiel“. Doch könne er später eventuell zu einem „allgemeinen“ Teil der von jenem beabsichtigten Naturgeschichte beitragen (Breitkopf an Kant 21. März 1778, Kants Antwort 1. April d. J.).

[2]) Nach dem lateinischen Manuskript Kants von *A. Warda* in *Altpreuß. Monatsschr.* 47, 662—670; ins Deutsche übersetzt, mit einigen Anmerkungen von *B. A. Schmidt* in *Kantstudien* XVI S. 5—21.

öffentlichte lateinische Rede, die er am 28. Februar 1777 gelegentlich der öffentlichen Disputation des kurz vorher zum Nachfolger des verstorbenen Lindner in der Professur der Dichtkunst ernannten bisherigen Königsberger Gymnasiallehrers Kreutzfeld als offizieller „Opponent" aus dem Kreise der neuen Fakultätskollegen zu halten hatte. Kreutzfeld mußte seine „philologisch-poetische" Abhandlung *Über die allgemeineren Grundsätze der dichterischen Fiktionen* verteidigen, Kant sie kritisieren. Des letzteren Rede, die der Natur der Sache nach freilich mehr geistreich hingeworfene als systematisch ausgeführte Gedanken enthält, ist auch für die Kenntnis des Menschen Kant und sein Verhältnis zur Poesie nicht ohne Interesse. Von philosophisch bedeutsamen Gedanken heben wir hervor: den Begriff des spielenden Scheins (Illusion) als Grundelement der Dichtung, die Gedanken von dem Zauber der Sinne, der Hoheit der Dichtkunst, dem Unterschied zwischen Dichter und Philosophen, natürlicher und poetischer Liebe, der reinlichen Scheidung zwischen Poesie und Logik und der Aufgabe der letzteren.

Die beiden letzten literarischen Äußerungen Kants aus den 70er Jahren hängen mit seinem lebhaften Interesse für die pädagogischen Reformbestrebungen seiner Zeit zusammen. Im Jahre 1774 hatte Basedow, von Rousseau und Comenius begeistert, in Dessau, mit Unterstützung des dortigen Fürsten, eine auf den neuen Grundsätzen beruhende Erziehungsanstalt, das Philanthropin, begründet, das auch unseres Philosophen lebhafte Teilnahme erregte. In einem Briefe vom 28. März 1776 fragt er bei Wolke, dem eigentlichen Leiter des Instituts, an, ob der noch nicht sechsjährige Sohn seines mit den neuen Grundsätzen völlig übereinstimmenden Freundes Motherby aufgenommen werden könne. Was er über dessen bisherige Erziehung berichtet, ist deshalb für uns von Interesse, weil es offenbar ganz Kants Sinn oder gar Rat entsprochen hat. „Die Erziehung desselben ist bisher nur negativ gewesen, die beste, welche man ihm, wie ich glaube, vor sein Alter nur hat geben können. Man hat die Natur und den gesunden Verstand seinen Jahren gemäß sich ohne Zwang entwickeln lassen und nur alles abgehalten, was ihnen und der Gemütsart eine falsche Richtung geben könnte. Er ist frei erzogen, doch ohne beschwerlich zu fallen. Er hat niemals die Härte erfahren und ist immer lenksam in Ansehung gelinder Vorstellungen erhalten worden." Um die Lüge zu verhüten, „sind ihm einige kindische Fehler auch lieber verziehen worden, als daß er in Versuchung gebracht würde, die Regel der Wahrhaftigkeit zu übertreten" usw. „In Ansehung der Religion ist der Geist des Philanthropins ganz eigentlich mit der Denkungsart des Vaters einstimmig, so sehr, daß er wünscht: daß selbst die natürliche Erkenntnis von Gott, so viel er mit dem Anwachs seines Alters und Verstandes davon nach und nach erlangen mag, eben nicht geradezu auf Andachtshandlungen gerichtet werden möge, als nur, nachdem er hat einsehen lernen: daß sie insgesamt nur den Wert der Mittel haben, zur Belebung einer tätigen Gottesfurcht und Gewissenhaftigkeit in Befolgung seiner Pflichten als göttlicher Gebote." [Also schon ganz die Auffassung von Kants *Religion innerhalb* etc. K. V.] Dem kleinen George sei es denn auch „bis itzt noch unbekannt geblieben, was Andachtshandlung sei".

Diesem Brief nun war ein „Blatt" beigefügt, als „ein klarer Beweis von der Achtung, darin Dero Institut in hiesigen Gegenden zu kommen anhebt". Es war die Nummer der *Königsb. Gel. u. Polit. Zeitungen* vom gleichen Tage (28. März 1776), in der eine anonyme, aber, wie wir jetzt wissen, von Kant herrührende begeisterte Empfehlung der philanthropinistischen Bestrebungen in Form einer Anzeige des *Ersten Stücks* von Basedows *Philanthropinischem Archiv* stand. „Das, woran gute und schlechte Köpfe Jahrhunderte hindurch gebrütet haben", so hieß es hier, „nämlich die echte, der Natur sowohl als allen bürgerlichen Zwecken angemessene Erziehungsanstalt", stehe jetzt in der Wirklichkeit da, womit „eine ganz neue Ordnung der Dinge anhebt". Deshalb sei es Pflicht jedes Menschenfreundes, diesen noch zarten Keim zu pflegen und zu beschützen, dem Institut, das für den 13. Mai zu einer öffentlichen Besichtigung seines ganzen Betriebes einlade, Zöglinge und vor allem Lehramtskandidaten zuzuführen, um in kurzem allerwärts gute Schulen zu haben. Bis dahin aber sei allen Privat- wie öffentlichen Lehrern ein eingehendes Studium der Basedowschen Schriften und Schulbücher zu empfehlen zu eigener Belehrung wie zur Unterweisung der ihnen anvertrauten Jugend.

Bereits am 19. Juni meldet Kant dann Basedow die bevorstehende Abreise des kleinen Motherby unter Begleitung seines Vaters, „der einen jeden Tag, welchen sein Sohn außer dem Philanthropin zubringt, vor einen Verlust hält". Am 7. Juli erstattet ihm ein gewisser August Rode, früher in Königsberg Mitglied von Kants Tischgesellschaft, den zugesagten und von Kant mit Spannung erwarteten ausführlichen Bericht über die Lage des Philanthropins. Alles gehe gut: das öffentliche Examen, zu dem leider die aus Weimar erwarteten Herren Wylandt [sic!] und Goethe infolge der Krankheit des dortigen Herzogs, „dessen *Protegés* jetzt beide sind", nicht hätten kommen können, sei vorzüglich ausgefallen, zahlreiche Zöglinge („Philanthropisten") in Sicht, desgleichen neue Lehrer. Was allein fehle, sei nur — weiteres Geld; Kant möge doch den Kommerzienrat Fahrenheid, der fünf Zöglinge schicken wolle, zur Hergabe von einigen tausend Talern zu bewegen suchen. Letzteres scheint denn auch unser Philosoph besorgt zu haben; wenigstens erbot sich der reiche Königsberger Kaufmann, „Candidaten des Pädagogii auf seine Kosten in Dessau zu unterhalten". Trotzdem hatte auch Campe, der nach Basedows Rücktritt die Leitung des Instituts übernommen hatte, mit finanziellen Schwierigkeiten zu kämpfen. Das bewog Kant, in einem zweiten, mit K. unterzeichneten Artikel derselben Zeitung vom 27. März 1777 nochmals mit großer Wärme für das „Dessauische Educationsinstitut", „welches der Menschheit und also der Teilnehmung jedes Weltbürgers gewidmet ist", einzutreten. Es sei vergeblich, das Heil von einer allmählichen Schulverbesserung zu erwarten. „Sie müssen umgeschaffen werden, wenn etwas Gutes aus ihnen entstehen soll: weil sie in ihrer ursprünglichen Einrichtung fehlerhaft sind, und selbst die Lehrer derselben eine neue Bildung annehmen müssen. Nicht eine langsame Reform, sondern eine schnelle Revolution kann dieses bewirken." Dazu sei aber zunächst nötig, daß die eine Schule, welche die neue Erziehungsmethode verkörpere, nicht nur von allen Kennern beobachtet, sondern auch von allen Menschenfreunden unterstützt werde. Die ihm im Anfange etwa noch anhaftenden Fehler, die von den Vertretern des „sich auf seinem Miste verteidigenden alten Herkommens“ hämisch und schmähsüchtig vergrößert würden, werde das Philanthropin bald abwerfen. Da aber „die Regierungen jetziger Zeit zu Schulverbesserungen kein Geld zu haben scheinen“, so sei man auf die großmütigen Beiträge bemittelter Privatpersonen angewiesen, die zunächst die (von Basedow und Campe herausgegebenen) *Pädagogischen Unterhandlungen* mit einem etwas erhöhten Beitrag unterstützen möchten. Abonnieren könne man, außer in der Kanterschen Buchhandlung, auch „bei Herrn Prof. Kant in den Vormittagsstunden von 10—1 Uhr“. Kants Aufsatz wurde dann auch, unter seinem vollen Namen, in einer späteren Nummer der Basedow-Campeschen Zeitschrift abgedruckt.

Leider hatte der Artikel nicht den erhofften Erfolg. Die Zeitschrift bekam nur 10 Königsberger und 15 littauische Abonnenten. Das Institut hatte den größten Teil der Landgeistlichkeit zum Gegner, so daß eine Empfehlung von seiten ihres Königsberger Vorgesetzten, der an sich der Sache freundlich gegenüberstand, nur ein „allgemeines Geschrei“ unter „diesem Orden“ verursacht und der guten Sache mehr geschadet als genützt haben würde. Auch zogen einzelne wankelmütige Eltern ihre Söhne wieder aus dem Institut zurück (Kant an Campe, 26. August 1777). Inzwischen war Kant auch in anderer Weise für die Anstalt tätig gewesen. Er warb sogar einen ihm bekannten, leider nur recht kränklichen früheren Schüler, F. W. Regge aus Tilse (Tilsit), nicht bloß als Abonnentensammler, sondern auch als Lehrer für das Philanthropin, der freilich schon im folgenden Jahre starb. Von seiten des Instituts war man Kant denn auch sehr dankbar, wie u. a. zwei Briefe Ehrmanns, eines der Lehrer, zeigen. Als sich dann auch Campe, der Last der Arbeit und Sorgen erliegend, Herbst 1777 von der Leitung des Philanthropins zurückgezogen hatte, schlug Kant ihm vor, bis seine Kräfte völlig wiederhergestellt seien und zugleich für das Institut bessere Zeiten gekommen wären, den seit längerer Zeit erledigten Posten eines Oberhofpredigers und Generalsuperintendenten von Ost- und Westpreußen anzunehmen. Eine Bewerbung sei gar nicht notwendig, einer von Campes Freunden in Berlin brauche dem Minister nur einen Wink zu geben — so groß war also damals der Einfluß des entschiedenen Liberalismus im preußischen Unterrichtsministerium! —, dann werde man ihm die Stelle von selbst antragen. Das Publikum werde den berühmten und geliebten Lehrer mit „allgemeinem Wohlgefallen" empfangen, und er könne sich dem Philanthropin für bessere Zeiten aufsparen (Kant an Campe, 31. Oktober 1777). Campe war durch Kants „liebevolles Anerbieten" sehr gerührt (er hat es einundeinhalb Jahrzehnte später wett gemacht, wie wir sehen werden), glaubte aber infolge seiner durch Dessau bewirkten „großen Entkräftung an Seel' und Leib" ein neues, großes Amt nicht annehmen zu sollen, sondern zog sich ins Privatleben, zur Erziehung einiger Kinder in Hamburg, zurück (vgl. *Briefw.* I, 209—11).

Trotz Campes Rücktritt hielt Kant an der einmal mit solcher Entschiedenheit ergriffenen Sache auch ferner fest. Am 4. August 1778 versichert er Wolke, dem „letzten Anker, auf dem alle Hoffnung der Teilnehmer an einer Sache, deren Idee allein das Herz aufschwellen macht, itzt beruht", in einem ausführlichen Briefe der dankenden Bewunderung der „spätesten Nachkommenschaft". Zugleich aber zeigte er in diesem Falle praktische Menschenkenntnis, ja sogar eine gewisse auf der Benutzung menschlicher Schwächen beruhende Schlauheit. Die Kantersche Zeitung, die für die literarische Verbreitung der neuen Ideen in Königsberg allein in Betracht komme, werde jetzt von dem reformierten Hofprediger Dr. Crichton redigiert, der sich früher nicht sonderlich günstig über das Philanthropin geäußert habe. Das beste Mittel nun, diesen einflußreichen und „sonst" gelehrten Mann zu gewinnen, sei, — ihn selbst „zum Haupte Ihrer hiesigen Angelegenheiten" zu machen; denn „die, so ihren Beifall verweigern, so lange sie nur die zweite Stimme haben, werden gemeiniglich ihre Sprache ändern, wenn sie das erste und große Wort führen können". Mit Vergnügen liest man unter sotanen Umständen den schlauen Brief des „sonst" redlichen Kant vom 29. Juli 1778 an

„Se. Hochehrwürden“, deren Einfluß doch „weit größer“ sein würde, wenn sie sich „dieser Sache vorzüglich anzunehmen beliebten und Ihren Namen und Feder zum Besten derselben verwenden wollten“. Se. Hochehrwürden könne das um so eher, als das Institut jetzt unter dem unermüdeten Wolke „eine neue Gestalt gewonnen“ habe: „nach dem Abgange einiger sonst wohlgesinneter, übrigens aber etwas schwärmenden Köpfe sind alle Stellen mit ausgesuchten Schulmännern besetzt und die neue, jetzt mehr geläuterte Idee mit dem, was die alte Erziehungsart Nützliches hatte, in Verbindung gebracht“. So wußte unser Menschenkenner den etwas eitlen Herrn Hofprediger zu bestimmen, selbst die öffentliche Ankündigung, Abonnentensammlung usw. zu übernehmen, obwohl Crichton und er, wie er am 4. August vertraulich an Freund Wolke schreibt, eigentlich „in den Prinzipien der Beurteilung eines solchen Instituts himmelweit auseinander“ waren: „er sieht die Schulwissenschaft als das einzig Notwendige an, und ich die Bildung des Menschen seinem Talente sowohl als Charakter nach“. Der schmeichelhafte Brief trug denn auch seine Früchte. Der Herr Hofprediger übernahm „gern“ den ihm so nahe gelegten Auftrag und setzte sogar seine „Feder“ dafür in Bewegung. Denn höchstwahrscheinlich von ihm rührt der dritte das Philanthropin empfehlende Aufsatz der *Königsb. Gel. Ztg.* (vom 24. Aug. 1778) her, den Reicke anfangs für kantisch gehalten und deshalb in seinen *Kantiana* (S. 76—81) veröffentlicht hatte, der aber für Kants Art viel zu wortreich ist, auch einen zu dessen Wesen gar nicht passenden theatralischen Schluß enthält, in dem das Philanthropin selbst redend eingeführt wird.

Noch ein kurzes herzliches Schreiben Wolkes vom 28. Oktober d. J., und der erhaltene Briefwechsel Kants über das Philanthropin ist zu Ende. Doch ist noch in den 80er Jahren in mehreren Briefen an ihn (von Berens und Lübeck) vom Philanthropin die Rede. Und Kants Interesse blieb. Das sehen wir u. a. daraus, daß er in seinem Kolleg über Praktische Philosophie aus den 80er Jahren — die betreffende Nachschrift fällt nach der Vermutung Arnoldts in das Semester 1787/88 —, nachdem er ausgeführt, der Staat würde nur dann wahrhafte Stärke nach außen und innen besitzen, wenn die Erziehung in allen Gliedern des Staates die Talente entwickele und den Charakter moralisiere, mit den Worten schloß: „Die Basedowschen Anstalten machen dazu eine kleine frohe Hoffnung“ (*Arnoldt, Kritische Exkurse*, S. 229, vgl. 289).

4. Geselliger Verkehr.

So hat Kant auch in dieser Zeit (1770—81), trotz der ihn innerlich immer stärker in Anspruch nehmenden Gedankenarbeit an den Problemen seiner Vernunftkritik, Herz und Sinn auch für andere Dinge offen gehabt. Auch den geselligen Verkehr mit den Kreisen und Personen, die ihm schon aus seinen Magisterjahren wert waren, hat er selbstverständlich nicht aufgegeben, ja wohl kaum eingeschränkt. Im Gegenteil, andere kamen hinzu.

Gerade das Haus, in dem er am längsten und liebsten verkehrt hat, öffnete ihm damals seine Pforten. Die Familie Keyserling, von deren Beziehung zu Kant wir schon im 2. Kapitel geredet haben, hielt sich seit 1772 den größten Teil des Jahres hindurch in Königsberg auf. Der 45jährige Graf Heinrich Christian hatte in diesem Jahre — nach der ersten Teilung Polens — den russischen Staatsdienst quittiert und lebte nun mit seiner uns bereits bekannten geistvollen, ja philosophisch gebildeten Gemahlin Karoline Amalie (1729—91) einer edlen Geselligkeit. In ihrem geschmackvoll eingerichteten Palais traf sich alles, was Königsberg und Umgegend an Geburts- und Geistesaristokratie aufzuweisen hatte: u. a. Hippel; Hamann, Scheffner und natürlich vor allem unser Kant. „Täglich“, so erzählte eine Kusine des Grafen, die als Schriftstellerin bekannte Elise von der Recke, bei der Nachricht von Kants Tode (1804), „sprach ich diesen liebenswürdigen Gesellschafter in dem Hause meines Vetters, des Reichsgrafen von Kaiserlingk ... Kant war der 30jährige Freund dieses Hauses, in welchem die liebenswürdigste Geselligkeit herrschte und Männer von ausgezeichnetem Geiste einheimisch waren, sobald ihr moralischer Charakter ebensosehr als ihr Kopf geschätzt wurde. Kant liebte den Umgang der verstorbenen Reichsgräfin, die eine sehr geistreiche Frau war. Oft sah ich ihn da so liebenswürdig unterhaltend, daß man nimmer den tief abstrakten Denker in ihm geahnet hätte, der eine solche Revolution in der Philosophie hervorbrachte. Im gesellschaftlichen Gespräch wußte er bisweilen sogar abstrakte Ideen in ein liebliches Gewand zu kleiden, und klar setzte er jede Meinung auseinander, die er behauptete. Anmutsvoller Witz stand ihm zu Gebote, und — bisweilen war sein Gespräch mit leichter Satire gewürzt, die er immer mit der trockensten Miene anspruchslos hervorbrachte." Den gleichen Eindruck hatte Johann Bernoulli, der im Juli 1778 auf der Durchreise nach Petersburg Königsberg berührte und Kant beim Diner im Keyserlingschen Hause kennen lernte. „Dieser berühmte Philosoph ist im Umgang ein so lebhafter und artiger Mann und von so feiner Lebensart, daß man den tiefforschenden Greis (!) nicht so leicht bei ihm vermuten würde; viel Witz aber verraten sogleich seine Augen und seine Gesichtszüge, und die Ähnlichkeit derselben mit d'Alembert war mir sehr auffallend." Nach Kraus „saß Kant an Keyserlings Tisch allemal auf der Ehrenstelle, unmittelbar der Gräfin zur Seite; es müßte denn ein ganz Fremder dagewesen sein, dem man konvenienzmäßig diese Stelle einräumen mußte" [1]. Desgleichen bezeugen die drei erhaltenen Briefe des Grafen an Kant aus den Jahren 1779, 1782 und 1784 sowie Kants Schreiben an ihn vom 8. Mai 1782 den bei aller äußeren Höflichkeit doch freundschaftlichen Charakter ihres Verhältnisses. Wie frei der ostpreußische Edelmann von Standesvorurteilen war, zeigt seine drastische Schilderung der ungebildeten kurischen Junker oder ein Satz wie der: „Die Großen werden meistenteils durch die Erhebung ihrer Scheinverdienste von denen Schmeichlern in wirklichen Übeln eingeschläfert" (vgl. *Briefw. I*, 276—85). Der freundschaftliche Umgang mit dem Grafen dauerte bis zu dessen Tode (1787) fort.

[1]) Über die Gräfin schreibt Kraus (als Hauslehrer bei Keyserling) seinem Freunde von Auerswald: „Über dem Essen schweigt die ganze Gesellschaft, und sie spricht mit mir allein unaufhörlich, und raten Sie wovon? Vom Euler- und Newtonschen Lichtsystem, von der Erde, vom Aberglauben und Unglauben, was von beiden schädlicher sei, und von neuen Entdeckungen und herausgekommenen Büchern . . . Sie hält sich alle französischen Journale und tut nichts als lesen."

Von der noch näheren Freundschaft mit Green haben wir schon gesprochen. Kant hielt auch weiter, bis er sich im Jahre 1787 einen eigenen Haushalt gründete, „für gewöhnlich seine Mittagstafel in einem Hotel, wo mehrere Männer von Stande, besonders angesehene Militärpersonen aßen, die sich auch größtenteils seinetwegen dort einfanden“. Natürlich auch minder vornehme. Er unterhielt sich zwanglos, auch Provinzialismen nicht scheuend, mit allen Teilnehmern, wes Standes sie sein mochten. Er haßte alle Wichtigtuerei, wollte bei Tische auch nicht *in philosophicis* „ausgeholt“ werden, sondern „dem Körper seine Ehre geben“. Deshalb verwarf er auch die Hast und Eile dabei; obwohl nicht gerade Feinschmecker, hielt er doch etwas auf gutes Essen und wohlschmeckenden Wein, verstand auch so viel von der Zubereitung der Speisen, daß Hippel öfters scherzte, Kant werde noch einmal eine „Kritik der Kochkunst“ schreiben (Borowski). Häufig wurde er aber auch zu sogenannten „Mittagsgesellschaften“ (also „Diners“, wie der heutige Deutsche sagt!) eingeladen: so von den Gouverneuren der Provinz Preußen, Graf Henckel von Donnersmarck und General von Brünneck, dem Kanzler und späteren Provinzialminister von Schroetter, dem Herzog von Holstein-Beck, Geh. Rat (von) Hippel, Kriegsrat Scheffner, Bankdirektor Ruffmann u. a.; bei dem Kaufmann Motherby nahm er jeden Sonntag sein Mittagsmahl ein.

Unter den genannten Adligen stand er am nächsten wohl Friedr. Leop. von Schroetter (geb. 1743), den er sogar — eine Ausnahme von seinen späteren Lebensgewohnheiten — auf seinem Gute Wohnsdorf bei Friedland „sehr oft auf mehrere Tage besuchte“. Er befand sich deshalb da besonders wohl, weil er dort ganz leben konnte wie zu Hause *(Jachmann)*. Wohnsdorf war das „Rittergut“, von dem er noch in seinen letzten Lebensjahren gern Wasianski „mit fast poetischer Malerei“, die er sonst in der Regel vermied, erzählte: wie er an einem schönen Sommermorgen in der Gartenlaube an dem hohen Ufer der Alle bei einer Tasse Kaffee und einer Pfeife in angenehmer Unterhaltung in der Gesellschaft des Hausherrn und seines Freundes General von Lossow verweilte. Bekanntlich ist Schroetter später einer der einflußreichsten und tätigsten Reformer in der großen Zeit des inneren Aufbaus Preußens (1807 ff.) gewesen. Die Steinschen Reformgesetze sind fast ganz im ostpreußischen Provinzialministerium ausgearbeitet worden. Von Schroetter stammt u. a. die Schlußredaktion der preußischen Städteordnung von 1808, sowie der nicht zur Durchführung gelangte (Steinsche) Entwurf der Kreis- und Landgemeinde-Ordnung.

Mit seinen studentischen Zuhörern hatte der Philosoph, mindestens gegen Ende dieses Zeitabschnitts, wo ihn sein großes Werk immer mehr beschäftigte, weniger Verkehr als früher, ja „fast gar keine Privatbekanntschaft" (an Herz, 20. Okt. 1778), wenigstens mit denen seiner „öffentlichen" Kollegien (an denselben, 15. Dez. 1778), Ausnahmen, wie den schon öfters erwähnten besonders begabten Kraus, natürlich ausgeschlossen. Dagegen wuchs um diese Zeit, bei seinem zunehmenden Gelehrtenrufe von Jahr zu Jahr

5. der briefliche Verkehr und die persönlichen Beziehungen,

in die er, trotz der nicht bloß von seinen Korrespondenten, sondern auch von ihm selbst öfters beklagten Schreibträgheit, doch mit einer wachsenden Reihe von Gelehrten und sonstigen Schriftstellern geriet.

Von seinen Kollegen scheint er um diese Zeit noch keinem besonders nahe gestanden zu haben. Am ehesten vielleicht dem Physik-Professor C. D. Reusch, der — wie wir uns erinnern — mit ihm zusammen eine besondere Anerkennung vom Ministerium empfangen hatte. Mit ihm korrespondiert Kant mehrfach über physikalische Fragen, wie die Anlage eines Blitzableiters oder das Fahrenheidsche Thermometer. Von Hamann soll gleich noch die Rede sein.

Der Briefverkehr ging natürlich vorzugsweise nach außen. Kant ward jetzt immer häufiger von Zeitschriften und Verlegern als Autor gesucht. Breitkopf, Engel und die Männer des Philanthropins haben wir schon erwähnt. Aber auch Wieland bat ihn nicht bloß um — Abonnentensammlung für seinen *Teutschen Merkur* (25. Dez. 1772) und dankte ihm dann aufs lebhafteste für sein

Interesse, sondern ersuchte ihn auch aufs dringendste um eigene Beiträge. Wenn er auch „jede Produktion des Genius an sich für ebenso unbezahlbar halte als ein Gemälde von Rafael“, so wolle er ihn doch „besser als irgendein *Sosius* (= Buchhändler) in der Welt honorieren“ (1. Febr. 1773); Kant ist gleichwohl erst fünfzehn Jahre später Wielands Wunsche nachgekommen. — Der bekannte Hauptwortführer der Aufklärung Fr. Nicolai, später sein Gegner, setzte das (übrigens nach Kants Urteil schlecht getroffene) Porträt des Philosophen vor den 20. Band seiner *Allgemeinen Deutschen Bibliothek:* eine Ehre, die den bescheidenen Mann „ein wenig beunruhigte“, weil er „allen Schein erschlichener Lobsprüche und Zudringlichkeit, um Aufsehen zu machen, sehr meide“ (Kant an Herz, *Briefw.* I, 139). — Boie und Dohm in Göttingen wünschten seine Mitarbeiterschaft für ihr *Deutsches Museum* (12. Sept. 1775). — Der als gefühlsvoller Lyriker bekannte Johann Georg Jacobi bittet ihn, in Erinnerung daran, „daß die griechischen Weisen dann und wann die Damen ihrer Zeit besuchten“, um eine Ankündigung seines „Frauenzimmer-Journals“ *Iris.* In der Tat scheint „das Mädchen *Iris*“, das versprach, „nicht immer unter Blumen zu spielen, sondern jene tiefere Weisheit zu den Begriffen ihrer Gefährtinnen herabzubringen“ (Jacobi an Kant, 27. Februar 1774) und u. a. auch einen Goethe zur Mitarbeit vermochte, bei dem Philosophen auch Glück gehabt zu haben. Jedenfalls hat Kant, der überhaupt ein starker Leser war und es durch Kanters Buchladen (S. 58) so bequem hatte, sicherlich auch schöne Literatur gelesen. Daß er z. B. höchstwahrscheinlich auch Goethes Werther gekannt hat, ergibt sich aus einem Briefe Hamanns an ihn vom 18. Februar 1775, in dem davon die Rede ist, daß Nicolais Gegenschrift gegen „Goethes lieben *Werther*“ noch bei Kant lagere.

Mit Hamann selbst dauerte der Verkehr in der bisherigen, sporadischen Weise fort, wie wir aus dessen Briefwechsel mit seinen Freunden entnehmen können. Am 6. April 1774 schreibt Kant an Hamann: „. . . (ich) bitte mir Ihre Meinung in einigen Zeilen aus; aber womöglich in der Sprache der Menschen. Denn ich armer Erdensohn bin zu der Göttersprache der anschauenden

Vernunft gar nicht organisiert. Was man mir aus den gemeinen Begriffen nach logischer Regel vorbuchstabieren kann, das erreiche ich noch wohl." Am 17. April 1779 teilt Hamann Herder mit, er habe Kant besucht, der demnächst sein 56. oder 57. Lebensjahr antrete und ihn „voller Lebens- und Todesgedanken gefunden". Am 6. Mai d. J. erwähnt er demselben Freunde gegenüber ein auffallendes Urteil des Philosophen über Lessings Nathan. Während er (Hamann) sich an den erhaltenen 10 ersten Bogen „geweidet" habe, beurteile Kant sie „bloß als den 2. Teil der *Juden*" und könne „keinen Helden aus diesem Volke leiden. So göttlich streng ist unsere Philosophie in ihren Vorurteilen, bei aller ihrer Toleranz und Unparteilichkeit". Hamann war es auch, der dem Verleger Hartknoch den Verlag der Kritik der reinen Vernunft vermittelte, während Kant ihm den Gefallen erwies, das Manuskript seiner (Hamanns) Übersetzung von Humes Dialogen über natürliche Religion durchzusehen.

Auch ein von dem Philosophen so grundverschiedener Mann wie Lavater knüpfte in diesen Jahren einen Briefwechsel mit ihm an. Er nennt ihn gleich in seinem ersten Briefe (vom 8. Februar 1774) „meinen Lieblingsschriftsteller", den er „Jahre lang schon innigst hochschätze". Wie so viele andere, wundert auch er sich über Kants literarische Schweigsamkeit: „Sind Sie dann der Welt gestorben? warum schreiben so viel, die nicht schreiben können — und Sie nicht, die's so vortrefflich können? warum schweigen Sie — bei dieser, dieser neuen Zeit, — geben keinen Ton von sich? . . . Sagen Sie mir, daß Sie reden wollen." Er bittet ihn um „einige Lichtgedanken in mein Menschengedicht — was Sie wollen, ohne Ordnung und Zusammenhang — nur Zeilen — damit ich bald was empfange". Der Philosoph muß dann in der Tat schon bald den aufgeregten Briefschreiber durch einige freundliche Zeilen und eine kurze Mitteilung über sein geplantes Werk beruhigt haben. Denn am 8. April schreibt Lavater schon wieder: „Auf Ihre Critik der reinen Vernunft bin ich u. viele meines Vaterlands sehr begierig", und versteigt sich dann zu der uns Heutige sehr überraschenden Liebeserklärung: „Ohne Schmeicheley — Seit vielen Jahren sind Sie mein liebster Schriftsteller, mit dem ich am meisten sympathisiere besonders in der Metaphysick und überhaupt in der Manier und Methode zu denken!“ Wie sehr mag später der fromme Schweizer durch Kants Werk enttäuscht worden sein, er, der einen ganz anderen, von ihm in demselben Briefe ausführlich entwickelten Inhalt erwartete! Etwas ernüchtert wurde er wohl schon durch das von Kant erbetene Urteil über seine Abhandlung *Vom Glauben und Gebete*, das der Philosoph ihm — freilich erst nach einem Jahre — in zwei längeren Briefen zugehen ließ, die im wesentlichen schon den Standpunkt der *Religion innerhalb der Grenzen der bloßen Vernunft* vertreten. Wenigstens blickt dies in dem letzten Briefe Lavaters vom 6. März 1776 durch, mit dem dann der Briefwechsel zwischen den beiden geistigen Antipoden eingeschlafen zu sein scheint.

Näher als so schwärmerisch veranlagten Naturen wie Hamann und Lavater fühlte sich der verstandesklare Philosoph von vornherein verwandt den ihm auch im Alter näher stehenden Vertretern der Wissenschaft bezw. der Aufklärung wie Lambert (geb. 1728) und Mendelssohn (geb. 1729), mit denen die schon in den 60er Jahren angeknüpften Beziehungen (s. Kap. III) fortgesetzt wurden.

Namentlich der Briefwechsel mit ersterem ist von philosophischer Bedeutung und wurde in dieser auch schon von den Zeitgenossen erkannt, indem Bernoulli nach Lamberts frühem Tode (1777) ihn herauszugeben beabsichtigte und sich dafür Kants Unterstützung erbat. Uns interessieren auch hier, unserem biographischen Zwecke gemäß, nur die allgemeineren und persönlichen Beziehungen. In seinem leider nur einzigen, acht Druckseiten füllenden Briefe vom 13. Oktober 1770 spricht Lambert seine Befriedigung darüber aus, daß man doch wieder von der schönen Literatur zu den „gründlicheren“ Wissenschaften zurückzukehren beginne. Er plant eine Vereinigung einer kleinen Zahl „ausgesuchter“, aber auch in Physik und Mathematik bewanderter Philosophen, „weil meines Erachtens ein *purus putus metaphysicus* so beschaffen ist, als wenn es ihm an einem Sinn, wie den Blinden am Sehen, fehlt“. Diese sollten dann die von ihnen zu schreibenden Abhandlungen oder philosophischen Briefe unter sich zirkulieren und, bei Stimmenmehrheit gegebenenfalls drucken lassen, ähnlich wie es früher bei den Leipziger *Acta Eruditorum* oder den sogenannten „Bremer Beiträgen“ gewesen. Eine Erwiderung Kants ist leider nicht erhalten, auch wohl nicht gegeben worden; dagegen läßt er Lambert und Mendelssohn durch Herz, in einem langen Briefe vom 7. Juni 1771, um Entschuldigung bitten: er habe ihnen gerade darum auf ihre Einwürfe noch nicht geantwortet, weil er sie erst gründlich durchdenken wolle. Dazu komme als ein zweiter Hinderungsgrund seine angegriffene Gesundheit, die ihn zwinge, „alle Anstrengungen eine Zeitlang auszusetzen und nur immer die Augenblicke der guten Laune zu nutzen, die übrige Zeit aber der Gemächlichkeit und kleinen Ergötzlichkeiten zu widmen“. — Lamberts vorzeitigen Tod bedauerte er sehr, da er gerade von dessen „hellem und erfindungsreichem“, unmetaphysischem und deshalb vorurteilsfreierem Geiste eine tiefere Würdigung, Kritik und Ergänzung seiner eigenen Vernunftkritik erwartet hatte (Kant an Bernoulli, 16. Nov. 1781).

Mendelssohn redet ihm schon 1770 zu, „zum Besten der Metaphysik“ doch ja nicht mehr so lange mit der Herausgabe seines Werkes zu warten, da er doch — und nun kommt das gleiche, uns unerwartete Lob wie bei Lavater — „vorzüglich das Talent besitze, für viele Leser zu schreiben“. Die freimütigen Einwendungen gegen seine Dissertation werde ihm Kant als „selbstdenkender Kopf“ nicht übelnehmen. „Wer selbst erfahren hat, wie schwer es ist, die Wahrheit zu finden . . ., der ist allezeit geneigter, gegen diejenigen toleranter zu sein, die anders denken als er“ (Mendelssohn an Kant, 25. Dez. 1770). Als Mendelssohn am 20. August 1777 Königsberg wieder verlassen hatte, schrieb Kant am selben Tage an Herz: „Einen solchen Mann, von so sanfter Gemütsart, guter Laune und hellem Kopfe in Königsberg zum beständigen und innig lichen Umgange zu haben, würde diejenige Nahrung der Seele sein, deren ich hier so gänzlich entbehren muß, und die ich besonders mit der Zunahme der Jahre vornehmlich vermisse.“ Denn an die des Körpers denke er „nur zuletzt und ohne Sorge und Bekümmernis“, und mit seinem „Anteil an den Glücksgütern“ sei er „völlig zufrieden“. Leider habe er

Mendelssohn aus Sorge, ihn in seinen dortigen Geschäften zu hindern, nicht genug genossen.

Auch der bekannte moralisierende Ästhetiker Sulzer (1710—79) ist nach der Lektüre der ihm von Kant übersandten Inaugural-Dissertation überzeugt, daß dieser „der Philosophie einen neuen Schwung geben" wird, und beglückwünscht ihn zu der „ruhmvollen Laufbahn, die Sie sich eröffnet haben" (Sulzer an Kant, 7. Dez. 1770). Von den nahen Beziehungen zu Minister von Zedlitz haben wir bereits gehört.

Neu hinzu kamen in unserem Zeitraum diejenigen zu dem nun schon oft erwähnten Markus Herz. Dieser war 1749 geboren und als Handlungslehrling nach Königsberg gekommen, war hier aus innerem Drange zum Studium der Medizin und Philosophie übergegangen und wurde bald ein Lieblingsschüler Kants, der ihn, wie wir sahen, mit dem Ehrenamte eines „Respondenten" bei seiner Disputation (1770) betraute. Bald nachher ließ er sich in seiner Vaterstadt Berlin als Arzt nieder. Wie er dort seit 1778 Kants Lehre mit Erfolg verbreitete, haben wir ebenfalls bereits vernommen. Um auch einmal eine gegnerische Stimme zu zitieren, drückt es der antisemitisch und antiaufklärerisch gesinnte Hamann so aus: „Die philosophische Schulfüchserei geht zu Berlin so weit als möglich. Dr. Herz, Kants beschnittener Zuhörer, hat eine philosophische Bude aufgeschlagen, die täglich zunehmen soll, und worunter der Mäcen der Witwen und Waisen (Acad. und Schulen) unseres Landes auch gehört" (Hamann an Herder, 21. Febr. 1779.) Herz vermittelte dem Philosophen auch die briefliche Bekanntschaft mit dem literarischen Vorkämpfer der Aufklärung in Berlin, Dr. Johann Erich Biester (1749—1816), dem einflußreichen Sekretär des Ministers von Zedlitz, seit 1783 mit Gedike, später allein Herausgeber der *Berlinischen Monatsschrift*, seit 1784 Vorsteher der Kgl. Bibliothek, der zu Kant „mit der innigsten Verehrung des Herzens" emporsah (Herz an Kant, 4. Febr. 1779, Biester an Kant, 11. April 1779). Durch ihn hatte der Philosoph auch in persönlichen Fragen, wie Ernennung von Professoren u. ä., starken Einfluß, der bis nach der Mitte der 80er Jahre dauerte (vgl. z. B. *Briefw.* I S. 394).

Herz wird von Mendelssohn charakterisiert als ein Mann von „hellem Verstand, weichem Herz, gemäßigter Einbildungskraft und einer gewissen Subtiligkeit des Geistes, die der Nation natürlich zu sein scheint“ (Mendelssohn an Kant, 25. Dez. 1770). Er, der Kant alles dankte, der, wie er bekennt, durch ihn aus einem „Nichts“ binnen vier Jahren erst zu einem Menschen geworden war — auch in den ersten Briefen an Kant zeigen sich noch Reste seines früheren Mangels an geordnetem Unterricht in gelegentlichen Verstößen gegen Rechtschreibung und Grammatik — blieb auch als Gemahl der bewunderten Henriette, voll Verehrung für den bewunderten Meister, dessen Bild über seinem Studiertisch hing. Und Kant erwiderte dies Vertrauen. Die zwischen beiden gewechselten Briefe aus den 70er Jahren — sie sind zahlreicher und wichtiger als alle anderen aus dieser Zeit — handeln nicht bloß von Aufträgen und Grüßen an Berliner Gelehrte, nicht bloß von ärztlichen Ratschlägen des Jüngers an den Meister, sondern auch von den wichtigsten philosophischen Problemen. In seinem Brief vom 21. Februar 1772 z. B. gibt Kant eine ganze Entwicklungsgeschichte seiner philosophischen Gedanken seit Herzens Weggang von Königsberg; jeder, der die Entstehungsgeschichte der Kritik der reinen Vernunft schreiben will, muß diesen Briefwechsel berücksichtigen. Ihm vertraut der Philosoph seinen „halsstarrigen“ Vorsatz an, „sich durch keinen Autorkitzel verleiten zu lassen“, auf einem leichteren und beliebteren Gebiet Ruhm zu suchen, ehe er mit seinem Werk im reinen sei: mit dem er hoffe, „der Philosophie auf eine dauerhafte Art eine andere und vor Religion und Sitte weit vorteilhaftere Wendung zu geben“, zugleich aber auch eine Gestalt, die den „spröden Mathematiker“ befriedige“ (Ende 1773). Während er von allen Seiten Vorwürfe über seine schriftstellerische Untätigkeit erhalte, schreibt er ein andermal (24. Nov. 1776), sei er in Wirklichkeit „niemals systematischer und anhaltender“ beschäftigt gewesen als seit Herzens Fortgang. Trotz alledem blieb unser Philosoph bescheiden. Als Herz ihn einmal in einer Schrift lobend mit Lessing verglichen hatte, meinte er eines solchen Lobspruches „noch“ nicht würdig zu sein und schon „den Spötter zur Seite, zu sehen, mir solche

Ansprüche beizumessen und daraus Gelegenheit zum boshaften Tadel zu ziehen". Wie wenig man freilich selbst in gelehrten Kreisen Kants wahre Größe ahnte, geht aus einer Erzählung von Kants Anhänger Kraus über Göttingen hervor. Als dieser sich dort einst in der Gesellschaft mehrerer Professoren, darunter auch des Philosophen Feder, befand und das Gespräch auf die Philosophie der Gegenwart kam, erwähnte Kraus, das Kant „in seinem Pulte ein Werk liegen habe, welches den Philosophen gewiß noch einmal großen Angstschweiß kosten werde". Da lachten die Herren und meinten: „Von einem Dilettanten (!) in der Philosophie sei so etwas schwerlich zu erwarten" [1]).

Unterdessen ging das Werk des „Dilettanten" endlich seiner Veröffentlichung entgegen. Nachdem im Sommer des Jahres 1780 die Niederschrift erfolgt war, begannen im Herbst die rasch zu Ende geführten Verhandlungen mit Verleger (Hartknoch in Riga) und Drucker (Spener in Berlin). Auf Kants Honorarvorschlag: 4 Taler pro Druckbogen, ging der erstere sofort ein (Hartknoch an Kant, 15. Okt. 1780). Da das Werk 55 Bogen stark wurde, hat Kant für die erste Auflage seines Hauptwerks, das ihn mehr als ein Jahrzehnt schwerster Geistesarbeit gekostet, und das die ganze philosophische Welt revolutionieren sollte, die nicht allzu hohe Summe von 220 Reichstalern bezogen; dazu 10—12 Freiexemplare, von denen das erste, „auf feinem Papier" gedruckt und „in einem zierlichen Bande" gebunden, als Dedikationsexemplar an den Minister von Zedlitz, die nächsten an Markus Herz, Mendelssohn und einen Dr. Sell (als Gegengabe für dessen *Philosophische Gespräche*) gehen sollten.

Damit treten wir in eine neue Periode von Kants geistiger Wirksamkeit ein.

[1]) Voigt, Leben des Prof. Kraus. 1879 S. 87.

Fünftes Kapitel.

Kant auf der Höhe seiner geistigen Tätigkeit.

1781—1790.

1. *Übersicht über die Schriften dieser Zeit.*

Das Jahrzehnt 1781—90 ist das Jahrzehnt der drei Kritiken: im Jahre 1781 erschien die Kritik der reinen, 1788 die Kritik der praktischen Vernunft, 1790 die der Urteilskraft. Dazu die kürzeren Einleitungsschriften zur Erkenntniskritik, Ethik und Naturphilosophie: die Prolegomena (1783), die Grundlegung (1785) und die Metaphysischen Anfangsgründe der Naturwissenschaft (1786). Was sie bedeuten, erzählt jede Geschichte der Philosophie, über ihre Entstehungsgeschichte, Tendenz und unmittelbare Nachwirkungen unterrichten die Einleitungen ihrer Ausgaben in der *Philosophischen Bibliothek.*

Außer diesen sechs grundlegenden Schriften hat Kant jedoch in diesem fruchtbaren Jahrzehnt noch eine ganze Reihe geistvoller Aufsätze in verschiedenen Zeitschriften veröffentlicht. Die meisten in dem Organ seines Freundes und Gesinnungsgenossen Biester in Berlin, der *Berlinischen Monatsschrift,* so: 1. die *Idee zu einer allgemeinen Geschichte in weltbürgerlicher Absicht* (November 1784), die die Grundlinien seiner Geschichtsphilosophie zieht und eine Fortsetzung findet in: 2. *Mutmaßlicher Anfang der Menschengeschichte* (Januar 1786); 3. *Beantwortung der Frage: Was ist Aufklärung?* (Dezember 1784), die dem nach ihr benannten Zeitalter gewissermaßen nachträglich das Programm gemacht hat; 4. *Was heißt: Sich im Denken orientieren?* (Oktober 1786), welche Stellung zu dem damals die philosophische Welt bewegenden Jacobi-Mendelssohnschen Streite nimmt. — In der von seinen Anhängern in Jena (Prof. Schütz u. a.) gegründeten

Jenaischen Allgemeinen Literaturzeitung stehen: 5. zwei Rezensionen des ersten bezw. zweiten Teiles von Herders *Ideen* (1785). In Wielands *Teutschem Merkur:* 6. *Über den Gebrauch teleologischer Prinzipien in der Philosophie* (Januar und Februar 1788).

Überblicken wir die beiden bisher genannten Schriftengruppen (6 + 6 = 12 Schriften), so finden wir einen gewissen inneren Zusammenhang der schriftstellerischen Arbeit unseres Philosophen. Auf das Erscheinen des kritischen Hauptwerks (1781) folgt zunächst eine zweijährige Periode des Ausruhens von der gewaltigen Geistesarbeit, der er ein volles Jahrzehnt seines Lebens gewidmet hatte. Die darauf zuerst folgenden Prolegomena sind gewissermaßen eine Nacharbeit, rückschauende Erläuterungen und zugleich eine Einführung zum besseren Verständnis der Kritik der reinen Vernunft. Dann aber wendet sich Kant vor allem der ihm von jeher am Herzen liegenden, aber durch die theoretische Gedankenarbeit der letzten Jahrzehnte bisher zurückgedrängten Bearbeitung der ethischen Probleme zu. Fast gleichzeitig mit seiner Einleitung zur Ethik (der *Grundlegung*) entstehen die geschichtsphilosophischen Aufsätze 1. bis 3. und 5. Der sechste endlich bildet schon ein Vorspiel zur Kritik der teleologischen Urteilskraft.

Neben diese wichtigeren Schriften der ersten und zweiten Gattung treten schließlich eine Reihe kleiner Gelegenheitsschriften aus verschiedenartigen Gebieten. Sei es, daß er zu seiner alten Liebe, der physischen Geographie, zurückkehrt, wie in: *Die Vulcane im Monde* (Berl. Monatsschr., März 1785) und *Über die Bestimmung des Begriffs einer Menschenrasse* (ebd. Nov. 1785), oder *Von der Unrechtmäßigkeit des Büchernachdrucks* handelt (ebd. Mai 1785); oder daß er, was ihm eigentlich nicht besonders lag, an bestimmte literarische Erscheinungen anknüpft, also eine Art Rezensionen schreibt, wie: 1. *Über Schulz'* (Predigers zu Gielsdorf) *Versuch einer Anleitung zur Sittenlehre für alle Menschen ohne Unterschied der Religion* („Raisonnierendes Bücherverzeichnis", Königsberg 1783); 2. *Über Hufelands Grundsatz des Naturrechts* (Jen. Allg. Lit., 1786); 3. *Einige Bemerkungen zu Jakobs Prüfung der Mendelssohnschen*

„*Morgenstunden*“ (in der Vorrede zu dieser Schrift, 1786). Dazu kommt noch 4. ein *Kurzgefaßtes Avertissement* über Lamberts Briefwechsel, daß er Anfang 1782 in eine Königsberger Zeitung einrücken ließ (Kant an Bernoulli, 22. Februar 1782). Auch verfaßte er aus Gefälligkeit für seine Freunde wohl kleine Aufsätze, die diese dann entweder in ihre eigenen Schriften aufnahmen, wie Jakob den soeben unter 3. genannten, und Borowski einen solchen 5. *Über Schwärmerei und die Mittel dagegen* in seine Schrift über Cagliostro (1790); oder zur Ausarbeitung längerer eigener Rezensionen benutzten, wie Kraus eine Ausarbeitung Kants 6. über des Jenaer Professors Ulrich *Eleutheriologie* (1788), endlich Joh. Schultz 7. eine Beurteilung von Kästners Kritik der Kantischen Raumlehre 1790).

Ehe wir die Wirkung seiner Schriften betrachten, folgen wir ihm, wie gewohnt, zunächst zu seinen Vorlesungen und (diesmal auch) akademischen Ämtern, danach in sein Privatleben.

2. Vorlesungen. Zuhörer. Akademische Ämter.

a) *Vorlesungen.*

Kants Vorlesungen blieben auch in diesem Zeitraum im ganzen und großen dieselben wie in den 70er Jahren. Nur kam Natürliche Theologie hinzu, die ihm wohl durch seine stärkere Beschäftigung mit ethischen Problemen sowie durch das Interesse seiner zahlreichen theologischen Zuhörer nahegelegt wurde. Im Winter 1783/84 las er sie nach Hamann „mit erstaunlichem Zulauf“. In einem anderen Semester, so erzählt Jachmann, der seit 1783 selbst sein Zuhörer war und deshalb für die folgende Zeit eine besonders zuverlässige Quelle ist, „fanden sich nur so wenige Zuhörer für diese Vorlesung, daß er sie schon aufgeben wollte; als er aber erfuhr, daß die versammelten Zuhörer fast alle Theologen wären, so las er sie doch gegen ein geringes Honorar“. Denn „er hegte die Hoffnung, daß gerade aus diesem Collegio, in welchem er so lichtvoll und überzeugend sprach, sich das helle Licht vernünftiger Religionsüberzeugungen über sein ganzes Vaterland verbreiten würde“. Viele Apostel seien denn auch von da ausgegangen, um das „Evangelium vom Reiche der Vernunft“ zu lehren. Freilich entging er ebendarum schon damals dem Rufe nicht, durch seine Lehre Freigeisterei zu verbreiten, besonders als sich im Spätsommer 1785 eine Anzahl (etwa 50) von früheren und jetzigen theologischen Zuhörern, die sich Kantianer nannten, zusammentaten und öffentlich behaupteten, „daß keine Sittenlehre noch gesunde Vernunft noch öffentliche Glückseligkeit mit dem Christentum bestehen könne“: sodaß sogar das Königsberger Konsistorium dagegen einzuschreiten sich bemüßigt fühlte. Indes ist doch selbst Hamann, der in Briefen (vom 18. August und 4. Oktober 1785) seinen Freunden Herder und G. E. Lindner davon berichtet, gerecht genug, die Schuld nicht direkt auf Kants Vorlesung zu schieben, obwohl er ihm auch nicht recht traut; denn ein andermal erklärt er es für pure „Maske“, wenn Kant in dieser Vorlesung „der Offenbarung einen Haufen Douceurs sage“ (Hamann an Jacobi, 15. März 1786). Übrigens hatten die „Domnauer“ Schwarmgeister — der Rädelsführer stammte aus Domnau, dem ostpreußischen Schilda — nach sechs Wochen „ausgeschwärmt“.

Von den verschiedenen Kompendien machte sich Kant immer unabhängiger, wie sich durch Vergleich erhaltener Nachschriften nachweisen läßt [1]). Er gab z. B. völlig neue Einleitungen, schaltete ganze Abschnitte aus, oder streifte sie nur mit wenigen Worten, und schob neue dafür ein, führte den betr. Autor oft nur an, um darzulegen: „Was der Autor sagt, ist falsch“ usw. Seine einmal gefaßte Absicht, seines Anhängers und Kollegen Joh. Schultz' *Erläuterungen zur Kritik der reinen Vernunft* als Kompendium zu benutzen, führte er nachher nicht aus.

Sein Vortrag war ganz frei; oft brachte er nur ein Blättchen mit, auf dem er seine Gedanken in abgekürzter Schrift aufgezeichnet hatte. Er philosophierte selbst mit seinen Zuhörern und drang erst allmählich zum völligen Abschluß des nunmehr von allen Seiten beleuchteten Begriffes vor; wer seine ersten, vorläufigen

---

[1]) Vgl. *E. Arnoldt, Kritische Exkurse*, S. 291—299.

Erklärungen gleich für die erschöpfenden nahm, der „sammelte bloß halbe Wahrheiten ein“. Merkte er, daß ihn sein Geist zu weit vom Gegenstande abgeführt hatte, kehrte er mit einem: „*In summa*, meine Herren!“ rasch zum Thema zurück. Wie jeder verständige Lehrer, bemühte auch er sich, für das Mittelgut zu lesen: „Ich lese nicht für die Genies, denn sie brechen sich nach ihrer Natur selbst die Bahn; nicht für die Dummen, denn sie sind nicht der Mühe wert; aber für die, welche in der Mitte stehen und für ihren künftigen Beruf gebildet sein wollen“, so hörte ihn der spätere berühmte Rechtslehrer Thibaut um 1793 öfters sagen. Indes war doch sein Vortrag, wie wir es schon aus seiner Magisterzeit wissen, wenigstens in den rein theoretischen Kollegs der Metaphysik und Logik, für die Anfänger nicht leicht; er forderte daher diese wohl auch auf, sich durch die Vorlesungen seines jüngeren Kollegen Pörschke erst darauf vorzubereiten. Dieser las im Sommer 1788 zum erstenmal über Kants Kritik der reinen Vernunft; das Kolleg muß Anklang gefunden haben, denn er kündigte die Fortsetzung seiner Interpretation für den folgenden Winter an. In seinen Vorlesungen über Moral wirkte unser Denker nicht bloß auf den Verstand, sondern auch auf Herz und Gemüt seiner Zuhörer. „Wie oft rührte er uns bis zu Tränen, wie oft erschütterte er gewaltsam unser Herz, wie oft erhob er unseren Geist und unser Gefühl aus den Fesseln des selbstsüchtigen Eudämonismus zu dem hohen Selbstbewußtsein der reinen Willensfreiheit ...“, so schreibt Jachmann noch nach zwei Jahrzehnten. Wiederum ein anderes Gepräge trugen die uns bekannten Kollegien über Anthropologie und physische Geographie, zu denen sich nicht bloß Studierende, sondern auch Gelehrte und kenntnisreiche Beamte oder „Geschäftsmänner“ einfanden.

Während seines Vortrags saß der Philosoph hinter einem niedrigen Katheder, doch so, daß er darüber hinaus alle Zuhörer sehen konnte. Er faßte gewöhnlich einen in seiner Nähe Sitzenden ins Auge, wobei ihn dann irgendeine Unregelmäßigkeit — nicht bloß der berüchtigte „fehlende Rockknopf“ (s. Kap. III), sondern z. B. auch die damals bei einzelnen aufkommende „geniemäßige“

Tracht, d. h. unbedeckter Hals und Brust, lose über Stirn und Nacken hängendes Haar — leicht störte und zerstreute. Er besaß ein leises Organ, so daß man die größte Stille beobachtete, um ihn zu verstehen, zumal wenn der Hörsaal, wie besonders zu Anfang des Semesters, „die große Zahl seiner Hörer nicht fassen konnte, sondern viele eine Nebenstube und den Hausflur einnehmen mußten“ [1]. Er blieb ein Muster von Gewissenhaftigkeit und Pünktlichkeit. In den neun Jahren, in denen Jachmann ihn hörte, setzte er nie eine Stunde aus oder versäumte er auch nur eine Viertelstunde. Und ähnlich berichtet Kraus, daß er innerhalb von fünf Jahren nur eine einzige Stunde wegen einer Kopfgeschwulst ausgesetzt habe. Er las in dieser Zeit in der Regel seine beiden Fachkollegien an den vier Haupttagen früh von 7—9, das populäre Mittwoch und Samstag von 8—10, dazu ein Repetitorium Samstag von 7—8: also meistens 13 Stunden wöchentlich. Erst vom Sommer 1789 an ließ er ein Fachkolleg weg und beschränkte sich auf 9 Wochenstunden (s. unten).

b) *Verhältnis zu den Zuhörern.*

Die Zahl seiner eingeschriebenen Zuhörer betrug, ähnlich wie im vorigen Jahrzehnt, für die Haupt- oder „öffentlichen“ Kollegien, Logik und Metaphysik, gegen 80—100 und begann erst gegen Ende der 80er Jahre auf geringere Ziffern (70—50) herunterzugehen. Privatkollegia wie Physik und Naturrecht erzielten dagegen durchschnittlich nur 20—30, desgleichen die Examinatorien oder Repetitorien; die letzteren jedoch in einzelnen Semestern auch mehr: 40 bzw. 50 (Sommersemester 1784). Für die Vorlesungen über Anthropologie und physische Geographie betrug die Zahl 36—55.

Wie er von den Studenten „fast vergöttert“ wurde, so interessierte auch er sich für sie, und zwar nicht bloß

---

[1]) Damit stimmt die Mitteilung Hamanns: „Ging schon um 6 Uhr morgens mit meinem Michel aus, der zu Kant eine Stunde früher als er liest, einen Platz sich aussuchen muß, wenigstens die ersten Monate beim Anfang eines Semesters, so gewaltig ist sein Zulauf“ (Hamann an F. H. Jacobi am 4. Mai 1786).

für ihre Studien, sondern auch für ihr sonstiges Wohlergehen. Er war stets dafür, daß man ihnen die akademische Freiheit nicht beschneide, die natürlich nicht in Zügellosigkeit ausarten dürfe; er verglich sie wohl mit Bäumen, die auch im Freien besser wachsen und reichere Früchte tragen, als wenn sie künstlich gezogen werden. Er hatte seine Freude an freimütigem und doch taktvollem Auftreten derselben und mißbilligte es, daß einige studierende Kaufmannssöhne in ihrem Äußeren den Studenten verleugneten und sich wie „Kaufdiener" kleideten. Er interessierte sich u. a. auch für die Einrichtung ihrer festlichen Aufzüge, z. B. bei der Huldigung an den neuen König 1786 (s. S. 130); ja er ließ sogar — vielleicht als damaliger Rektor — einen der „Adjutanten" zu sich kommen, um sich seine Uniform genauer anzusehen. Seinen Vorsatz, auch die damals eingerichteten akademischen Konzerte und Bälle zu besuchen, scheint er dagegen nicht ausgeführt zu haben. Ärmeren, die er für fähig hielt, suchte er durch Verschaffung von Stipendien, Freistellen im Alumnat, Hauslehrerposten zu helfen, erließ ihnen wohl auch das Honorar. Bei den übrigen hielt er, im Gegensatz zu seinem in dieser Beziehung allzu nachsichtigen Kollegen Kraus, auf ordentliche Zahlung. Sonst würden die Studiosi „verschwenderisch und gewissenlos; wenn sie den Lehrer versäumen und betrügen, so lernen sie auch andere Menschen betrügen . . . Umsonst opfert niemand in der Welt seine Kräfte auf" (Voigt, a. a. O. S. 457). Noch haben sich in seinem Nachlaß Verzeichnisse seiner Zuhörer aus einzelnen Kollegien mit Zahlungsvermerken von seiner Hand, wie: *ddt* (= dedit, d. h. „bezahlt"), aber auch: „will auf Weyhnacht bezahlen" oder „restiert ein Rl." u. ä., erhalten.

Natürlich traten ihm, bei der stark vermehrten Zahl seiner Zuhörer einer-, seinem zunehmenden Alter und seiner starken Inanspruchnahme anderseits, nur einzelne näher. So die beiden Gebrüder Jachmann, Johann Benjamin der Mediziner (vgl. S. 153) und Reinhold Bernhard, erst Jurist, dann Theologe, sein späterer Biograph, die beide [1])

[1]) Wer von ihnen ein mehrjähriger Famulus war, ist unsicher. Vgl. darüber *K. Vorländer, Die ältesten Kantbiographien*, Berlin 1918.

bis zu seinem Tode in nahem Verhältnis zu ihm blieben. Die Studenten kamen damals, da sie ja keine schwere „Abiturientenprüfung“ zu bestehen hatten, zum Teil noch sehr jung zur Hochschule, wie wir schon von Borowski gehört haben. Ähnlich wie dieser war auch Hamanns Sohn, als er im Sommer 1785 Kant zu hören begann, erst $15^1/_2$ Jahr alt, ebenso später der Sohn seines Kollegen Reusch. — Öfters wurde übrigens dem vielbeschäftigten Gelehrten auch von Fernerstehenden etwas viel zugemutet, so z. B. von einem Vater Jäger, anscheinend früherem Zuhörer und jetzigem Pfarrer in Mitau, der seinen Sohn zwar nur zu einem „tüchtigem Bauern-Professor für den Sonntag“ ausgebildet zu sehen wünscht, jedoch an den „hochgeschätzten Gönner und Freund“ Kant das Ansinnen stellt, ihm, „wenn die Sachen etwa nicht gehen, wie sie sollen, eine kleine Anzeige zu machen“ (*Briefw.* I, Nr. 311). Oder, wenn er ein andermal seinen Rat über einen leichtsinnigen Studiosus Schorn abgeben soll, der, anstatt mit einem von seiner „Frau Mutter“ geschickten Taler schön hauszuhalten, auf einen Ball gegangen, sich dort von einem Kommilitonen einen Dukaten dafür geliehen, einen Rausch angetrunken, den Überrest verspielt, seine Uhr versetzt und sich nachher noch in einer „Kutsche“ ein paar Stunden hat herumfahren lassen, ohne dem Fuhrmann die vier schuldigen Gulden bezahlen zu können (ebd. Nr. 206).

Unter denjenigen Zuhörern, die dem Philosophen persönlich näher traten, werden wiederum — wie früher M. Herz, Joël und Leon — mehrere jüdische Studenten erwähnt. So von Hamann als einer der „besten“ ein gewisser Elkana, der zeitweise „von Sinnen kam“, woraufhin Gegner seinen Lehrer beschuldigten, den Fleiß „oder vielmehr die Eitelkeit des unglücklichen jungen Mannes zu sehr genährt zu haben“. Einem anderen, namens Euchel, der sich schon schriftstellerisch bekannt gemacht hatte, suchte Kant vergebens während einer Vakanz des Lehrstuhls für morgenländische Sprachen zu einer Lektorstelle des Hebräischen zu verhelfen. Er mußte ihm selbst als Rektor den ablehnenden Bescheid zugehen lassen, da statutengemäß selbst zu diesem Amte „das eidliche Bekenntnis zur christlichen Religion“ gefordert werde.

Euchels Name steht auch unter denen der 19 Unterzeichner des Festgedichtes zum Antritt seines Rektorats (S. 129), desgl. der des von Hamann als „Lieblingszuhörer“ des Philosophen erwähnten D. S. Theodor, und der in Kants Briefwechsel selbst vorkommenden M. Friedländer und Dr. Goldschmidt.

Aus den Kreisen seiner eifrigsten Zuhörer wurde ihm am 3. März 1784 eine goldene Medaille verehrt, die nach einer anderthalb Jahre zuvor von Collin in Königsberg (den Kant allsonntäglich als Mittagsgast bei seinem Freunde Motherby antraf) hergestellten Tonpaste insgeheim von dem Medailleur Abramson in Berlin verfertigt worden war. Man wollte den verehrten Lehrer auf eine schöne und dauerndere Art als durch das sonst übliche Ständchen ehren. Der junge Graf Keyserling, einer der eifrigsten Schüler Kants, „dem stets ein Platz in der nächsten Nähe desselben aufbewahrt war“, hielt bei der Überreichung die Ansprache[1]). Auf der einen Seite der noch erhaltenen Medaille ist das Porträt des Philosophen mit der Umschrift *Emanuel Kant* angebracht, auf der anderen der schiefe Turm von Pisa mit herabhängendem Senkblei, bewachender Sphinx, der von Mendelssohn vorgeschlagenen Umschrift: *Perscrutatis fundamentis stabilitur veritas* (= Nur durch genaue Erforschung der Grundlagen wird die Wahrheit festgestellt) und dem aus Versehen — schon bei Collin — falsch angegebenen Geburtsjahre 1723 (statt 1724). Auf Kant hatten, wie er an seinen Kollegen Schultz schreibt, „dergleichen auszeichnende und prahlende Äußerungen des Beifalls und der Dankbarkeit eine beunruhigende und demütigende Wirkung“; er hätte seinen „Auditoren“ von einem solchen „Merkmale ihrer Zuneigung“ abgeraten, hätte er früher davon gewußt. Aber man hatte ihn mit der vollendeten Tatsache überrascht, vielleicht weil man eben seine Bescheidenheit kannte. Da nun zufällig unter den dedizierenden Zuhörern mehrere israelitische waren, ein jüdischer Medailleur in Berlin sie verfertigt, ein jüdischer Philosoph ebendort den Denkspruch und das dazu gehörige Sinnbild ersonnen hatte, so verbreitete sich später

[1]) Vgl. den Aufsatz von F. (wahrscheinlich M. Friedländer) in der *N. Berliner Monatsschrift* von 1805, S. 398 ff.

das törichte Gerücht, die „Berliner Judenschaft“ hätte die Medaille auf ihn prägen lassen. Er schenkte das 10 Dukaten schwere Prunkstück einige Zeit vor seinem Tode dem treuen Freunde seiner letzten Jahre, Wasianski.

c) *Kant als Dekan und Rektor.*

Das mit allerlei geringfügigen und lästigen Geschäften verbundene Amt des Dekans oder „Regenten“ (wie er ihn *Streit der Facultäten* S. 54 f. nennt) seiner, der philosophischen Fakultät hat Kant zum erstenmal Sommer 1776, dann, so oft die Reihe an ihn kam, d. h. bis zum Sommersemester 1791 noch fünfmal bekleidet. 1794/95 trat Kraus, 1798 Mangelsdorff für ihn ein, 1801/02 endlich wurde er durch Fakultätsbeschluß seinem Wunsche gemäß damit „gänzlich verschont“. Der philosophische Dekan hatte damals, wie wir schon bei Gelegenheit von Kants eigener Immatrikulation gesehen haben, u. a. auch die lästige Pflicht, ein „Tentamen“ mit sämtlichen Immatrikulanden vor ihrer Zulassung zur Universität anzustellen; und da um jene Zeit die Königsberger Universität in jedem Semester durchschnittlich 100 neue Studierende bekam, (*Schubert*, S. 70), so war dies für unseren mit so viel wichtigeren Dingen beschäftigten Philosophen eine recht unbequeme Last. Kant stand mit Unrecht in dem Rufe, ein besonders strenger Examinator zu sein; es kam dies vielleicht daher, daß er mehr auf „Talent und Gewandtheit des Kopfes“, als auf zusammengepfropfte Kenntnisse sah. So empfand er es mit Humor, daß ein guter alter Rektor seinen mit Crusius' Logik infizierten Abiturienten noch schnell eine andere kantfreundlichere Logik hatte beibringen lassen wollen, damit sie bei ihm beständen. Allerdings ließ er einmal zwei Jünglinge, die die ihnen aufgegebenen Briefe des Plinius nicht hatten „exponieren“ können, durchfallen, allein die Art und Weise, in der sich ihr Fürbitter Wannowski mit der Bitte an Kant wendet, sie noch einmal zu prüfen, läßt doch darauf schließen, daß er auf Gewährung dieser Bitte rechnet (Wannowski an Kant, 31. März 1786).

Im Sommer 1786 stieg endlich der 62jährige zum ersten Male zur höchsten akademischen Würde: dem Rektoramte empor. Nicht ohne Schwierigkeiten formaler

Art, wobei sich der Philosoph als so wenig nach äußerer Ehre geizend erwies, daß ihn sein jüngerer Freund Kraus, der an sich auch nichts auf den offiziellen Krimskrams gab, erst durch seine scharfsinnige Ausführung der „Turnus-Theorie“ von seinem Rechte und der Notwendigkeit, darauf zu halten, überzeugen mußte. Zum Antritt der neuen Würde, der am Tage nach seinem 62. Geburtstag stattfand, wurde ihm, ähnlich wie sechzehn Jahre vorher beim Antritt des Ordinariats, von einer Anzahl besonders ergebener Schüler (s. oben) ein Gedicht überreicht, das ihn — in zehn gutgemeinten vierzeiligen Strophen — verherrlicht als den „Vater, Führer, Freund und Lehrer“, den „auch im Purpur noch ... sich immer gleichen Menschenfreund“,

„Dessen Herz nach Ehre nimmer geizte,
Nie den Trieb zu niederm Stolz empfand,
Der mit seiner Tugendlehre heilig
Einen Wandel ihr gemäß verband.“

Kant war freudig überrascht, als die Gratulanten am Morgen dieses Tages bei ihm erschienen, und unterbrach die kurze Ansprache ihres Redners (Jachmann) mehrmals durch die Versicherung, „daß er ganz außer Fassung wäre“. Der feierliche Universitätsaktus wurde übrigens durch einen merkwürdigen Zwischenfall gestört. Als Kant nach der Abgangsrede seines Vorgängers mit seiner Antrittsrede eben begonnen hatte, drängte sich ein anscheinend geistesgestörter Kandidat der Medizin zwischen der Menge hindurch, pflanzte sich neben dem Redner auf und fing an, eine Ankündigung seiner Vorlesungen, nach anderen eine Abhandlung laut vorzulesen, bis er dann „von einer überlegenen Zahl von Händen von der nicht für ihn bestimmten Stelle bald entfernt wurde“.

In die Zeit von Kants erstem Rektorat fiel auch der Tod Friedrichs des Großen, so daß jener dem Senat am 3. September (1786) das Reskript über die Landestrauer mitzuteilen und die Vereidigung für den Nachfolger vorzubereiten hatte. Ebenso aber, nach dem alten Satze: *Le roi est mort, vive le roi!*, auch die festliche Huldigung, welche die preußischen Stände und Behörden dem neuen König am 19. September darbrachten. Allerdings hatte sich, auf Anfrage von Rektor und Senat, der König alle „geldversplitternden Freudenbezeugungen“ „ernstlich verbeten“, zum Leidwesen der darauf schon erpichten Studentenschaft. Immerhin wurde doch am Tage vorher vormittags 10 Uhr Rektor Kant nebst einigen Abgeordneten des Senats in das königliche Schloß beschieden, um im Namen der Universität Friedrich Wilhelm II. zu huldigen, der hierbei Kants „Bewillkommnungskompliment auf eine Art erwiderte, die dem Philosophen sowohl als ihm selbst Ehre machte“. Auch der den König begleitende leitende Minister von Hertzberg erwies dem berühmten Gelehrten große Aufmerksamkeiten. Für den eigentlichen Huldigungstag wurden dem „gantzen *Corps* der Studenten“ 600 Freibilletts zum Eintritt auf den Schloßplatz zu Händen Kants zur Verfügung gestellt, während „aller Pöbel durch starke Wachen von dem Schloßplatz abgehalten werden soll“. Am 21. September fand dann noch ein weiterer, kirchlicher Huldigungsakt statt, von dem sich der Philosoph jedoch — drückte. Denn an diesem Tage sandte er schon „präzise 7 Uhr Morgens“ seinen alten Lampe mit drei ihm soeben vom Ministerium zugegangenen Eintrittskarten in die Schloßkirche zu seinem Amtsvorgänger Holtzhauer und bat diesen, dem „pressanten“ Befehle, sich dort einzufinden, mit einem oder zwei Senatsmitgliedern baldigst nachzukommen. Er selbst sei unpäßlich und könne nicht mit. Jedenfalls kam diese „Unpäßlichkeit“ ihm zu paß; denn auch sonst pflegte der Philosoph, der bekanntlich überhaupt den öffentlichen Gottesdienst mied, „wenn nach beendigtem Akt des Rektoratsantritts der neue Rektor und die Professoren, nach Fakultäten geordnet, sich in die Domkirche begaben, wenn er nicht selbst Rektor geworden war, an der Kirchtüre vorbeizuschreiten“ (*Reusch, Kant und seine Tischgenossen*, S. 5).

Schon am 25. September hatte Kant als Rektor wiederum die Pflicht, die Königsgeburtstagsfeier im großen Hörsal der Universität mit einer Begrüßungsansprache einzuleiten und mit einem dankenden Schlußwort zu beenden; desgleichen zwei Jahre später (1788), gegen Ende seines zweiten Rektorats. Die eigentliche Festrede hatte in beiden Fällen der Professor der Poesie und „Eloquenz" Mangelsdorff zu halten, der auch zum Beschluß ein auf „den großen Gegenstand" bezügliches Gedicht austeilen ließ. Unserem Philosophen scheinen diese offiziellen Ansprachen recht sauer geworden zu sein; das sieht man an dem vielfachen Durchstreichen, Wiedererneuerung des Durchstrichenen usw. in einem zufällig erhaltenen Entwurf, den Johannes Reicke zum erstenmal veröffentlicht hat[1]). Damit der Leser auch diese Seite von Kants Schriftstellerei kennen lernt, setzen wir den Entwurf der Begrüßung (der erschienenen Mitglieder des Provinzial-Ministeriums) hierher: „Der Tag, welcher der Welt unseren allerteuresten König gab, ist für unsere Universität, ist für jeden Stand seiner treuen Untertanen, ist selbst für ganz Europa, sofern es" — hier kommt nun doch der idealistische Philosoph — „einen auf Gerechtigkeit und Menschlichkeit gegründeten und durch Macht gesicherten Frieden liebt, mit Recht ein festlicher Tag. Unsere höchstverpflichtete Universität wird heute durch ihren Redner ihre ehrfurchtsvolle und dankbare Gesinnungen gegen ihren allergnädigsten Monarchen bezeigen. Ew. Exzellenzen geruhen in die Glückwünsche dieses Tages mit froher Teilnehmung einzustimmen und dieser Feierlichkeit durch ihre hohe Gegenwart Glanz zu geben." Also wenigstens so kurz als möglich!

Das ebenfalls im Entwurf erhaltene Schlußwort läßt vermuten, daß beide Ansprachen während seines zweiten Rektorats, also am 25. September 1788, gehalten worden sind; denn es findet sich darin eine Anspielung auf eine „Wohltat", mit der Se. Majestät „neuerlich unserer dem Verfall nahen Verfassung wieder aufzuhelfen geruht haben". Damit gemeint ist augenscheinlich der von dem neuen König am 22. Oktober 1787 bewilligte Zuschuß von 2000 Talern zur Verbesserung der Professorengehälter. — Endlich hat sich auch der Entwurf einer ausführlichen lateinischen Rede: *De Medicina corporis quae Philosophorum est*, also über die philosophische Behandlung des Körpers,

[1]) *Altpreuß. Monatsschr.* XVIII, 297. Vgl. über die von Kant gehaltenen öffentlichen Reden überhaupt ebd. S. 293—301, 308f. Der Entwurf zu der weiter unten im Texte erwähnten lateinischen Rektoratsrede ist ebd. S. 301 - 307 zum erstenmal abgedruckt worden.

erhalten, die in ihrer Grundtendenz der bekannten späteren Abhandlung *Von der Macht des Gemüts etc.* verwandt ist, und die er nach der üblichen Sitte bei Antritt oder Niederlegung seiner Rektorwürde, im letzteren Falle am 1. Oktober 1786 oder 4. Oktober 1788, gehalten hat.

Daß er diese Würde in der Hauptsache nur als unangenehme Last betrachtete, sehen wir aus wiederholten Äußerungen seiner Briefe. So spricht er am 26. Mai 1786 gegen Jakob seinen Verdruß darüber aus, daß „ein akademisches weitläufiges Geschäft, welches dieses halbe Jahr auf mich gefallen" -- aus lauter Gleichgültigkeit nennt er es nicht einmal — ihm beinahe alle Zeit zur Arbeit an der 2. Auflage seiner *Kritik* raube; und am 7. März 1788 klagt er, daß er den bevorstehenden Sommer hindurch durch „ungewohnte Arbeit", nämlich das Rektorat, das ihn in drei Jahren zweimal hintereinander getroffen, „sehr belästigt" sein werde. Allein, solange er sein Amt bekleidete, verwaltete er es mit der ihm eigenen Gewissenhaftigkeit, Gerechtigkeit und Würde. So nahm er sich u. a., als Rektor wie als Dekan, der Gerechtsame der Universität bezw. der Studierenden gegen Übergriffe der in dem preußischen Staat ja besonders mächtigen Militärbehörden kräftig an. Als 1786 ein Oberst Berrenhäuer einem examinierten stud. Gutowski den zum Studieren erforderlichen Erlaubnisschein des Regiments verweigerte, protestierte Kant als Rektor dagegen in einem längeren Schreiben vom 16. Mai d. J., in dem er ausführte, daß gerade jetzt, bei dem geringen Zudrang zum Studium, dasselbe nicht noch durch solche widerrechtliche Maßregeln der Militärbehörde erschwert werden dürfe. Aus demselben Grunde wandte sich die Universität in einem ebenfalls von Kant (damals Dekan) verfaßten Schreiben vom 26. Juli 1791 gegen den Gen.-Major von Gillern, der zwei Abiturienten aus Lyck, „eines Bauern und eines Schusters Sohn", nicht zur Universität zugelassen, sondern sofort zum Regiment eingezogen hatte, unter Berufung auf den Satz der kgl. Kabinettsorder vom 21. Juli 1784: „daß die Söhne der Bauern und Bürger in kleinen Städten das Gewerbe ihrer Eltern lernen sollten". Das, führt Kant hiergegen aus, stehe keineswegs in der Order, sondern nur, daß übermäßiger Zudrang derselben zur Universität durch strenge Aufnahmebedingungen gehindert werden sollte. Da ein Vorfall wie der gegenwärtige „ein allgemeines Schrecken in Schulen und bei den Eltern“ erregen müsse, die so viel Mühe und Geld auf die Erziehung ihrer Kinder verwandt haben, so flehe die Universität das Ministerium an, dem General zu befehlen, die vermutlich schon als Rekruten eingestellten jungen Leute zu entlassen. Welche Antwort in beiden Fällen gegeben worden ist, wissen wir leider nicht.

Zum Schluß noch einige weitere Ehrungen des Philosophen aus dieser Zeit. In ihrer Sitzung vom 7. Dezember 1786 ernannte ihn — reichlich spät und zusammen mit seinen Gegnern Eberhard und Herder — die Berliner Akademie der Wissenschaften, auf den von König Friedrich Wilhelm II. gebilligten Vorschlag des Ministers Grafen Hertzberg, zu ihrem Mitgliede; was ihm in einem — französischen Schreiben ihres Sekretärs (Formey) kundgetan wurde. Kant gab, wie seine Biographen erzählen, auf solche Titel nichts, setzte sie auch nicht — wie selbst heute noch manche nicht unberühmte Gelehrte tun — auf das Titelblatt seiner Werke[1]), sondern begnügte sich mit seinem Amtstitel als Professor, auf dem letzteren mit seinem einfachen „Immanuel Kant“.

Nachdem sich seine Einkünfte schon 1786 dadurch, daß er Senior der philosophischen Fakultät wurde, um hundert Taler jährlich erhöht hatten, wurde ihm zu Anfang 1789 noch eine besondere Anerkennung in Gestalt einer Extrazulage zuteil. Es wurde ihm — wie Kant selber durch Biester erfuhr, nicht auf Anregung von Königsberg aus, sondern auf Veranlassung mehrerer „wohldenkender“ Mitglieder des Oberschulkollegiums in Berlin — durch kgl. Reskript vom 3. März 1789 „zum Zeichen unserer vollkommenen Zufriedenheit“ eine vom 1. Januar 1789 quartalsweise zu zahlende persönliche Zulage von jährlich 220 Talern gewährt, so daß sich nun sein Einkommen auf etwa 720 Taler im Durchschnitt belief: im

[1]) Dagegen finden wir den Beisatz öfters auf Albumblättern (vgl. *Briefw.* III S. 441) für Studenten. Vielleicht auf deren Wunsch?

Durchschnitt, sagen wir, weil es sich aus allen möglichen Kassen und Gefällen zusammensetzte[1]). In Berlin hatte, wie Biester schreibt, dieser „Zug von Gerechtigkeit", der „endlich eine lange begangene Nachlässigkeit wieder in etwas gut gemacht", „alle denkenden Menschen außerordentlich erfreut". Kant dankte für die „unverdiente Gnade" in einem vom 27. März 1789 datierten Schreiben, das zwar äußerlich die devoten Formen der Zeit wahrt, aber doch darin echt kantisch klingt, daß er erklärt, sich nichts weiter bewußt zu sein, als „seine schuldige Pflicht beobachtet zu haben".

3. Persönlicher Umgang. Wohnung. Junggesellentum. Tägliche Lebensweise.

a) *Persönlicher Umgang.*

Kants Umgang mit den alten Freunden ging zunächst in der gewohnten Weise fort. In diese Jahre muß der sehr humoristisch anmutende, freilich auch stark anekdotenhaft klingende Zug fallen, den sein Biograph R. B. Jachmann von der Art des Verkehrs der alten Herren untereinander berichtet. Danach ging Kant jeden Nachmittag zu Green, der, wie wir durch Kraus wissen, wegen Podagra in seinen letzten Lebensjahren nicht mehr ausgehen konnte, „fand Green in einem Lehnstuhle schlafen, setzte sich neben ihn, hing seinen Gedanken nach und schlief auch ein; dann kam gewöhnlich Bancodirektor Ruffmann und tat ein gleiches, bis endlich Motherby zu einer bestimmten Zeit ins Zimmer trat und die Gesellschaft weckte, die sich dann bis sieben Uhr mit den interessantesten Gesprächen unterhielt. Diese Gesellschaft ging so pünktlich um sieben Uhr auseinander, daß ich öfters die Bewohner der Straße sagen hörte: es könne noch nicht sieben sein, weil der Professor Kant noch nicht vorbeigegangen wäre." Nur am Samstag

---

[1]) Ein Bild dieses bunten Gemisches gibt die minutiös genaue tabellarische Zusammenstellung, nach den von der Universität an das Oberschulkollegium eingereichten Akten, für die Jahre 1786—1801, von *Arthur Warda* in *Altpreuß. Monatsschrift* XXXVIII S. 413ff.

blieben die vier Freunde, zu denen sich dann in der Regel noch der schottische Kaufmann Hay und einige andere gesellten, zu einem einfachen kalten Abendbrot zusammen. Dieser gemütliche Kreis wurde dadurch zerrissen, daß im Jahre 1786 Green starb, des Philosophen „bester Freund“, wie er ihn ausdrücklich in einem Briefe an Hellwag vom 3. Januar 1791 nennt. Das schmerzliche Ereignis machte auf ihn einen so nachhaltigen Eindruck, daß er fortan seine ganzen Lebensgewohnheiten änderte, nämlich seitdem keine Abendgesellschaften mehr besuchte, „ja sogar dem Abendessen gänzlich entsagte“; welches letztere aber auch mit gesundheitlichen Gründen zusammenhing. Nur die alte Gewohnheit des sonntäglichen Mittagessens bei Greens Schwager Motherby behielt er noch bei. Als auch Motherby später in eine tödliche Krankheit verfiel, zeigte er die rührendste Besorgnis: Jachmann mußte ihm täglich zweimal umständlichen Bericht erstatten; und als der Tod bevorzustehen schien, rief der sonst so ruhige Weise traurig aus: Soll ich denn alle meine Freunde vor mir ins Grab gehen sehen! — Auch der Verlust Ruffmanns (1794) wirkte tief auf ihn. Ebenso der in das Jahr 1787 fallende Tod des Grafen Keyserling (S. 109), dem seine Gemahlin am 24. August 1791 nachfolgte.

Von seinen Kollegen stand ihm am nächsten sein früherer Schüler, der schon mehrfach von uns erwähnte Professor der praktischen Philosophie Christian Jakob Kraus (1753—1807), den er so hoch schätzte, daß er ihn mit Kepler verglich und als den scharfsinnigsten Kopf und das größte Genie bezeichnete, das ihm bei seiner langjährigen Menschenbeobachtung vorgekommen. Mit ihm machte er häufig Spaziergänge, am liebsten in einsamere Gegenden, damit sie in ihren lebhaften wissenschaftlichen Gesprächen ungestört blieben. Beide waren von gleicher Körpergröße und gleich hager. Kraus' Gang war, wie seine Sprechweise, rasch und lebhaft; nur wenn er Kant begleitete, gingen beide sehr langsam. Kant zog ihn in den 80er Jahren immer näher an sich. Als er sich 1787 seinen eigenen Haushalt einrichtete, war Kraus häufig sein einziger Tischgenosse, und dieser versagte sich mehrmals seine einzige Ferienerholung, den

Aufenthalt auf dem Gute seines Freundes von Auerswald, um seinen „trefflichen Vater Kant“ nicht allein zu lassen. Einige Zeit hatten sie sogar eine gemeinsame „Ökonomie“. Als Kant sich dann Anfang der neunziger Jahre daran gewöhnte, mehrere Gäste an seinen Tisch zu ziehen, zog der überhaupt etwas eigenartige Kraus sich zurück. Dennoch suchten beide, wenn sie sich in oder außerhalb von Kants Hause in größerer Gesellschaft trafen, es so einzurichten, daß sie einander nahe zu sitzen kamen, und unterhielten sich dann besonders lebhaft miteinander. Auch trafen sie öfters in einem wissenschaftlichen „Kränzchen“ zusammen, von dem ein Teilnehmer berichtet: „keine herrlichere Unterhaltung habe man sich denken können, als wenn Kant und Kraus in einen gelehrten Disput geraten seien“ [1]. — Neben Kraus stand ihm wohl am nächsten der Professor der Mathematik und Hofprediger Johann Schultz (auch Schulz, Schulze, 1739—1805), der 1784 *Erläuterungen über die Kritik der reinen Vernunft* herausgab, weitere 1789 bzw. 1792 folgen ließ, und den Kant in den 90er Jahren als den treuesten seiner Anhänger bezeichnet hat. — Aber auch den ihm persönlich Fernerstehenden unter seinen Amtsgenossen zeigte er sich jederzeit gefällig: so z. B. dem 1782 von Halle nach Königsberg versetzten Mangelsdorff, dem er zu „Betten, Tisch-, *Coffee-* etc. Zeug“ verhalf, bis seine eigenen Sachen via Lübeck angelangt waren, sowie zu „Tischen, Stühlen und Bänken im *auditorio*“, und dem er seinen Diener, den alten Lampe, zur Begleitung bei seinen und seiner Frau Antrittsvisiten überließ. — Außer den vier schon genannten (Kraus, Schultz, Reusch und Mangelsdorff) gab es damals nur noch zwei weitere Ordinarien in der philosophischen Fakultät: den Professor für Griechisch Wald, der ihm am 23. April 1804 die Gedächtnisrede hielt, und den für orientalische Sprachen J. G. Hasse, der in den letzten Jahren öfters sein Tischgenosse war und von Kants „Tischreden“ in einem besonderen Schriftchen (1804) erzählt hat.

---

[1]) Ein sehr anschauliches Bild von Kraus und speziell von seinem Verhältnis zu Kant gibt die Biographie von *Voigt, Leben des Prof. J. Chr. Kraus*, Königsberg 1819.

Von sonstigen Königsberger Freunden nennen wir noch den auch als geistreichen Schriftsteller bekannten Stadtpräsidenten Th. G. (von) Hippel (1741—96), der Ende der 50er Jahre sein Schüler gewesen und dann sein, wenngleich nicht vertrauter, Freund geworden war, indem ihr Verkehr sich vorzugsweise auf gegenseitige Einladungen zu Tisch und gelegentliche Besuche beschränkte. Hippel hatte in die 1778—79 anonym erschienenen beiden ersten Bände seiner *Lebensläufe nach aufsteigender Linie* eine ganze Reihe philosophischer Gedanken eingereiht, die Kant bisher erst in seinen Vorlesungen geäußert hatte. Er hatte sich, zunächst wohl nur aus allgemeinem Interesse für die Philosophie seines früheren Lehrers, Kollegnachschriften aus den 70er Jahren von Kants Logik, Moral, Naturrecht und besonders Anthropologie verschafft und dann, um mit Kant selbst zu reden, manches davon „in seine launigten Schriften gemischt“, um „durch die Zutat des Nachgedachten dem Gerichte des Witzes einen schärferen Geschmack zu geben“. Die zitierten Worte stehen in einer öffentlichen *Erklärung wegen der von Hippel'schen Autorschaft*, die unser Philosoph im Dezember 1796, nach Hippels Tod, in zwei literarischen Zeitschriften abgeben zu müssen glaubte, nachdem er selber für den Verfasser oder doch Mitarbeiter an den *Lebensläufen* erklärt worden war. Übrigens hatte dieser Umstand ihrer Freundschaft keinen Abbruch getan. Noch am 5. Dezember 1793 dankt Hippel von Danzig aus, wo er sich augenleidend befand, dem „verehrungswürdigsten, treuesten Lehrer und Freund für seine „unvergeßliche“, von einem Exemplar der *Religion innerhalb etc.* begleitete Zuschrift vom 2. d. M. und schreibt: „Wie sehr ich mich nach Ihrem lehrreichen Umgang sehne, der mir, das wissen Sie selbst, mehr gilt als alles, was Königsberg hat, darf ich Ihnen nicht sagen, da Sie überzeugt sind, wie inniglich ich Sie verehre. Schon ist es mir erfreulich, Ihr nachbarliches Haus aus meinem Arbeitszimmer zu sehen, und mein erster Blick war täglich dahin gerichtet. So soll es auch immerwährend bleiben, so lange ich durch diese Nachbarschaft beglückt werde.“ So schreibt in der Tat nur ein warmherziger Verehrer seinem Meister.

b) *Wohnung.*

Das Haus, von dem hier die Rede ist, hatte Hippel selbst Ende 1783 dem verehrten Lehrer und Freunde vermittelt. Der gerichtliche Kaufvertrag datiert vom 12. März 1784; schon am 7. Juli hatte Kant es hypothekenfrei gemacht und die gesamte Kaufsumme (5500 Gulden) aus seinen Ersparnissen abbezahlt. Es lag in der Prinzessinstraße in der Nähe des Schlosses; zwar mitten in der Stadt, aber doch in ziemlich geräuschloser Gegend, da die Straße eine Nebengasse war und selten von Wagen befahren wurde [1]). Mit der Hinterseite stieß es an Gärten und Schloßgräben, sowie an die Hintergebäude des vielhundertjährigen Schlosses mit seinen Türmen, Gefängnissen und — Eulen. Dazu gehörte ein kleiner Garten, den der Philosoph jedoch selten und gar nicht mehr besuchte, seitdem die Straßenjungen Steine über den Zaun warfen, ohne deshalb von der Polizei bestraft zu werden. Doch machte er wohl Blumen und Früchte desselben befreundeten Familien zum Geschenke, und zur Rosenzeit waren für jeden Tischgast gewöhnlich einige Rosen hingelegt. Die Nähe des Gefängnisses war insofern eine Quelle des Ärgers für ihn, als ihn, der die Wohnung gerade ihrer stillen Lage halber genommen hatte, das häufige laute Choralsingen der Gefangenen störte, besonders im Sommer, wenn er die Fenster seiner nach dieser Seite hin gelegenen Studierstube öffnete. Er richtete daher gleich im ersten Sommer ein energisches Schreiben wegen der „stentorischen Andacht der Heuchler im Gefängnisse" an den Stadtpräsidenten und meinte, „ihr Seelenheil" würde wohl nicht „Gefahr laufen", wenn „sie sich selbst bei zugemachten Fenstern hören könnten (ohne auch selbst alsdann aus allen Kräften zu schreien)"; für das Zeugnis des „Schützen", daß sie gottesfürchtige Leute wären, würde das genügen, und sie würden dann „nur zu dem Tone herabgestimmt, mit dem sich die frommen Bürger unserer guten Stadt in ihren Häusern erweckt genug fühlen" (Kant an Hippel, 9. Juli 1784). Seine Beschwerde hatte denn auch den Erfolg, daß die

---

[1]) vgl. W. Kuhrke, Kants Wohnhaus, Berlin 1917; auch Kants Notizen in *Briefwechsel* IV S. 128 und S. 133.

Gefangenen angewiesen wurden, ihrer Sangeslust in Zukunft bei verschlossenen Fenstern zu frönen.

Das etwas altertümliche zweistöckige Haus hatte acht Stuben. Im unteren Stockwerk lag auf dem einen Flügel Kants Hörsaal, auf dem anderen die Wohnung der alten Köchin; im oberen auf der einen Seite sein Eß- und sein Schlafzimmer, in welchem letzteren auch die wenig umfangreiche Bibliothek Platz gefunden hatte; auf der anderen sein Besuchszimmer und seine Studierstube, die nach Osten lag und freie Aussicht über mehrere Gärten, wenn auch nicht den seinigen, bot. In einer kleinen Dachstube wohnte sein alter Bedienter Lampe. Von dem Eindruck, den ein Besuch in Kants Hause machte, hat uns einer seiner späteren Tischgenossen, sein Kollege Joh. Gottfr. Hasse, ein lebendiges Bild aufbewahrt: „Trat man in das Haus, so herrschte eine friedliche Stille, und hätte einen nicht die offene und nach Essen riechende Küche, ein bellender Hund oder eine mauende Katze, Lieblinge seiner Köchin (mit denen diese, wie Kant sagte, ganze Sermone hielt), eines anderen überzeugt, so hätte man denken sollen, dies Haus sei unbewohnt. Stieg man die Treppe hinauf, so zeigte sich freilich der beim Tischdecken geschäftige Bediente; jedoch ging man durch das ganz einfache, unverzierte, zum Teil räuchrige Vorhaus in ein größeres Zimmer, das die Putz-Stube vorstellte, aber keine Pracht zeigte. Ein Sofa, etliche mit Leinwand überzogene Stühle, ein Glasschrank mit einigem Porzellan und ein Büro, das sein Silber und vorrätiges Geld befaßte, nebst einem Wärmemesser waren alle die Möbeln, die einen Teil der weißen Wände deckten. Und so drang man durch eine ganz einfache, armselige Tür in das ebenso ärmliche Sans-Souci, zu dessen Betretung man beim Anpochen durch ein frohes ‚Herein!' eingeladen wurde. (Wie schlug mir das Herz, als dies das erste Mal geschah!) Das ganze Zimmer atmete Einfachheit und stille Abgeschiedenheit vom Geräusch der Stadt und Welt. Zwei gemeine Tische, ein einfaches Sofa und etliche Stühle, worunter sein Studiersitz war, und eine Kommode ließen in der Mitte einen leeren Raum übrig, vermittelst dessen man zum Baro- und Thermometer kommen konnte, die er fleißig konsultierte.

Hier saß der Denker auf einem ganz hölzernen Halbzirkel-Stuhle wie auf dem Dreifuß, entweder noch am Arbeitstische oder schon nach der Tür gekehrt, weil ihn hungerte und er seine Tischgäste erwartete ..." Die beiden Tische waren in der Regel mit Schriften und Büchern belegt. Den einzigen Wandschmuck bildete ein Porträt Jean Jacques Rousseaus; die Wände selbst waren vom Staub und dem Rauch seiner täglichen Morgenpfeife mit einer grauen Schicht überzogen. Einen Spiegel gab es nur im Visiten- und Eßzimmer. Das Schlafzimmer blieb, mit Ausnahme seiner letzten Lebensjahre, ungeheizt. Es hatte nur ein Fenster. Aus einem merkwürdigen Grunde — weil er Ungeziefer dadurch zu vertreiben glaubte (Näheres s. bei *Wasianski*, S. 33 f.) — wollte er dessen Fensterläden durch eine besondere Vorrichtung tags wie nachts verschlossen halten; wenn sie, um frische Luft hereinzulassen, dennoch fast täglich geöffnet wurden, so geschah es hinter seinem Rücken.

In der Schlafstube, in die er nur ungern jemanden hineinließ, war, wie schon erwähnt, auch seine nicht große Bibliothek oder, wie er selbst bescheidener statt dessen zu sagen pflegte, seine „Bücher" untergebracht. Es waren bei seinem Tode nur 450—500 an Zahl, darunter noch viele kleine Broschüren mitgerechnet: unter den älteren vorzugsweise mathematische und naturwissenschaftliche, von den neueren die meisten philosophischen Inhalts, die ihm zum größten Teil von ihren Verfassern zugesandt waren, daher sich vielfach auf seine Lehre bezogen. Es fehlten sogar seine sämtlichen vorkritischen Schriften und von den kritischen die Kritik der praktischen Vernunft. Wie Magister Gensichen, dem er sie vermacht, vermutete, hatte er, namentlich in den letzten Jahren, manche teils verschenkt, teils verliehen und nicht wiedererhalten; wie denn von manchen mehrbändigen Werken einzelne Bände fehlten. Durch seine Freunde und namentlich seine Verleger wurde er allerdings mit allem, was er wünschte — und er las sehr viel — reichlich versorgt. Sein früherer Schüler Nicolovius z. B. sandte ihm stets den Meßkatalog seines Sortiments zu, worauf Kant sich die ihn interessierenden Bücher notierte und nach und nach aus dem Laden holen ließ, da er „bei seiner eingezogenen Lebensart täglich einen hinreichenden Vorrat neuen Meßguts gleichsam als Nahrung, statt alles übrigen Genusses, des Abends nötig" hatte (Kant an Lagarde 1794, *Briefw. II 512*). Dafür rechneten die betr. Buchhändler freilich darauf, daß er ihnen „etwas zum Verlag gebe". Was er gleichwohl dort nicht fand, suchte er sich durch Bekannte zu verschaffen oder verschrieb es sich wohl auch durch Vermittlung von solchen, z. B. Kraus, aus Leipzig. Außerdem besaß derselbe Mann, der mit größtem Scharfsinn in die tiefsten philosophischen Probleme eindrang, zugleich auch — eine seltene Gabe — ein phänomenales Gedächtnis und infolgedessen ein riesiges Wissen auf allen möglichen Gebieten, so daß er fast als Universalgelehrter gelten konnte.

c) *Junggesellentum.*

Bis zu seinem 63. Lebensjahre hatte Kant an der Table d'hôte eines oder des anderen Hotels gegessen. Erst im Jahre 1787 richtete er sich, vielleicht mitbestimmt durch den Tod alter Freunde (S. 135), aber doch wohl auch durch die Rücksicht auf größere Bequemlichkeit, eine eigene Haushaltung ein. Seinen alten Lampe brauchte er nur mit hineinzunehmen. Dazu kam jetzt eine Köchin. 1793 z. B. wurde ihm eine solche von der Gattin seines theologischen Kollegen Schultz besorgt, nach deren Zeugnis eine verständige, redliche und willige Person, die schon in Schultz' eigenem und anderen besseren Häusern selbständige Stellungen bekleidet hatte und charakteristischerweise zur Hauptbedingung ihres Eintritts machte, daß sie „alles, was zu ihrer Kocherei gehört", selbst besorgen und verwahren, und nicht etwa aus den Händen des früher wohl ziemlich allmächtigen Lampe empfangen wollte. Neben ihr war übrigens für die grobe Hausarbeit wie Wassertragen usw. noch eine Dienstfrau vorhanden (Joh. Eleonora Schultz an Kant, 22. Dez. 1793); vermutlich Lampes Frau, die in späteren Jahren nebst ihrer Tochter „die Zimmer reinigen half" (*Rink*, S. 150).

Zur Gründung eines eigenen Herdes im engeren Sinne des Wortes ist Kant nicht gekommen. Gleich der Mehrzahl der neueren großen Philosophen vor ihm

(Descartes, Hobbes, Leibniz, Locke, Hume) ist auch er unbeweibt geblieben. Zwar erzählt man sich von ihm, daß er in seinen mittleren Jahren zwei- bis dreimal an die Schließung eines Ehebundes gedacht habe. Das erstemal habe er seine Gedanken auf eine „junge, schöne und sanfte“ Witwe gerichtet, die zum Besuch ihrer Verwandten nach Königsberg gekommen war; das zweitemal auf ein junges Mädchen aus Westfalen, das eine in Ostpreußen begüterte Edeldame als Gesellschafterin ebendorthin begleitete. Er zögerte indes, da er zuvor seine Einnahmen und Ausgaben aufs genaueste berechnen zu müssen glaubte, mit seinen Anträgen so lange, bis die erstere mit einem Manne, der schneller im Entschlusse war, im preußischen „Oberlande“ einen neuen Ehebund geschlossen, und bis die zweite wieder abgereist war. Außer diesen beiden schon von Wald und Borowski erzählten Fällen ist uns jetzt noch ein dritter bekannt. Wie Kraus bereits um 1772 von einem Freunde gehört hatte, hatte Kant damals eine Königsbergerin zu heiraten gewünscht, Nach Bobrik [1]) wäre es eine gewisse, im Jahre 1746 geborene Luise Rebekka Fritz gewesen, die später einen „Obereinnehmer“ Ballath heiratete und erst 1826 starb; sie pflegte „oft und viel und immer mit stolzem Rühmen“ davon zu erzählen, „daß Kant sie einst geliebt habe“. Ist sie mit der von Kraus Gemeinten identisch, so hätte sie freilich keine besondere Ursache dazu gehabt; denn „was Kant einmal darüber fallen ließ, ging darauf hinaus, daß bei näherer Ansicht das Gleißende sehr geschwunden sei, d. h. daß Kant eine seiner würdige Seele da nicht gefunden habe“. Sie scheint in ihrer Jugend eine etwas leichte Schöne gewesen zu sein. Hat Kant, wohl doch auch mit bewogen durch seine schwache Konstitution, vom Heiraten abgesehen, so riet er dagegen jüngeren Freunden gelegentlich selbst zur Ehe. Freilich wollte er dabei, wenigstens in seinen älteren Jahren — aus früherer Zeit ist nichts darüber bekannt —, neben den Eigenschaften einer guten Hausfrau und Mutter, vor allem auch auf Wohlhabenheit gesehen wissen, die länger als

---

[1]) *Bobrik, I. Kants Ansichten über das weibliche Geschlecht Altpreuß. Monatsschrift* (1877) XIV, 593 ff.

Schönheit und Reiz vorhalte. Als er schon im 69. Jahre stand, suchte ihn noch einmal der Lazarettprediger Becker, ein gutmütiger Mann, der oft Kants Wohltätigkeit für seine Armen in Anspruch nahm, für die Ehe zu gewinnen; er hatte zu dem Zwecke sogar eine hauptsächlich für Kant verfaßte und gedruckte Broschüre: *Raphael und Tobias, oder Gespräch zweier Freunde über den Gott wohlgefälligen Ehestand* mitgebracht. Der Philosoph war gutmütig genug, sie entgegenzunehmen, ja sogar den alten Herrn für die gehabte Mühe und Druckkosten zu entschädigen. Seine Erzählung dieser Sache bei Tische erregte eine nie dagewesene Heiterkeit. Im übrigen konnte er es nicht vertragen, wenn er in seinem Alter noch in zudringlicher Weise zur Ehe aufgemuntert wurde, bat nachdrücklich, ihn damit zu verschonen, ja verließ wohl auch unwillig eine Gesellschaft, „in welcher ihm auch nur im Scherz dazu Vorschläge geschahen".

Dagegen war Kant durchaus nicht etwa, wie Schopenhauer, ein galliger Feind des weiblichen Geschlechts, wie wir schon aus seiner hohen Verehrung der Gräfin Keyserling, der „sympathetischen" Freundschaft mit der *Jacobin* und dem liebenswürdigen Brief an Fräulein von Knobloch gesehen haben. Seine etwas altfränkische Galanterie behielt er auch bis in die späteste Lebenszeit bei. Noch in seinem 70. Jahre wünschte er im Hause seines Freundes Motherby Miß A., die schöne Braut von dessen ältestem Sohne, bei Tische stets gern an seine Seite, und zwar auf die seines gesunden Auges. Und als er in noch höherem Alter einst, infolge seiner Körperschwäche, auf der Straße hingefallen war und zwei ihm unbekannte Damen ihm aufgeholfen hatten, dankte er ihnen nicht bloß aufs herzlichste, sondern „präsentierte" auch, wie Wasianski sich ausdrückt, „noch den Grundsätzen seiner Artigkeit treu, der einen die Rose, die er eben in der Hand hatte, die sie mit überaus großer Freude annahm und zum Andenken aufbewahrt".

Freilich von der Frauenemanzipation, wie sie doch auch damals schon Hippel in seiner bezeichnenderweise anonym erschienenen Schrift *Über die bürgerliche Verbesserung der Weiber* (1792) vertrat, wollte er nichts wissen. „Von einem weiblichen Wesen, das ihn an seine

Kritik der reinen Vernunft erinnert, oder über die Französische Revolution, davon er sonst in männlicher Gesellschaft sich leidenschaftlich gern unterhielt, mit ihm ein Gespräch hätte anketten wollen, würde er sicher augenblicklich sich weggewandt haben" (*Borowski*). Für den eigentlichen Beruf der Frau erklärte er vielmehr den der Hausfrau und unterhielt sich demgemäß mit den Damen mit Vorliebe über ein Gebiet, von dem auch er etwas verstand (vgl. oben S. 110), — die Kochkunst. Das einzige Geschenk, das er einmal der Frau seines Bruders, des Pastors Johann Heinrich Kant, machte, war ein Buch mit dem Titel *Die Hausmutter*, aus dem die wackere Frau „sich zu einer Professorin in der wirtschaft studieren" wollte, und für das sie ihm noch nach sieben, ja noch nach über neun Jahren, als für ihre „Enzyklopädie", ihren Dank ausspricht. Immerhin muß aber Kant auch in diesem Punkte Ausnahmen anerkannt haben; denn schwerlich wird er die hochgebildete, auch philosophisch bewanderte Gräfin Keyserling in erster Linie mit Gesprächen über das Kochen gelangweilt haben.

d) *Tageslauf.*

An dieser Stelle mag denn auch die Tagesordnung mitgeteilt werden, die Kant bereits seit vielen Jahren als die für ihn passendste befunden hatte, und an der er unverbrüchlich festhielt. Jeden Tag, Winter wie Sommer, war er — nach vorhergegangenem siebenstündigen Schlaf (nach dem Muster der Alten) — um 5 Uhr früh auf. Sein Bedienter mußte ihn pünktlich eine Viertelstunde vorher wecken und durfte nicht eher weggehen, bis sein Herr aufgestanden war, auch auf seine etwaige Bitte, ihn noch etwas ruhen zu lassen, keinerlei Rücksicht nehmen. (Genau dasselbe wird bekanntlich von Friedrich dem Großen berichtet.) Als gelegentlich einer Mittagsgesellschaft bei Kant die Rede auf sein frühes Aufstehen kam, bezeugte Lampe auf Aufforderung seines Herrn, daß dieser sich innerhalb dreißig Jahren niemals auch nur ein halbes Stündchen vorbehalten hätte. Dann ging er punkt fünf im Schlafrock und mit einer Schlafmütze, über die er noch ein kleines dreieckiges Hütchen setzte, in seine Studierstube, wo er zwei

Tassen sehr schwachen Tee genoß und eine — stets nur eine — Pfeife Tabak rauchte. Kaffee mochte er an sich gern, hielt ihn aber für ungesuud, ebenso wie das Bier, und vermied ihn daher grundsätzlich. Bis 7 Uhr bereitete er sich dann auf seine Vorlesungen vor, die er seit 1789, wie wir wissen, nur von 7—9 bzw. 8–10 in dem Hörsaal seines eigenen Hauses hielt. Darauf arbeitete er wiederum in Schlafrock, Schlafmütze und Pantoffeln, in seiner Studierstube an seinen Schriften bis 12 bzw. $^3/_4$ 1 Uhr, worauf er sich aufs neue anzog, um in die Gesellschaft zu gehen, zu der er eingeladen war, bzw. — später ward dies die Regel — die eingeladenen Freunde in seinem Studierzimmer zu erwarten, aus dem es dann baldmöglichst ins Eßzimmer hinüberging. Das Mittagsmahl (vgl. S. 192 ff.) dehnte er gern bis 4, ja bei größeren Gesellschaften wohl auch bis 6 Uhr aus. Ein Mittagsschläfchen gönnte er sich grundsätzlich nicht, sondern setzte sich absichtlich, um nicht einzuschlafen, nach eingenommenem Mahle nicht nieder. Bald nachher machte er, wenigstens bis 1798, seinen regelmäßigen Spaziergang, zu jeder Jahreszeit und bei jeder Witterung; in der Regel eine Stunde, bei schönem Wetter auch wohl länger. Sein Ziel war gewöhnlich die hübsch gelegene — heute noch bestehende — Feste Friedrichsburg, der Weg dahin, der sogenannte „philosophische Gang“ oder Philosophendamm, auf dem, wie er selbst erzählte, in den 70er Jahren die Hauptgedanken seiner Kritik der reinen Vernunft entstanden seien. Während er in früheren Jahren wohl einen Freund oder Kollegen (bes. Kraus), auch wohl einen ihm näher stehenden Studierenden zum Mitgehen aufforderte, ging er später lieber allein, teils um seinen Gedanken besser nachhängen zu können, teils auch, weil er es für gesünder hielt, unterwegs nicht durch den Mund, sondern durch die Nase zu atmen. Sein Gang war langsam, den Kopf hielt er fast immer zur Erde geneigt und etwas auf die eine Seite hängend, seine Beutelperücke war fast immer in Unordnung und auf einer Achsel liegend (*Voigt* a. a. O. S. 130 f.). Auch setzte er sich wohl auf eine Bank, um wichtigere Gedanken, die ihm unterwegs gekommen waren, auf einer Schreibtafel aufzuzeichnen. Später wählte er, weil er von Bettlern zu sehr überlaufen wurde, einen anderen und kürzeren Spazierweg: zum Holsteinschen Damm. Nach der Rückkehr von seinem Spaziergang erledigte er etwa nötige häusliche Angelegenheiten und sah dann die eingelaufenen literarischen Neuigkeiten, Zeitschriften und politischen Zeitungen durch; auf die letzteren stürzte er sich, in aufgeregten politischen Zeiten (1789 ff.!) „heißhungrig" wohl auch schon vormittags (*Hasse*). Oder er las Reisebeschreibungen, naturwissenschaftliche und hygienische Werke, oder empfing oder machte Besuche bei guten Bekannten. Die Dämmerungsstunde benutzte er zum Nachdenken über das Gelesene oder zum Überdenken seiner Vorlesungen oder geplanten Schriften. Er pflegte dabei am Ofen zu stehen und seine Blicke durch das Fenster auf dem Löbenichtschen Kirchturm ruhen zu lassen; er hatte sich mit der Zeit so an diesen Anblick gewöhnt, daß er sich gestört fühlte, als die emporgewachsenen Pappeln des Nachbargartens ihn verdeckten; der liebenswürdige Nachbar ließ daher ihm zuliebe die Wipfel der Pappeln kappen. Vor dem Schlafengehen ging er unter Umständen noch etwas im Zimmer auf und ab, um über die Arbeiten des nächsten Tages nachzudenken, allerlei Einfälle auf Gedächtniszettel zu schreiben u. ä. Um 10 Uhr abends, erst in seinen letzten Lebensjahren um 9 Uhr und früher, ging er regelmäßig zu Bette.

4. a) *Steigender Ruhm. Anhänger und Gegner.*

Es ist bekannt und braucht hier nicht ausgeführt zu werden, daß und weshalb Kants kritisches Hauptwerk anfangs keinen Erfolg hatte[1]. Erst die *Prolegomena* (1783) brachen ihm einigermaßen Bahn. Am wichtigsten aber wurde für die Ausbreitung der neuen Philosophie die rührige Begeisterung, mit der die 1785 von Professor Schütz in Jena begründete und schnell zu großer literarischer Bedeutung gelangte *Jenaische Allgemeine Literaturzeitung* für seine Ideen eintrat; für die Verbreitung im größeren Publikum fast noch mehr die ebenfalls von Jena, dem Mittelpunkte der neuen Schule, ausgehenden populär geschriebenen *Briefe über die Kantische Philo-*

[1] Vgl. u. a. die kurze Skizze in der Einleitung zu meiner Ausgabe desselben (*Hendel*) S. XI ff.

sophie, die Professor Reinhold, ein ehemaliger Barnabitermönch, in seines Schwiegervaters Wieland *Teutschem Merkur* 1786/87 erscheinen ließ.

Der steigende Ruhm Kants spiegelt sich deutlich wider in der starken Vermehrung des Briefwechsels, die von der Mitte der 80er Jahre ab eintritt. Sind uns aus dem ganzen 31jährigen Zeitraum von 1749 bis inkl. 1780 — Widmungen und Bewerbungsschreiben abgerechnet — nur etwa 140 Briefe von und an Kant erhalten, so stammen aus dem einen Jahrfünft 1781—85 schon 92 Briefe, aus den Jahren 1786—90 dagegen nicht weniger als 224; was sich dann auch in der ersten Hälfte der 90er Jahre mit fast genau der gleichen Zahl (226) fortsetzt, während der Briefwechsel der zweiten Hälfte (bis 1800) schon eine kleine Abnahme erfährt (192 Nummern), um in den letzten Jahren beinahe ganz zu versiegen (1801—03: 16 Briefe). Im Unterschied zu früher wandten sich jetzt öfters ganz Unbekannte von fernher an ihn, nicht bloß in wissenschaftlich-literarischen Angelegenheiten, sondern auch in Gewissens-, ja sogar in Liebessachen! Kant erlebte neben den Freuden jetzt eben auch die Leiden des berühmten Mannes. Doch können wir auf diese vielseitige Inanspruchnahme nicht näher eingehen. Das wichtigste für uns ist und war doch auch für ihn, daß die immer weitere Ausbreitung seiner Philosophie ihm jetzt auch auswärts immer neue persönliche Beziehungen und begeisterte Anhänger, daneben freilich auch Gegner schuf. Über diese Beziehungen, soweit sie in seinem Briefwechsel zum Ausdruck kommen, geben wir im folgenden einen Überblick [1]).

Wie sehr man ihn in seiner ostpreußischen Heimat und deren unmittelbarer Nachbarschaft schätzte, wissen wir schon. Es galt für etwas Beschämendes, Preuße zu sein und Kant nicht zu kennen. Aber ihr wichtigstes Zentrum fand die neue Lehre dennoch weitab davon, in dem Herzen Deutschlands: in Jena. Gleich der erste, ausführliche Brief des obengenannten Chr. Gottfr. Schütz vom 10. Juli 1874, der den Anfang einer lebhaften

[1]) Im übrigen vgl. bes. *Rosenkranz, Geschichte der Kant'schen Philosophie* (Bd. XII der S.W. von Rosenkranz und Schubert).

Korrespondenz zwischen beiden bildete, zeigt dessen feurigen Eifer. Schütz erklärt u. a.: Mit Kants Kritik habe eine neue Epoche der Philosophie begonnen, die Revolution, die dies Werk stiften werde und stiften müsse, sei erst im Anfang begriffen; er nennt ihn seinen Sokrates, seinen „ersten Wohltäter". Schütz schrieb auch die erste dem Buche wirklich gerecht werdende und, bei aller warmherzigen Begeisterung doch besonnene Rezension desselben. Er war voll Freude, daß Kant ihm für seine neugegründete *Literaturzeitung* gleich zu Anfang 1785 eine Besprechung von Herders *Ideen* (s. S. 153 ff.) lieferte, und wurde über Kants Bescheidenheit, der eventuell sogar auf das ihm angebotene, für die damalige Zeit glänzende Honorar von sechs Dukaten (= 60 Mark) pro Bogen hatte verzichten wollen, buchstäblich zu Tränen gerührt. Wohl mit durch Schütz wurden dann weitere begeisterte Freunde in Jena gewonnen: so Schmid, der ein Wörterbuch und einen Grundriß zur Erläuterung der kantischen Lehre schrieb und eine Vorlesung über sie hielt, der Jurist Hufeland, welcher Kants *Grundlegung* das Verdienst zusprach, „die ganze Sittlichkeit zuerst fest gegründet zu haben". Anfang 1786 duellierten sich sogar zu Jena zwei Studenten, weil einer dem anderen gesagt hatte, er müsse Kants *Kritik* noch 30 Jahre studieren, ehe er sie verstünde. — Ein fast noch begeisterterer Anhänger wurde dann von 1787 ab K. L. Reinhold, der $2^1/_2$ Jahre zuvor noch Herder gegen den kritischen Philosophen verteidigt hatte. Er schilderte letzterem jetzt, in einem langen Bekenntnisbriefe vom 12. Oktober 1787, seine „radikale Genesung" und wollte fortan eine der „Stimmen in der Wüste" sein, die dem „zweiten Immanuel" den „Weg bereiten" wolle. In einem zweiten Briefe vom 19. Jan. 1788, in dem er ihn auch Wielands Verehrung versichert, ergießt sich seine Bewunderung über die Kritik der praktischen Vernunft, die wie eine Sonne gegen sein (Reinholds) „schwaches Lämpchen" leuchte. Das ihm vom Autor gesandte Exemplar will er einem künftigen (!) Sohne als „unveräußerliches Kleinod" hinterlassen. Er versichert den Mann, den er für den größten aller Zeiten hält, der die „Eintracht zwischen Kopf und Herz" in ihm gestiftet, dem er die „süßeste Freude seines Lebens" zu verdanken hat, seiner „reinen und unauslöschlichen" Liebe. — Gegen Schütz und Reinhold, als die „mit dem Kantischen Fieber behafteten", arbeitete in Jena ihr Kollege Ulrich, der sich nicht lange vorher noch zu den „fleißigsten Lesern und Schülern" des Königsberger Weisen gezählt hatte (Ulrich an Kant, 21. April 1785), dann aber, vor allem aus Eifersucht auf Reinholds Erfolg, sich in einen bissigen Gegner verwandelte und eine seiner zahlreichen polemischen Vorlesungen gegen die neue Philosophie mit den klassischen Worten schloß: „Kant, ich werde dein Stachel, Kantianer, ich werde euere Pestilenz sein. Was Herkules verspricht, wird er auch halten" (Reinhold an Kant, *Briefw. I, 500*).

In dem in der damaligen „literarischen Welt ziemlich unbekannten" Marburg fand Kant einen eifrigen, freilich dort ganz vereinsamten Anhänger in Prof. Joh. Bering. Er bedauerte, den verehrten Philosophen nicht selbst, wenn auch nur ein Semester, hören zu können. „Vielleicht gelingt es in der Kürze unseren Aëronauten, ihre Schiffahrt minder kostbar und gefährlich zu machen, und dann ist freilich eine Reise von 140 Meilen eine Kleinigkeit" (10. Mai 1786). Schade, daß er unser Zeitalter der Zeppeline, Parsevals und Aëropläne nicht mehr erlebt hat, obwohl auch heute — nach 135 Jahren — das „Kostbare und Gefährliche" noch nicht ganz verschwunden ist. Zu Anfang September 1786 jedoch wurde auf Betreiben der Anhänger der alten Schule die Marburger philosophische Fakultät von der Regierung zu einem Gutachten darüber aufgefordert, ob Kants Lehre nicht purer Skeptizismus sei, Bering aber bis auf weiteres jede Vorlesung über Kants Lehrbücher untersagt. So wurde also in dem heutigen Hauptsitz des Neukantianismus ein Jahrhundert vorher die Kantische Philosophie offiziell verboten![1] „Ist es wirklich wahr, so ist es eine wahre Prostitution", schreibt entrüstet der ehrliche Schütz. Übrigens wagte der wackere Bering das Verbot in der

[1] Anfang November 1786 erhielt Kant aus Marburg, „wo seine Philosophie Kontrebande ist", — noch dazu unfrankiert — drei Gegenschriften auf einmal, die er jedoch nicht des Lesens würdigte, sondern durch Kraus dem „neugierigen alten Mann" zugehen ließ, wie dieser (Hamann) selbst Jacobi meldet.

Weise zu umgehen, daß er die Kritik d. r. V. „mit drei hoffnungsvollen Jünglingen unter dem Titel eines Conversatorii las“. Und gegen Ende 1787 wurde das unglückliche Verbot wieder aufgehoben. — Aus Marburg erhielt Kant auch am 1. März 1789 einen interessanten Brief des aus Goethes „Wahrheit und Dichtung“ bekannten, seit zwei Jahren dort als Professor der Staatswissenschaften angestellten frommen Jung-Stilling, der sich durch die Lektüre der beiden Kritiken von den ihn plagenden Zweifeln des Determinismus und Fatalismus endgültig befreit fühlte und nun in einen begeisterten Lobeshymnus auf den vorher von ihm als religionsgefährlich betrachteten Denker ausbrach, ja ihn als „großes, sehr großes Werkzeug in der Hand Gottes“ ansah. Auf seine Anfrage wegen der obersten Grundsätze der Staatswissenschaft ist Kants interessante Antwort wenigstens bruchstückweise im Entwurf vorhanden (*Briefw. II, 10*).

In Halle erhielt Kant einen eifrigen, wenn auch ziemlich unselbständigen Schüler in L. H. Jakob, dessen Kritik von Mendelssohns *Morgenstunden* er mit einem Vorwort begleitete. Jakob, damals noch Magister, hatte dort schwer gegen den angesehenen Wolfianer Eberhard zu kämpfen. Anfang 1788 plante er, zusammen mit Reinhold, neben der allgemeiner gehaltenen *Literaturzeitung* eine philosophische Fachzeitschrift — Kant schlug als weitere Mitarbeiter nicht bloß J. Schulz und Bering, sondern auch Schlosser und F. H. Jacobi vor —, die jedoch nicht zustande kam. Später erhielt Jakob in Halle Unterstützung durch den jungen Magister J. S. Beck, mit dem sich ebenfalls eine lebhafte Korrespondenz Kants, besonders zu Anfang der 90er Jahre, entspann. Überhaupt vertraute Kant immer mehr auf die junge Generation, „die Denkungsfreiheit und Herzhaftigkeit“ genug besitze, um sich von altgewordenem Wahne zu befreien (an Jakob, 26. Mai 1786).

Beck berichtet am 1. August 1789 auch über die Leipziger Philosophen. Der bekannteste unter ihnen, Platner, Kants Gegner, sei ein eitler und „jämmerlicher“ Mann; der gutmütige K. A. Cäsar bemühe sich wenigstens, Kants System wirklich zu studieren (wovon auch ein Brief an Kant aus dem Jahre 1787 zeugt); Born (der die Kritik

d. r. V. ins Lateinische übersetzt hat) sei zu hitzig und habe leider auch einen schlechten Vortrag, daher keine Zuhörer; auch der Kant verehrende Mathematiker Hindenburg nur wenige. Der „hitzige“ Born schreibt in der Tat einen sehr erbosten Brief an Kant über die Zustände an der Leipziger Universität, die „itzt ganz ein Eigentum seichter Schwätzer ist“. Doch kam gegen Ende 1789 ein tüchtiger junger Kantianer, der Magister Heidenreich, hinzu. — In Göttingen waren die Fachphilosophen und Vielschreiber Feder und Meiners Gegner, dagegen die geistreichen Laien Lichtenberg, Blumenbach und Kästner freundlich gesinnt; ebenso der unbedeutende Philosophie-Historiker Buhle. — Aus Kurland schrieb Kants Bruder schon 1782, daß dort seine Kritik der „gereinigten“ Vernunft die „Stimmen aller Denker besitze“.

In Süddeutschland stieß Kants Lehre auf größere Hindernisse. So blieben Flatt in Tübingen und Abel, Schillers Lehrer auf der Karlsschule, ebenso der Prälat Tittel in Karlsruhe Gegner Kants. Erst recht natürlich in dem katholischen München, wo Stattler einen *Anti-Kant* verbrach. Auch in Wien machte die Kritik, wie A. Richter am 22. Oktober 1788 von dort an Kant schreibt, „zwar großes Aufsehen, aber nicht ihr Glück“. Die meisten seien ihren alten Schlendrian gewohnt und könnten nicht genug schmälen, einige führten sie im Munde, „um für denkend zu passieren“; aber nur „sehr“ wenige studierten sie wirklich. — Allein es begann doch selbst auf geistlichen Universitäten zu tagen, Pater Maternus Reuß in Würzburg suchte und erhielt 1789 von Reinhold die Erlaubnis, dessen *Briefe über die Kantische Philosophie* „von allem Anstößigen gegen den Katholizismus gereinigt, mit Anmerkungen zum Gebrauch seiner Zuhörer“ herauszugeben. In gleichem Sinne lehrten dort zwei andere Professoren; andere katholische Unterrichtsanstalten wie Erfurt, Bamberg, Salzburg u. a. m. folgten zu Anfang der 90er Jahre; in letzterem Bistum trat sogar der Fürstbischof für das Studium Kants ein. Kant erhielt von unbekannter Hand Herbst 1793 einen zusammenfassenden Bericht darüber, den er Borowski zusandte, der ihn im Anhang zu seiner Kantbiographie veröffentlicht hat. Professor Reuß kam, um das gleich hier zu erwähnen, im September 1792 selbst mit seinem Freunde C. Stang „160 Meilen weit her“ nach Königsberg, um Kant zu sehen und zu sprechen, und zwar im Auftrag und mit der Unterstützung — seines Fürstbischofs, des aufgeklärten F. L. von Erthal [*O tempora, o mores!*]. Sie wurden „über alle Erwartung freundschaftlich“ von Kant aufgenommen, wie sie auch ihrerseits durch ihr offenes und gerades Wesen allgemein gefielen. Im folgenden Jahre sandte Kant seine *Religion innerhalb etc.* dem katholischen Kollegen zu mit einem Schreiben, in dem er — wenigstens in dem fragmentarisch erhaltenen Entwurf — die Vereinbarkeit seiner „moralischen“ Religionslehre mit einem „empirischen“, also Offenbarungsglauben, mit uns freilich nicht stichhaltig dünkenden Gründen zu verteidigen sucht. Als König Friedrich Wilhelm II. bei seinem Einzug in Würzburg Juli 1792 u. a. auch von den Studenten in festlichem Aufzug empfangen wurde, stand auf den „Bandelieren“ der Chargierten der philosophischen Fakultät: *Regiomontum in Borussia et Wirceburgum in Franconia per philosophiam unita.* Reuß starb leider schon 1798.

Außer Reuß heben wir von Süddeutschen noch den jungen Mediziner J. B. Erhard aus Nürnberg hervor, der von Wolf und Mendelssohn ausgegangen, dann aber durch das Studium der Kritik 1785/86 bekehrt worden war. Noch stärker wirkten die ethischen Schriften auf ihn. Fühlte er schon bei dem Lesen der *Grundlegung* „ein Wonnegefühl durch alle Glieder strömen“ (an Kant, 12. Mai 1786), so verdankte er, nach dem Bekenntnis in seiner Selbstbiographie, eine „Wiedergeburt seines ganzen inneren Menschen“ der Kritik der praktischen Vernunft, die ihn immer wieder zu „Tränen der höchsten Wonne“ hinzureißen und aus Stimmungen der Niedergeschlagenheit und des Pessimismus aufzurichten vermochte. Winter 1790/91 trat er in Jena in vertrauten Verkehr mit Reinhold und Schiller; im folgenden Sommer reiste er über Göttingen, Kopenhagen, wo er in Baggesen einen begeisterten Gesinnungsgenossen gewann, nach Königsberg. Dort verlebte er im Umgang mit dem geliebten Meister „selige Tage“, weniger von ihm Erläuterungen erbittend, als ihm für die geschenkte Wonne dankend. Auch Kant bedauerte es in einem späteren Briefe, ihn nicht näher zu haben, „den ich unter allen, die unsere Gegend je besuchten, mir am liebsten zum täglichen Umgang wünschte" (Kant an Erhard, 21. Dez. 1792).

Mit unseren letzten Mitteilungen sind wir schon über das Jahrzehnt 1781—90 hinausgekommen. Einen passenden Abschluß zu unserer Skizze würde ein Auszug aus dem Briefe Johann Benjamin Jachmanns (älteren Bruders des Kant-Biographen) bilden, der dem „ewig teuren Lehrer und Freund" am 14. Oktober 1790 ausführlichen Bericht über seine Reise von Paris, wo er das Nationalfest mitgemacht, über Straßburg, Mainz, Frankfurt, Marburg, Göttingen, Hannover und Braunschweig nach Halle abstattete. Allein wir müssen den Leser auf das über ein Dutzend Druckseiten füllende Schreiben selbst verweisen und wollen nur erwähnen, daß er in ihm höchst anschaulich eine ganze Reihe von Kants gelehrten Korrespondenten schildert, die er, zum Teil mit Empfehlungsschreiben desselben ausgerüstet, besuchte: so Georg Forster in Mainz, Bering in Marburg, der doch noch immer schief angesehen wurde und *in ecclesia pressa* lebte, Blumenbach, Lichtenberg, der sich besonders stolz auf den Brief des „Propheten aus dem Norden" zeigte, Kästner und Feder in Göttingen, Rehberg in Hannover, Jakob, Beck und den „Dr. und jetzigen Bierschenken" Bahrdt in Halle.

b) *Die Rezension von Herders ‚Ideen'.*

Wenn unser Philosoph auch in diesem Jahrzehnt seine wertvolle Zeit vor allem dem Ausbau seines Systems widmete — er erklärte Schütz, sich nicht selbst „mit Widerlegungen mehr aufhalten zu wollen" (23. März 1787) —, so konnte er doch nicht umhin, sein gewichtiges Wort in die Wagschale fallen zu lassen, wo man es besonders dringlich forderte, oder, wo er gar seine eigene Lehre bedroht sah. Dahin gehören drei Abhandlungen, mit denen er in, wir würden heute sagen, „aktuelle" Fragen der Zeitphilosophie eingriff: 1. Die zwei Rezensionen von Herders *Ideen* (Januar und November 1785); 2. das entscheidende Wort in dem Mendelssohn-Jacobischen Streite durch den Aufsatz über das *Sich im Denken Orientieren* (1786), und 3. die Streitschrift gegen Eberhard (1790). Von ihnen hat die letzte am wenigsten allgemeine Bedeutung, auf die der zweiten werden wir noch kurz zurückkommen. Bezüglich der Entstehung und des Inhalts beider verweisen wir auf unsere Einleitungen zu ihrer Ausgabe[1]. Die interessanteste ist, schon wegen der Persönlichkeit des Behandelten, die Rezension von Herders *Ideen*.

Herder hatte sich die Mahnung des einstigen Lehrers, weniger mit dem Gefühl zu arbeiten und zu klarer Ruhe des Denkens sich durchzuringen (vgl. oben S. 72), nicht zu Herzen genommen. Er ging vielmehr Bahnen, die einem anderen Königsberger verwandter waren. Statt die Kritik der reinen Vernunft, die er sich 1782 angeschafft, gründlich zu studieren, verließ er sich im wesentlichen auf das Urteil des „Magus“ (Hamann), der, von ihm aufgemuntert, eine freilich nicht veröffentlichte *Metakritik über den Purismum der reinen Vernunft* verfaßte. Gleich Hamann sah auch Herder in Kants Kritik nur das Bestreben, die abstrakte Vernunft unabhängig von aller Erfahrung, Überlieferung und sinnlicher Anschauung zu machen, d. h. am letzten Ende ein Versinken in leeren Formalismus und bloßen Wortkram. Indes hielt auch er sich von einem öffentlichen Auftreten gegen den immer noch von ihm verehrten früheren Lehrer zurück.

Da übernahm Kant — wie wir gesehen haben, auf Schütz' dringende Aufforderung — die Besprechung des ersten Teils von Herders *Ideen* im ersten Heft der *Jenaischen Allgemeinen Literaturzeitung* (Januar 1785). Er ließ dem einstigen Schüler alle Gerechtigkeit widerfahren: rühmte seinen „vielumfassenden Blick“, seinen Scharfsinn im Aufsuchen von Analogien, seine kühne Einbildungskraft, den großen Gedankengehalt, den bei einem Theologen seltenen Freimut, und im einzelnen „manche eben so schön gesagte, als edel und wahr gedachte Reflexionen“. Allein er vermißte die von einer Philosophie der Geschichte zu verlangende „logische Pünktlichkeit in Bestimmung der Begriffe“ und riet ihm, in den künftigen Teilen weniger mit Winken, Mutmaßungen und einer, „es sei durch Metaphysik oder durch Gefühle“, beflügelten Einbildungskraft als vielmehr durch „bestimmte Begriffe, beobachtete Gesetze und behutsame

---

[1]) In *Bd. 46* der *Philos. Bibl.*

Schlüsse" zu wirken. Ebenso lobte er in der Besprechung des zweiten Teils zwar die meisterhafte Disposition, die sinnreichen Urteile, die vielen poetischen Schönheiten, hatte aber auszusetzen, daß die Philosophie vielfach durch diesen poetischen Geist überwuchert würde, daß manchmal die kühnen Metaphern, poetischen Bilder und mythologischen Anspielungen dazu dienten, den Gedankenkern zu verdecken. Kein Wunder, daß der an sich schon empfindliche Herder sich durch diese Rezensionen gekränkt fühlte und in seiner kleinen Schrift *Gott* Kants leere Wortphilosophie, seine vermeintliche Loslösung von aller Erfahrung, seine Bestreitung aller Gottesbeweise tadelte. Charakteristisch ist das Urteil Schillers, der damals noch nicht Kantianer war, über Herders Schrift: „Der Anfang, der von Spinoza handelt, hat mir gefallen. Das übrige hat keine Klarheit für mich. Herder haßt (!) Kanten, wie Du wissen wirst" (Schiller an Körner, 24. Juli 1787). Zum offenen Ausdruck dieses Hasses sollte es erst später kommen.

Die Differenz zwischen Herder und Kant hängt, obgleich mehr innerlich als äußerlich, mit der Jacobi-Mendelssohnschen Angelegenheit zusammen. Die letztere erregte deshalb vom Herbst 1785 an etwa zwei Jahre lang so eifrig die gebildeten Kreise Deutschlands auch über die Fachgrenzen hinaus, weil sich mit ihr ein Streit allgemeinerer Art verband. Auf der einen Seite standen die eifrigen Verfechter der Aufklärung, die ihr geistiges Zentrum und ihren stärksten Ausdruck in Biesters mehrgenannter *Berlinischen Monatsschrift*, ihren Gönner in dem Minister Friedrichs des Großen, Freiherrn von Zedlitz, fanden; auf der anderen die Vertreter der Gefühls- und Glaubensphilosophie, deren extremsten Ausdruck Kants sonderbarer „Freund" und Landsmann Hamann darstellte, und deren philosophische Hauptvertreter Herder und mehr noch Friedrich Heinrich Jacobi (Düsseldorf) waren. Hamann, der übrigens selbst gegen Herder seinen „armen Kopf" gegenüber demjenigen Kants mit einem „zerbrochenen Topf, — Ton gegen Eisen" verglich (1. Juli 1781), tritt in diesen Kämpfen mehr zurück; zudem starb er gegen Ende dieses Zeitraums in Münster. Beide Teile wandten sich nun an den kritischen Philosophen, der philosophisch weder mit Mendelssohn noch mit den „Jacobiten" ganz einig war und demgemäß seine Entscheidung in dem Aufsatz *Über das Orientieren* fällte. Doch nicht mit diesem, an anderer Stelle *(Ph. Bibl. Bd. 46b S. XXVIII ff.)* von uns behandelten, philosophischen Schiedsspruch haben wir es jetzt zu tun, sondern mit den an diesen Streit sich heftenden allgemeinen Zeiterscheinungen, die auf eine

c) *Beginnende geistige Reaktion in Preußen*

hindeuten. Bereits am 15. Oktober 1783 hatte Plessing an Kant geschrieben; „Die Schwärmerei wandelt schon mit mächtigen Schritten heran", obwohl nicht „jedem bekannt" sei, von welchen Seiten die neue Gefahr drohe. Und als der Philosoph um nähere Aufklärung bat, äußerte er sich ausführlich in einem Briefe vom 15. März des folgenden Jahres. Kant habe richtig auf die Jesuiten geraten, stelle sich aber die von ihnen drohende Gefahr zu gering vor. „Unter allen möglichen Gestalten und Konnexionen" trieben sie jetzt ihr Wesen, unter [Frei-] Maurern, Katholiken und Protestanten, Prinzen und Fürsten. An Geisterbannerei und Goldmacherei glaube man in den vornehmsten Berliner Kreisen. Auch eine „sehr große Person in Potsdam" — gemeint ist offenbar der künftige Thronfolger, der 1781 in den Orden der „Rosenkreuzer" eingetreten war — gehöre diesen Kreisen an. Eine geheime Gesellschaft, deren Logen über ganz Deutschland und die Nachbarländer verbreitet seien — eben die „Rosenkreuzer" [K. V.] — arbeite der Aufklärung als vermeintlicher „Atheisterei" und „Werk des Teufels" entgegen. Möchte doch der große König nur noch zwanzig Jahre leben können! Kant aber möge seine Feder für die Sache „der Vernunft und der Menschlichkeit" führen. Das tat denn auch Kant von selbst in seinem mehrerwähnten Aufsatz von 1786, ohne sich jedoch durch übereifrige Freunde „unseres Moses", wie Markus Herz, in allzu scharfen Grimm gegen den „lumpigen Schwarm" der „unvernünftigen Jacobiten" (Herz an Kant, 27. Febr. 1786) hineintreiben zu lassen. Er wird zwar mit Biester gedacht haben: „Freilich wird die Sache der Schwärmerei zu arg in den Schriften der modischen Philosophen, Demonstration wird verworfen, Tradition (die niedrigste Art des Glaubens) wird empfohlen und über Vernunftbeweise erhoben" (Biester an Kant, 6. März 1786). Aber er wandte sich doch mehr warnend als scheltend an die „Männer von Geistesfähigkeiten und erweiterten Gesinnungen" (Jacobi, Herder u. a.): sie möchten nicht durch ihre unbesonnenen Angriffe die Freiheit des Denkens gefährden, „das einzige Kleinod, das uns bei allen bürgerlichen Lasten noch übrig bleibt". Denn Schwärmerei und „Erleuchtung" (es gab auch einen Orden der „Illuminaten"!) würden schließlich entweder zum Aberglauben oder zur völligen Gesetzlosigkeit im Denken und Wollen führen, damit aber das Eingreifen der Obrigkeit bewirken.

Ein solches schien zwar in der ersten Zeit nach des alten Königs Tod noch nicht eintreten zu sollen. Kant wurde, wie wir sahen, als Rektor bei der Huldigung in Königsberg von dem neuen Monarchen „huldvoll" empfangen, ja erhielt sogar später als besondere Anerkennung die persönliche Zulage. Als Jakob aus Halle Sommer 1787 in Berlin war, munterte Zedlitz ihn „sehr lebhaft" auf, Kants Philosophie in Halle zu verbreiten, und Minister Hertzberg sprach „mit großer Wärme" von Kant. Auch der alte Freund Berens berichtet am 5. Dez. 1787 aus Berlin: „Noch herrscht hier . . . dieselbe Denk- und Preßfreiheit". Ja, noch im Herbst 1788 wurde der junge Kiesewetter auf Staatskosten nach Königsberg geschickt, um Kantische Philosophie an der Quelle zu studieren und sie später bei Hofe zu lehren. Aber schon war die Wendung der Dinge eingetreten. Am 3. Juli 1788 war der orthodoxe Theologe Joh. Christoph Wöllner — den einst eine Randbemerkung des großen Friedrich als einen „betriegerischen und Intriganten Pfafen, weiter Nichts" charakterisiert hatte — aus „besonderem Vertrauen" König Friedrich Wilhelms II. an Stelle von Zedlitz zum Justizminister und Chef des geistlichen Departements ernannt worden. Und bereits sechs Tage später erschien dessen berüchtigtes Religionsedikt, das darauf hinwies, daß sogar Lehrer des lutherischen und kalvinischen Glaubensbekenntnisses die Grundwahrheiten der Hl. Schrift zu untergraben versuchten und unter dem falschen Schein der Aufklärung in unverschämter Weise zahllose Irrtümer verbreiteten. Zwar solle die in Preußen von jeher geübte Toleranz und Gewissensfreiheit bleiben, aber nur so lange, wie jeder seine eigene Meinung „für sich behalte“ und „sich sorgfältig hütet, andere . . . in ihrem Glauben wankend zu machen“. Ganz folgerichtig stellte dann ein neues Zensur-Edikt vom 19. Dezember 1788, um „der Zügellosigkeit der jetzigen sogen. Aufklärer“ und der „in Preßfrechheit ausartenden Preßfreiheit“ die nötigen Schranken zu setzen, alle im Inland verfaßten und nach dem Ausland (d. i. Nicht-Preußen) eingeführten Schriften unter strenge Kontrolle; der König erwarte, daß die Zensur „dem steuere, was wider die allgemeinen Grundsätze der Religion, den Staat und die bürgerliche Ordnung sei . . .“.

Indes schien das Religionsedikt anfangs ohne Wirkung zu bleiben. Die liberalen Theologen Spalding und Teller predigten, wie Berens aus Berlin an Kant schreibt, freier als je; ein anderer wollte Luthers Schriften über Denkfreiheit in Glaubenssachen drucken lassen, darunter den Satz: „Die Junker, Bischöfe und Fürsten sind Narren, die sich in Glaubens Sachen was anmaßen.“ Berens selbst riet, als Pendant ähnliche Stellen aus des verstorbenen Königs Schriften zu veröffentlichen. Er bat, wie schon andere vor ihm, den Philosophen, sich über diese Dinge demnächst in Biesters Monatsschrift zu äußern.

Inzwischen war Kiesewetter, durch Kants „Unterricht, Güte und väterliche Sorgfalt“ für den Königsberger Philosophen als seinen „zweiten Vater“ ganz gewonnen, Herbst 1789 nach Berlin zurückgekehrt. Durch ihn erhielt von da an Kant fortlaufend Kenntnis von den intimeren Vorgängen. Zedlitz hatte sich November 1789 schon ganz ins Privatleben zurückgezogen, aber Hertzberg lud Kiesewetter zu sich ein und sagte vieles zu Kants Lobe. Selbst Wöllner, der als beinahe unzugänglich galt und auch dem jungen Manne erst nach vergeblichen Gängen aus besonderer Gnade eine Audienz gewährte, gedachte ihm gegenüber damals noch Kants „mit großer Achtung“ und tat, als ob die Gewährung der Zulage an denselben in erster Linie ihm zu verdanken sei. Wöllner wußte wohl damals selbst noch nicht, welchen entschiedenen Gegner er in dem kritischen Philosophen besaß, zumal da manche Orthodoxe aus Kants System selber den Satz herzuleiten suchten, daß wir „wegen der Eingeschränktheit unserer Vernunft doch endlich zum blinden Glauben zurückkehren müßten“[1]) (Meyer an Kant, 5. Sept. 1788). Vom 1. Dezember an hielt Kiesewetter dann Vorlesungen über Logik und über die jüngst erschienene Kritik der praktischen Vernunft, die von 20 bis 25 Zuhörern besucht wurden, auch mehrere Privatvorlesungen u. a. der Oberhofmeisterin der jungen Prinzessin Auguste, einer Baronesse von Bielefeld, einer „jungen, schönen Dame“, die mit der Erfüllung ihrer Hofpflichten das Eindringen in die Geheimnisse des *a priori* und *a posteriori*, den Unterschied der analytischen und synthetischen Urteile zu vereinigen wußte, obwohl man durch die Philosophie „bei unserem Hofe nicht glänzt“! Wöllner hatte ihn zwar „in den prunkvollsten Ausdrücken“ seiner Gnade versichert, andere ihm aber geraten, sich in seinen Vorlesungen vor Spionen Wöllners in acht zu nehmen. In der Tat erschien auch in seiner ersten Vorlesung ein unbekannter junger Mann, der jedes Wort nachschrieb und durch seine „emsige Ängstlichkeit“ auffiel, übrigens in Zukunft wegblieb, nachdem Kiesewetter infolge jener Warnung die Vorsicht gebraucht, die Übereinstimmung von Kants formalem Sittengesetz mit dem Christentum zu betonen. Dieselbe Übereinstimmung legte er auch in einer gedruckten Abhandlung dar, die der König selbst dedizierte. Kant gegenüber rechtfertigte er diese Handlungsweise mit den Worten: „Heucheln kann ich und werde ich nicht; aber ich will für die gute Sache tun, was ich kann“ (3. März 1790).

Kiesewetter war inzwischen Gesellschafter des siebzehnjährigen Sohnes des Ministers Graf Schulenburg geworden und wohnte in dessen Hause, unterrichtete auch zwei Prinzen und eine Prinzessin in den freilich ungefährlichen Fächern der physischen Geographie und Arithmetik. So erfuhr und verriet er Kant allerlei, was hinter den Kulissen vorging: sowohl

[1]) Sie werden sich dabei auf den ganz anders gemeinten, aber in der Tat vieldeutigen Satz aus der Vorrede zur 2. Auflage (1787) der Kr. d. r. V. bezogen haben: „Ich mußte das Wissen aufheben, um zum Glauben Platz zu bekommen.“

von der Bigamie des Königs als von dessen kriegerischen Absichten gegen Österreich und Rußland im Frühjahr 1790, von der Günstlingswirtschaft am Hofe wie von der Leere des königlichen Schatzes usw. Interessanter für unseren Zweck sind die Nachrichten, welche die religiösen Strömungen in den oberen Regionen betreffen. Während Kiesewetter seine Vorlesungen über verschiedene Zweige der kritischen Philosophie, z. B. Anthropologie und Kritik der reinen Vernunft, fortsetzte, ja auch den Hofdamen (!) ein Kollegium zu lesen beabsichtigte (an Kant, 9. Nov. 1790), „sah der König den Herrn Jesus und saß oft Stunden und weinte", während die Königin öfters „auf Tischen und Stühlen herumtanzte und Geister sah" (*Briefw.* II S. 253 bzw. 156). In den eigentlich regierenden Kreisen kämpften anscheinend die beiden Richtungen noch miteinander. Ein neuer, orthodoxer Katechismus z. B., der durch eine scharfe Kabinettsorder zum alleinigen Gebrauch in allen Schulen eingeführt werden sollte — auch Kant erhielt von seinem Verleger ein Exemplar des „Wisches" (Kiesewetter), das dann als Merkwürdigkeit unter seinen näheren Freunden reihum ging — wurde nach langer, erregter Verhandlung (*Briefw.* II, 135) von dem in seiner Mehrheit noch liberalen Oberkonsistorium beanstandet und die Umarbeitung eines anderen alten Katechismus beschlossen (Kiesewetter an Kant, 20. April 1790).

Unterdessen schrieb der Philosoph — März 1790 — für seinen alten Schüler Borowski (vgl. S. 121) einen Aufsatz über die „jetzt so überhandnehmende Schwärmerei und die Mittel dagegen". Als Hauptmittel empfiehlt er, anstatt oberflächlichen Vielerleilernens, das gründliche Lernen des Wenigeren, sowie Pflege der echten Naturforschung durch Beobachtung und Experiment; gegenüber dem mystischen Unfug verachtendes Stillschweigen, im Falle der Verletzung der Sittlichkeit allenfalls die Polizei! Er ahnte wohl damals noch nicht, daß man ihm gegenüber nicht stillschweigen, und daß sich die Staatsgewalt gegen seine Auffassung von Religion und Sittlichkeit ihrer Machtmittel bedienen würde.

Sechstes Kapitel.

Die Altersjahre.

1790—1804.

1. Beginnende Altersspuren. Die Vorlesungen der letzten Jahre. Ende der akademischen Tätigkeit.

Weshalb beginnen wir mit dem Jahre 1790 einen neuen, den letzten Abschnitt von Kants Leben? Einmal, weil in diesem Jahre die letzte der drei großen Kritiken erscheint und damit ein gewisser Abschluß seiner philosophischen Lebensarbeit erreicht ist. Dann aber auch, weil um diese Zeit die Zeugnisse über sein Altwerden, zumal aus seinem eigenen Munde, immer häufiger werden. Schon am 13. September 1785 freilich hatte er Schütz geklagt: „Ich bin schon so ziemlich alt und habe nicht mehr die Leichtigkeit, mich zu Arbeiten von so verschiedener Art so geschwinde umzustimmen wie ehedem. Ich muß meine Gedanken ununterbrochen zusammenhalten, wenn ich den Faden, der das ganze System verknüpft, nicht verlieren soll.“ Aber das galt doch mehr der Abwehr eines Vielerlei von zerstreuenden Arbeiten und der Konzentration auf die kritische Hauptarbeit. Erst ganz zu Ende der 80er Jahre zeigen sich deutlichere Altersspuren. Am 21. September 1791 schreibt er Reinhold: „Seit etwa zwei Jahren hat sich mit meiner Gesundheit, ohne sichtbare Ursache und ohne wirkliche Krankheit ... eine plötzliche Revolution zugetragen, welche meine Appetite in Ansehung des gewohnten täglichen Genusses schnell umstimmte, wobei zwar meine körperlichen Kräfte und Empfindungen nichts litten, allein die Disposition zu Kopfarbeiten, selbst zu Lesung meiner Kollegien, eine große Veränderung erlitt. Nur zwei bis drei Stunden vormittags kann ich zu den ersteren anhaltend verwenden, da sie dann durch eine Schläfrigkeit (unerachtet des besten gehabten Nachtschlafs) unterbrochen wird und ich genötigt werde, nur mit Intervallen zu arbeiten, mit denen die Arbeit schlecht fortrückt und ich auf gute Laune harren und von ihr profitieren muß . . . Es ist, denke ich, nichts als das Alter, welches dem einen früher, dem anderen später Stillstand auferlegt." Immerhin war er, nachdem er sich schon „einige Jahre vorher" zum Zweck besserer Nachtruhe daran gewöhnt hatte, die Abende niemals zusammenhängender Arbeit, sondern abwechselnder und leichterer geistiger Beschäftigung zu widmen, Anfang Dezember 1789 noch gewohnt, den ganzen Vormittag durchzuarbeiten (an Reinhold, 1. Dez. 1789). Bald darauf muß sich jene „Revolution" zugetragen haben, die ihn zu noch strengerem Haushalten mit seinen geistigen Kräften nötigte.

Die gewohnten Hauptvorlesungen setzte er indes auch in den 90er Jahren nach wie vor fort: Sommers vier Stunden Logik und vier Stunden physische Geographie nebst einem einstündigen Examinatorium über die erstere, im Winter ebensoviel Wochenstunden Metaphysik[1]) mit Examinatorium darüber und Anthropologie; und zwar in den altgewohnten Stunden: das „öffentliche" Kolleg an den vier „Haupttagen" von 7 bis 8, das Privatkolleg von 8 bis 10 Uhr früh. Die Hauptvorlesungen waren auch in dieser Zeit noch von 50—80 eingeschriebenen Zuhörern besucht. Natürlich machte sich das höhere Alter jetzt stärker bemerkbar. „Schon in den Jahren achtzig des vergangenen Jahrhunderts", erzählt Rink, der ihn von 1786 bis 1789 gehört hat, „verlor sein Vortrag zuweilen an Lebhaftigkeit in der Art, daß man hätte glauben mögen, er werde einschlummern; in welcher Meinung man bestärkt werden mußte, wenn man in seiner Körperbewegung dann mit einem Mal ein plötzliches Zusammennehmen seiner abgespannt scheinenden Kräfte wahrnahm." Auch Fichte fand, als er am 4. Juli 1791 bei ihm hospitierte,

---

[1]) Nur einmal (Winter 1793/94) statt der theoretischen Metaphysik: Metaphysik der Sitten oder Allgemeine Praktische Philosophie und Ethik.

seine vielleicht zu hoch gespannten Erwartungen nicht befriedigt; „sein Vortrag ist schläfrig“, schrieb er in sein Tagebuch. Ähnlich berichtet der junge Reusch von einer etwa drei Jahre späteren Zeit: „Seine Stimme war schwach, und er verwickelte sich im Vortrag und wurde undeutlich“, so daß er — der freilich erst Fünfzehn- bis Sechzehnjährige — nur einzelne „leuchtende Blitze“ in seine Seele habe aufnehmen können. Dagegen sei die geographische Vorlesung „wohl verständlich, ja höchst geistreich und unterhaltend“ gewesen. Wesentlich günstiger ist das Urteil des 22jährigen Grafen Purgstall, der April 1795 als Schüler Reinholds von Kiel auf einige Wochen nach Königsberg und von da „strahlend wie Moses vom Gebirg Sinai“ zurückkam. Nachdem er die uns schon bekannte Art, wie Kant das vorgeschriebene Kompendium benutzte, geschildert, berichtet er weiter: Alles, was dem Vortrage an Form fehle, werde reichlich durch die Vortrefflichkeit des Stoffes ersetzt. Und „wenn man einmal dahin gekommen ist, seine Stimme zu verstehen, so wird es einem nicht schwer, seinen Gedanken zu folgen. Letzt sprach er über Raum und Zeit, und mir war, als hätte ich keinen noch so verstanden als ihn“. Übrigens verwies der Philosoph öfters wohl solche, die „genaueren Privatunterricht suchten“, an jüngere Kräfte seiner Richtung, wie die außerordentlichen Professoren Pörschke und Gensichen und den späteren Herausgeber seiner *Logik*, Magister Jäsche. Pörschke las z. B. im Sommer 1795 vierstündig — Mittwoch und Samstag von 6 (!) bis 8 Uhr früh — über die Kritik der reinen Vernunft; und der Theologe Schulz kündigte für Winter 1795/96 ein Kolleg über Kants *Religion innerhalb etc.* an, das jedoch durch ein Reskript Wöllners vom 8. September „ein und für allemal“ untersagt wurde.

Im Sommer 1796 hat Kant zum letzten Male Vorlesungen, dagegen anscheinend kein Examinatorium mehr gehalten, und zwar brach er sie früher als sonst ab: die physische Geographie am 13., die Logik am 23. Juli. Am 23. J u l i 1796 hat also aller Wahrscheinlichkeit nach Immanuel K a n t d a s K a t h e d e r z u m l e t z t e n M a l e b e s t i e g e n. Für den Winter 1796/97 kündigte er zwar nochmals Metaphysik, für den Sommer 1797 sogar Logik und physische Geographie an, mit dem Zusatz: *modo per valetudinem seniumque liceat* („wenn es mir Gesundheit und Alter erlauben"), aber in den Akten des Senats wie des Ober-Schul-Collegiums in Berlin findet sich bezüglich der drei verflossenen Semester 1796/97, 1797 und 1797/98 von Kants eigener Hand der Vermerk: „Ich habe Alters und Unpäßlichkeit halber keine Vorlesungen halten können" bzw. „hat wegen Schwäche des Alters nicht lesen können", „hat Alters und Krankheit halber nicht Vorlesungen halten können". Für die beiden folgenden Semester ist die entsprechende Eintragung von Mangelsdorff bzw. Reusch gemacht. Seitdem findet sich Kants Name überhaupt nicht mehr aufgeführt[1]).

Dekan war Kant, wie wir sahen, 1791 zum letzten Male gewesen. Das Rektorat, das ihn Sommer 1796 der Reihenfolge nach hätte treffen müssen, lehnte er schon im voraus ab, „da ich durch die Schwächen des Alters gedrungen, mich zu Führung desselben für unvermögend erklären muß", desgleichen auch eine Führung durch einen anderen in seinem Namen, und verzichtete auch freiwillig auf alle damit verbundenen „Emolumente" (Kant an Rektor Elsner, 26. Februar 1796). Einen gewissen feierlichen Abschluß erhielt Kants Zurücktreten von seiner akademischen Tätigkeit durch einen anscheinend ganz spontan erfolgten Aktus der Studentenschaft. Am 14. Juni 1797 nämlich begaben sich sämtliche Studierende in feierlichem, von mehreren Musikkorps begleitetem Zuge zu der Wohnung Kants und überreichten ihm ein zu seinen Ehren verfaßtes sechsstrophiges Gedicht, das ihn als „der Erde allergrößten Geist", der selbst einen Plato und Newton weit hinter sich zurückgelassen, feierte, und in dem es u. a. hieß:

[1]) Nach diesen von *A. Warda* gegebenen aktenmäßigen Feststellungen (*Altpreuß. Mon. Bd. 38 S. 84ff.*) erledigt sich die von den Kantforschern mehrfach behandelte Frage: Wann hörte Kant zu lesen auf? Und es ergibt sich die auffallende Tatsache, daß sämtliche zeitgenössische Biographen, die sich darüber geäußert (Borowski, Jachmann, Wald, Hasse, Rink, Reusch), sowie auch Schubert in ihren Angaben unzuverlässig sind. Daß Kant, was Arnoldt und Warda für „nicht ausgeschlossen" halten, gleichwohl noch nach Juli 1796 das eine oder das andere Mal „das Katheder bestiegen" habe, scheint uns hiernach äußerst zweifelhaft.

„Mehr denn achtzehntausend Tage schon
Sind als Lehrer ruhmvoll dir entflohn,
Und noch blickt dein Geist mit Jugendfülle
In das Heiligtum der höchsten Wahrheit,
Hellt das Dunkelste mit lichter Klarheit,
Trotz dem Schwanken seiner schwachen Hülle."

Ein Graf Lehndorff hielt eine dazu passende Ansprache. Ein Zeitungsbericht hebt ausdrücklich hervor, daß die Kundgebung „um so rührender" gewirkt habe, „als kein anderweitiger, besonderer Anlaß dazu aufgefordert hatte".

Hatte der Philosoph nun auch seine Vorlesungen aufgegeben und auf die Bekleidung der Dekan- und Rektorwürde freiwillig verzichtet, so war er darum doch keineswegs gewillt, sich gewissermaßen zwangsweise aufs Altenteil setzen zu lassen, wie dies von gegnerischer Seite 1797/98 versucht wurde. Da Kant den jeden Mittwoch stattfindenden Senatssitzungen, an denen er nie gern teilgenommen, seit 1795 dauernd ferngeblieben war, beantragte unter dem Rektorate seines Gegners Metzger sein juristischer Kollege, der Universitätskanzler Holtzhauer, daß die Senatsstelle Kants und die des in gleichem Falle befindlichen Professor Reccard künftig durch zwei „Adjunkten" ersetzt werden sollten. Dagegen protestierte Kant in einer geharnischten Erklärung vom 3. Dez. 1794, in der er Holtzhauers Antrag als „unrichtig in seiner Angabe, widersprechend in seinem Plane und beleidigend in seiner Zumutung" energisch zurückwies. Er und Reccard hätten sich durch ihr Fehlen im Sitzungszimmer des Senats keineswegs für *emeritos* erklären wollen, d. h. für „einen, der, nachdem er gänzlich von der Academie Abschied genommen, jubiliert, d. i. in den Ruhestand und auf Pension gesetzt ist: ein Gebrauch, der bei uns unerhört ist und auch wohl immer bleiben wird". Das ostpreußische Ministerium gab denn auch auf einen nochmaligen Antrag Holtzhauers alsbald die ihm gebührende Antwort: daß es nicht „gemeinet" sei, „denen Professoren Reccard und Kant, welche der Academie viele Jahre hindurch mit Ruhm und Nutzen gedient haben, und zu denen Wir das Vertrauen hegen können, daß sie, soviel ihre Kräfte es gestatten, auch darin fortfahren werden, Gehülfen für ihre akademischen Geschäfte beizuordnen, zumalen sie selbst darum nicht angesuchet haben" (31. Juli 1798).

Erst am 14. November 1801 legte Kant, dem Beispiele seines bei weitem jüngeren Freundes Kraus folgend, seine Senatsstelle zugunsten seines Kollegen Hasse nieder, allerdings auf Anregung eines Schreibens von Rektor, Kanzler und Senat vom 12. November, das ihm alle Emolumente, auf die er nicht selbst schon verzichtet, *ad dies vitae* überließ. Dies nicht mehr von ihm geschriebene, sondern nur noch unterzeichnete Schriftstück ist, soviel bisher bekannt, die letzte amtliche Erklärung Kants.

2. Weitere Ausbreitung der Kantischen Philosophie in den 90er Jahren.

A. *In Deutschland.*

Kants Philosophie setzte ihren Siegeszug in den 90er Jahren zunächst weiter fort, bis etwa gegen Mitte derselben nicht bloß der von Anfang an selbständigere Fichte, sondern auch bisherige eifrige Anhänger wie Reinhold und Beck eigene Wege zu gehen begannen.

In Jena dauerte die Begeisterung für Kant auch zu Anfang der 90er Jahre fort. In seinem Kantkolleg hatte Reinhold im Winter 1790/91 95, im folgenden 107, im darauffolgenden sogar 158 Zuhörer, also weit mehr als der Meister selbst (Reinhold an Kant, 21. Januar 1793). Durch Reinhold wurde hier vor allem — nicht sowohl durch äußere Eindrücke, als durch mehrjähriges eindringendes Studium — auch Schiller gewonnen, der dann seinerseits wieder seine Freunde Wilhelm von Humboldt und seit 1794 Goethe in Kantischem Sinne beeinflußte. Da wir diesen Dingen an anderem Orte[1]) eine eingehende Darstellung gewidmet haben, so sei an dieser Stelle nur auf die dadurch entstandenen persönlichen Beziehungen hingewiesen.

Schiller ließ zuerst im Juni 1789 durch Reinhold den kritischen Philosophen seiner „warmsten und innigsten“ Verehrung versichern, worauf ihm dieser im Herbst durch den in Königsberg gewesenen Hufeland einen Gegengruß zusandte. In nähere Beziehung gerieten beide erst,

---

[1]) *Karl Vorländer, Kant—Schiller—Goethe. Leipzig 1907.*

als Biester im Oktober 1793 den Philosophen auf Schillers *Anmut und Würde* aufmerksam machte, woraufhin dann Kant in einer Anmerkung der 2. Auflage seiner *Religion innerhalb etc.* (S. 22 f.) auf Schillers Einwendungen gegen seinen „Rigorismus" in liebenswürdigster Weise zurückkam, was den Dichter mit größter Freude erfüllte. Dieser benutzte dann die Einladung zur Mitarbeit an den *Horen*, die er am 13. Juni 1794 an Kant ergehen ließ, um ihm „für die Aufmerksamkeit zu danken, deren Sie meine kleine Abhandlung gewürdigt und für die Nachsicht, mit der Sie mich über meine Zweifel zurechtgewiesen haben". Da Kant auf diesen Brief nicht erwiderte, sandte ihm Schiller dreiviertel Jahre später die beiden ersten Hefte der *Horen* mit der nochmaligen Bitte um Mitarbeit in einem kurzem Begleitschreiben zu. Auf diesen Brief vom 1. März 1795 antwortete dann endlich Kant am 28. desselben Monats, daß ihm „die Bekanntschaft und das litterärische Verkehr" mit einem so „gelehrten und talentvollen" Manne wie Schiller „anzutreten und zu kultivieren" nur erwünscht sein könne, und daß er dessen Ästhetische Briefe vortrefflich finde; für den erbetenen Beitrag zu den Horen bittet er um Aufschub. Allein nicht einmal zur „Kultivierung" der wissenschaftlichen Korrespondenz mit dem „Gelehrten" Schiller ist es gekommen. Den Dichter scheint er kaum gekannt zu haben. Er war, ähnlich Friedrich dem Großen, in seinem poetischen Geschmack durchaus ein Mann der alten Schule[1]), Haller, Pope und Wieland, daneben einige Satiriker wie Liskow, Kästner u. a. die von ihm bevorzugten Dichter. Auch von Goethe hat er deshalb, wenn er auch durch Hamann seinen Namen schon früh gekannt hat, „nie Notiz genommen", wie dieser selbst sich noch wenige Jahre vor seinem Tode zu Eckermann äußerte. Klopstock blieb ein Gegner Kants.

Von anderen Dichtern wandte sich Kosegarten mit einer begeisterten Zueignung (*Briefw. III 369—71*) und

---

[1]) Auch er selbst hat nach der Sitte der Zeit Gedenkverse auf verstorbene Kollegen verfertigt, von denen sechs aus den Jahren 1770—1782 stammende erhalten sind (*Briefw.* III 421—423). Sie sind in der hergebrachten Form des Alexandriners gehalten und zeigen nicht den mindesten Flug der Phantasie, dagegen, wie zu erwarten, klare Verständigkeit und echten sittlichen Gehalt.

einem warmen Verehrungsbrief (*ebd. II, 146—48*) an den Philosophen. Auch Jean Paul war für die Ethik des Königsberger Philosophen begeistert. Er schrieb einem vertrauten Freund (Pfarrer Vogel) am 13. Juli 1788: „Kaufen Sie sich ums Himmels willen zwei Bücher: Kants Grundlegung zu einer Metaphysik der Sitten und Kants pracktische Vernunft. Kant ist kein Licht der Welt, sondern ein ganzes strahlendes Sonnensystem auf einmal."

Nach Jena kam zu Ostern 1794 als Anhänger Kants auch J. G. Fichte. Dieser war am 1. Juli 1791 nur deshalb nach Königsberg gekommen, um dem Mann, dem er, nachdem er vorher „in mancherlei Labyrinthen herumgeirrt", seit kurzem „alle seine Überzeugungen und Grundsätze", dem er seinen „Charakter bis auf das Bestreben, einen haben zu wollen" verdankte, näher kennen zu lernen. Um ihm zu beweisen, daß er keiner seiner Durchschnittsverehrer sei, schrieb er dann in fünf Wochen tiefster Zurückgezogenheit daselbst seinen *Versuch einer Kritik aller Offenbarung*, den er „dem Philosophen" dedizierte und überschickte. Dieser verwandte sich nun mündlich und schriftlich lebhaft für den „jungen brotlosen Mann", dessen Bedeutung er erkannt hatte, bei Borowski, dem Schwager des Verlagsbuchhändlers Hartung, und bewirkte so, daß dieser die von dem großen Philosophen empfohlene Schrift in Verlag nahm. Sie erschien — nicht ohne daß der Verfasser vorher Schwierigkeiten mit der Zensur der Hallenser theologischen Fakultät gehabt hatte — Ostern 1792, und zwar durch ein Versehen [oder eine Spekulation?] des Verlegers anonym. Da man sie infolge des Titels und Verlagsorts allgemein für ein Werk Kants hielt, dessen Religionsphilosophie man gerade damals mit Spannung erwartete, so wurde der bis dahin unbekannte Verfasser durch sie mit einem Schlage berühmt. Er erhielt — zumal da Kant ihn bei seiner Aufdeckung des wahren Sachverhalts in der Jenaer Literaturzeitung warm anerkannte — bald eine Aufforderung zur Mitarbeit an der letzteren und Ende Dezember 1793 den durch Reinholds Fortgang nach Kiel freigewordenen philosophischen Lehrstuhl der Jenaer Universität. Anfangs voll begeisterter Verehrung für seinen Meister und Wohltäter — noch am 20. September 1793 versichert er ihn, daß „der Gedanke an Sie immer mein Genius sein wird" —, wandte er sich infolge seiner in anderer Richtung sich vollziehenden philosophischen Entwicklung allmählich von ihm ab. Der anfangs rege Briefwechsel wird immer sporadischer, abfällige Urteile Kants gelangten immer häufiger zu Fichtes Ohren, und jener riet ihm selbst in einem Briefe vom Dezember 1797, anstatt fruchtloser Spitzfindigkeit seine treffliche Gabe populärer Darstellung zu kultivieren; worauf Fichte sofort erwidert, er denke nicht daran, der „Scholastik" den Abschied zu geben, treibe sie vielmehr mit Lust und Leichtigkeit, sie stärke und erhöhe seine Kraft. Der endgültige Bruch erfolgte im Jahre 1799, indem Kant in einer öffentlichen Erklärung der Jenaer Literaturzeitung Fichtes Wissenschaftslehre als ein „gänzlich unhaltbares" System und ihren Verfasser als einen falschen, ja hinterlistigen „Freund" bezeichnete, worauf Fichte in derselben Zeitschrift, in Gestalt eines offenen Briefes an Schelling, sehr gemäßigt antwortete, während er allerdings in einem Privatbriefe an den letzteren Kants Philosophie, in Nicht-Fichteschem Sinne aufgefaßt, für „totalen Unsinn" und in einem ebensolchen an Reinhold den Königsberger Weisen für einen „Dreiviertelskopf" erklärte.

In Berlin wirkte, wie wir schon aus dem vorigen Kapitel wissen, Kiesewetter für die Kantische Lehre. Zu dem jüdischen Kreise von Kantverehrern, der sich hier um Markus Herz und andere frühere Schüler des kritischen Philosophen sammelte, gehörte als ihr scharfsinnigster Kopf seit Ende der 80er Jahre der 1753 geborene Salomo Maimon, der „die besten Jahre seines Lebens in den litthauischen Wäldern, entblößt von jedem Hilfsmittel zur Erkenntnis der Wahrheit" zugebracht hatte und nun durch die Unterstützung wohlgesinnter Berliner Glaubensgenossen in den Stand gesetzt war, seinen heißen Wissenschaftsdurst zu stillen (an Kant, 7. April 1789). Als Kant einen Teil des ihm zugesandten Manuskripts der Lektüre gewürdigt und ihm geschrieben hatte, daß dasselbe „in der Tat kein gemeines Talent zu tiefsinnigen Wissenschaften verrate", war er hocherfreut; noch mehr darüber, daß der Philosoph in einem langen Briefe an M. Herz (26. Mai 1789, *Briefw. II*, 48—55) ausführlich auf seine Einwendungen eingegangen war, da niemand von seinen Gegnern „ihn und die Hauptfrage so wohl verstanden“ und „wenige zu dergleichen tiefen Untersuchungen soviel Scharfsinn besitzen möchten als Hr. Maymon“. Er ließ sich dadurch bestimmen, ihm in den folgenden Jahren immer neue Erzeugnisse seiner literarischen Tätigkeit zuzuschicken, und, als Kant darauf nicht mehr antwortete, ihn sogar durch einen Dritten, den ihm befreundeten G. W. Bartoldy, an sich erinnern. Auch der letzterhaltene Brief vom 2. Dezember 1793 erbittet, obwohl er sich selbst seiner „unschicklichen Zudringlichkeit bewußt“ bekennt, wieder Kants Urteil über seine neueste Schrift.

Aus Marburg konnte der treue Bering März 1793 von neuen Fortschritten berichten. Ein dortiger Theologieprofessor Zimmermann zählte zu Kants früheren Schülern, ein anderer, der zum Jus übergegangene Robert, war durch Bering selbst zum Kritizismus bekehrt worden; der Philologe L. Creuzer wandte sich an ihn, und der Buchhändler Krieger bat, eine Sammlung seiner neueren kleineren Abhandlungen in Verlag nehmen zu dürfen. Auch ein Schwiegersohn Jung-Stillings, der Landpfarrer Schwarz in Dexbach bei Marburg, unterstützte diese Bitte in einem längeren, ehrfurchtsvollen und von der Sendung einer religionsphilosophischen Schrift begleiteten Briefe.

In Göttingen kamen zu den bisherigen Freunden neue hinzu: so der Theologe Stäudlin, den Kant später (1798) durch die Zueignung seines *Streits der Facultäten* ehrte, der Ästhetiker Bouterwek, den Kant in einem schmeichelhaften Briefe vom 7. Mai 1793 zu dem ihm selbst versagten „seltenen Talent“ beglückwünschte, „scholastische Genauigkeit in Bestimmung der Begriffe mit der Popularität einer blühenden Einbildungskraft vereinigen zu können“, und der bekannte Dichter Bürger, der eine Vorlesung über Kant hielt.

Auf J. S. Beck in Halle setzte Kant zu Anfang der 90er Jahre große Hoffnungen. Er sollte zur größeren Verbreitung des Systems einen Auszug aus demselben ausarbeiten, worüber sich eine lebhafte Korrespondenz zwischen beiden entspann. Doch ist es nur zu jener Bearbeitung einer von Kant später verworfenen längeren

Einleitung zur Kritik der Urteilskraft gekommen, die wir heute unter dem Titel *Über Philosophie überhaupt* besitzen. In seiner Schrift: *Einzig möglicher Standpunkt, aus dem die kritische Philosophie beurteilt werden muß* (1796) ging dann Beck — anscheinend, ohne sich dessen ganz bewußt zu sein — ähnlich, wenn auch nicht so weit, über Kant hinaus, wie Reinhold in seiner *Neuen Theorie des Vorstellungsvermögens.* Dagegen erhielt unser Philosoph zu Halle einen neuen treuen Anhänger in J. H. Tieftrunk, der von der Regierung ursprünglich zur Vermittlung von Theologie und Philosophie dorthin gesandt war, bald aber ganz zum Kritizismus überging. Er war es auch, der mit Kants Autorisation dessen *Vermischte Schriften* (Halle, 3 Bde., 1797—99) herausgab, nachdem der Wunsch dazu schon oft — in Zeitschriften wie in Briefen an Kant — geäußert, auch schon mehrere Nachdrucke einzelner erschienen waren und der Philosoph seine 1793 gehegte Absicht, sie selbst verbessert zu edieren, aufgegeben hatte.

In dem benachbarten Magdeburg stiftete der reformierte Prediger Mellin, der später das bekannte große sechsbändige Lexikon zum leichteren Verständnis der Kantischen Schriften verfaßte, eine philosophische Gesellschaft zur Verbreitung der kritischen Philosophie. In Gießen wirkte seit 1791 Schmid und, nachdem dieser zwei Jahre darauf wieder nach Jena zurückgekehrt, Snell in kantfreundlichem Sinne, in dem kurtrierschen Bonn B. Fischenich, der in Jena unter Reinhold studiert hatte und 11. Februar 1793 von Schiller zu dem Erfolge seiner Verkündigung des dort noch ganz neuen „Evangeliums" von Kant beglückwünscht wird. In Erlangen bekennen sich die Theologen Ammon (später in Göttingen) und Seiler zu ihm. Selbst Gegner, wie Flatt in Tübingen, schreiben doch ehrfurchtsvoll an ihn; Flatt verwahrt sich u. a. entrüstet dagegen. der Verfasser einer Schmähschrift: *Kritik der schönen Vernunft, von einem Neger* zu sein.

Auch im „katholischen Teutschland" machte die kritische Philosophie, nach den ausführlichen Mitteilungen des treuen Reuß an den Meister (1. April 1796), weitere Fortschritte. Von Würzburg selber berichtet er: „Die Professoren der Theologie und Rechtsgelahrtheit modeln fast alle, wo nicht die Wissenschaft, die sie lehren, wenigstens die Art ihres Vortrags nach Ihren Grundsätzen, sogar beim Religionsunterricht benutzt man Ihre Grundsätze, in Katechese u. in Predigten: bloß um Kantische Philosophie bei mir zu hören, kommen viele Fremde hierher." Ja sogar Mädchen und Frauen waren eifrige Kantianerinnen, in vielen Frauenzimmergesellschaften bildete Kants System „stets das Lieblingsgespräch"! (Stang an Kant, 2. Okt. 1796). Nicht ganz so gut, aber doch „ziemlich hell", fährt Reuß' Bericht fort, sehe es auf den Hochschulen zu Bamberg und Heidelberg aus, „desto finsterer in Bayern, Schwaben und der katholischen Schweiz". Aber auch in diesen Gegenden glaubte er ein Jahr später durch ein „Vorlesbuch in lateinischer Sprache" — die dort allein erlaubte — festeren Fuß gefaßt zu haben. Schlimmer stand es in Österreich, wo die kritische Philosophie „als Feindin erklärt" war, wie Stang nach einer Wiener Reise meldet. Der Kaiser — nicht mehr der freisinnige Josef II., sondern der beschränkte Franz — war „ganz dagegen eingenommen", und als ihm der Studiendirektor v. Birkenstock dieselbe anpries, „drehte sich der Kaiser herum und sagte: Ich will einmal für allemal von diesem gefährlichen System nichts wissen". Ein ungarischer Professor wurde, infolge der Kabalen der „ganzen hohen Geistlichkeit" gegen ihn, wegen des „verderblichen, zum Skeptizismus führenden Systems" abgesetzt, ebenso der „Rektor der Philosophie von Grätz [d. h. Graz in Steiermark], in welchem letzteren Orte mehrfache Nachdrucke Kantischer Schriften erschienen sind.

Als Kuriosum sei endlich noch erwähnt, daß im Jahre 1793 im Mecklenburgischen ein angeblicher Magister Kant umherzog, der sich als — Sohn unseres Philosophen ausgab und „das dortige, besonders das literarische Publikum brandschatzte", sodaß die Jenaer Literaturzeitung vor diesem „Vagabonden" zu warnen sich gedrungen fühlte. Kant schickte die betreffende Nummer (41) selbst seinem Biographen Borowski zu (a. a. O. S. 93 Anm.).

B. *Im Ausland.*

Aber auch über die deutschen Grenzen hinaus dringt Kants Philosophie jetzt vor. Daß sie in den benachbarten russischen, aber von zahlreichen Deutschen bewohnten Ostseeprovinzen Eingang fand, war natürlich; studierten doch unausgesetzt viele Kur- uud Livländer in Königsberg, für die der Philosoph sogar eine gewisse Vorliebe besessen haben soll. Die Mitteilung von Kants Bruder haben wir schon gehört, in Mitau wirkte sein früherer Schüler C. W. Cruse für seine Lehre; und ein, dem russischen Heere als Offizier angehörender Freiherr von Ungern-Sternberg, den die Kritik der reinen Vernunft nach langem Umherirren aus den „philosophischen Wäldern und Morästen" gerettet hatte, versichert ihm, seine Philosophie werde in seinem Vaterlande Livland „mit Vergnügen und Fleiß" studiert, was Kant als „echtem Kosmopoliten" gewiß Freude machen werde. Von der Petersburger Akademie der Wissenschaften wurde er durch ein — heute noch auf der Königsberger Universitätsbibliothek aufbewahrtes — Patent, unterzeichnet von der Fürstin Daschkow als Präsidentin und Euler, dem Sohn des bekannten Mathematikers und Philosophen, als Sekretär, am 28. Juli 1794 zum auswärtigen Mitglied ernannt.

Ebenso teilte ihm aus Siena in Toskana ein Graf Vargas am 4. April 1798 seine Aufnahme unter die 20 auswärtigen Mitglieder der dortigen italienischen Akademie mit.

Der Däne Baggesen pries ihn als „Messias den Zweiten". In Holland wirkte seit 1792 besonders Paulus van Hemert für den Kritizismus, begründete im Verein mit anderen 1798 eine besondere Zeitschrift, das *Kritische Magazin*, und in Amsterdam eine *Critische Gesellschaft*; auch begann man bereits einzelne Schriften Kants ins Holländische zu übersetzen (vgl. den Bericht von Glover an Kant, 16. Februar 1802). Aus Leiden sandte ihm Professor Wyttenbach die Biographie seines alten Schulkameraden Ruhnken, aus Utrecht ein Baron von Uttenhoven dem „premier Philosophe de l'Univers", dem Verfasser der „immortelle Theorie du Ciel", seine Übersetzung von Lamberts „Kosmologischen Briefen"; und H. van Bosch gar besang in 328 lateinischen Hexametern die kritische Ethik (van Bosch an Kant, 6. Juli 1799).

In Englands Hauptstadt eröffnete im März 1794 ein treuer Schüler von Kant und Kraus, namens Nitzsch, stark besuchte Vorlesungen über die kritische Philosophie — nach der ersten kam es zu einer großen Disputation —, die den ganzen Sommer über dauerten und im Winter fortgesetzt wurden. Ferner übersetzte Richardson, der in Halle durch Jacob und Beck in Kants Lehre eingeführt worden war, verschiedene Schriften desselben ins Englische, wobei er allerdings gestand, es sei sehr schwer, seine „in der Empirie berauschten" Landsleute zu dem kritischen Idealismus zu führen; sei es ihm selbst doch nicht besser gegangen (Richardson an Kant, 21. Juni 1798).

In Frankreich waren die bewegten Revolutionsjahre bis 1795 natürlich friedlichen philosophischen Studien nicht günstig, und auch nachher kam es nicht dazu. Freilich, wenn die Gerüchte wahr gewesen wären, die im Frühjahr über Kant kursierten, so hätte ihn „die französische Nation durch den Abt Sieyès ersucht, ihre entworfenen Constitutions-Gesetze zu untersuchen, das Unnütze wegzustreichen und das Bessere anzugeben" (Johann Plücker an Kant, 15. März 1796); oder er wäre gar „als Gesetzgeber, als Stifter der Ruhe und des Friedens nach Frankreich gerufen und habe dazu von seinem König die Erlaubnis erhalten" (M. Reuß an Kant, 29. März 1796). Möglich waren sie nur bei der bekannten freiheitlichen, der Französischen Revolution sympathisch gegenüberstehenden Gesinnung des Philosophen. Den spezielleren Anlaß zu diesen Gerüchten hatte wohl die Tatsache gegeben, daß ein Bureauchef im Wohlfahrtsausschuß, G. Theremin, durch seinen Bruder, einen Prediger in Memel, in der Tat einen Briefwechsel zwischen Sieyès und Kant anzubahnen versucht hatte, da jener dem letzteren philosophisch nahestehe und das Studium Kants in Frankreich als ein „Complement" der Revolution betrachten würde (A. L. Theremin an Kant, 6. Februar 1796, mit dem Brief des Pariser Bruders vom 2. Januar 1796 als Beilage). Nach Jachmann lehnte der Philosoph die Anregung ab, weil er nicht wünschte, daß sich „unser Staat in diese fremde Angelegenheit einer fremden Nation mischte". [Das paßt nicht als Antwort auf Theremins Schreiben, sondern nur als eine solche auf die oben erwähnten Gerüchte. K. V.] Auch zu der von C. Theremin beabsichtigten Übersetzung von Kants „Buch", d. i. doch wohl der Kritik der reinen Vernunft, kam es nicht. Dagegen wurden die populären *Beobachtungen über das Schöne und Erhabene* damals ins Französische übersetzt. Die Abhandlung *Zum ewigen Frieden* — die übrigens auch der dänische Gesandtschaftsarzt in Berlin ins Dänische, ein junger schwedischer Gelehrter in seine Muttersprache übersetzen wollte (Kiesewetter an Kant, 11. April 1797) — erfuhr sogar in Königsberg eine französische Übersetzung, die freilich in Paris als sprachlich hart empfunden wurde. Auszüge aus dieser kosmopolitischen Schrift Kants im Pariser Moniteur reizten 1798 mehrere französische Gelehrte zu näherer Bekanntschaft mit dem Kritizismus, wie denn auch das Pariser „National-Institut" 1797/98 einen Bericht über das neue philosophische System einforderte und Wilhelm von Humboldt, bekanntlich selbst ein eifriger Kantianer (vgl. S. 166), Herbst 1798 in diesem Institut eine Vorlesung über dessen Ergebnisse hielt. Der Ernennung Kants zum auswärtigen Mitgliede desselben kam sein Tod zuvor. Daß die Bemühungen des als Vermittler zwischen deutscher und französischer Philosophie verdienten Charles de Villers um Verbreitung der Kantischen Lehre noch zur Kenntnis unseres Philosophen gekommen sind, wissen wir jetzt durch ein kurzes Dankschreiben des Philosophen an ihn aus dem Jahre 1801 (*Briefw. IV, 523*). Sein Tischfreund Rink hat eine Arbeit desselben (1799) in seiner den Kritizismus gegen die damaligen scharfen Angriffe Herders (dessen „metakritische Invasion") verteidigenden Schrift übersetzt. Unwahrscheinlicher ist, daß die Kunde von Villers' auf Befehl Napoleons für diesen in vier Stunden (!) zu Papier gebrachtem Schriftchen: *Philosophie de Kant, Aperçu rapide des bases et de la direction de cette philosophie* [1801] [1]) zu den Ohren des kritischen Philosophen gedrungen ist.

---

[1]) Die nicht im Buchhandel erschienene Broschüre (12 Seiten Klein-Oktav) wurde von mir in Goethes Bibliothek zu Weimar aufgefunden und in den *Kantstudien III, S. 4—9* zum Abdruck gebracht. Vgl. auch den biographisch-bibliographischen Vorbericht Vaihingers ebd. S. 1—4.

3. Der Zusammenstoß mit der preußischen Reaktion[1] *und die gleichzeitigen Schriften.*

a) *Vorbereitungen. Die Schriften von 1791—1794.*

Während so Kants Ruhm innerhalb und fast noch mehr außerhalb seines Vaterlandes immer höher stieg, sollte er von der eigenen Regierung noch in hohem Alter seine Lehr- und schriftstellerische Tätigkeit ernstlich bedroht sehen. Schon im Frühsommer 1791 war in Berlin das Gerücht „allgemein" verbreitet, der Oberkonsistorialrat Woltersdorf, eins von den vier Mitgliedern der zur Durchführung der Wöllnerschen Edikte (s. Kap. V) im Mai d. J. eingesetzten „Immediat-Examinations-Kommission", habe es beim König dahin zu bringen gewußt, daß man Kant „das fernere Schreiben untersagt habe" (Kiesewetter an Kant, 14. Juni 1791). Doch es war eben nur ein die Lage bezeichnendes Gerücht, in Wirklichkeit wagte man sich doch an den berühmten Gelehrten noch nicht heran. Dieser schrieb indessen freimütig weiter. Im September des gleichen Jahres ließ er in der Biesterschen Monatsschrift einen Aufsatz *Über das Mißlingen aller philosophischen Versuche in der Theodicee* erscheinen, in dem er den Anspruch für alle Vernunftwesen erhob, jede Lehre zu prüfen, ehe sie sich ihr unterwürfen, und seinem Abscheu gegen alle Heuchelei in Glaubenssachen unverhohlenen Ausdruck gab. Insbesondere die „Schlußanmerkung" war deutlich auf den Gewissenszwang gemünzt, den die Wöllner und Hermes mit ihrem am 9. Dezember 1790 erlassenen „Examenschema" auf alle Theologiekandidaten auszuüben suchten. „Wie bald", so schrieb hier Kant, „solche blinde und äußere Bekennt-

---

[1]) Wir beschränken uns im folgenden auf die Erzählung des Wichtigsten. Eingehenderes siehe bes. bei *E. Fromm, I. Kant und die preußische Zensur, Lpz. 1894,* und *E. Arnoldt, Beiträge zu dem Material der Geschichte von Kants Leben und Schriftstellertätigkeit etc., Königsberg 1898.* Über die damit zusammenhängende Entstehung der *Religion innerhalb etc.* und des *Streit der Fakultäten* s. die Einleitungen zu meinen Ausgaben in Bd. 45 bzw. 46 der *Philos. Bibl.*, desgl. die in der Akademie-Ausgabe von Kants Werken von Wobbermin (Bd. V) und mir (Bd. VII). Unsere obige Darstellung kann diese Entstehung nur ganz kurz berühren.

nisse, wenn sie Erwerbmittel abgeben, allmählich eine gewisse Falschheit in die Denkungsart selbst des gemeinen Wesens bringen können, ist leicht abzusehen." In der Tat wurden denn auch, wie er selbst später in der Vorrede zum *Streit der Facultäten* erzählt, durch die neue, pietistische Prüfungsordnung „gewissenhafte Kandidaten der Theologie zu Scharen von geistlichen Ämtern verscheucht".

Zu dem religiösen kam ein politisches Moment hinzu. In Frankreich entwickelten sich in diesen Jahren die Verhältnisse in der bekannten Klimax: Herrschaft der Gironde, Prozeß und Hinrichtung des Königs, Terrorismus der Jakobiner. So wurden denn von den Verfechtern der Reaktion, die in Preußen jetzt am Ruder war, auch alle Deutsche, die wie Kant den Prinzipien der französischen Revolution sympathisch gegenüberstanden — und das waren alle freier Denkenden — als „Jakobiner" und „Umstürzler", „äußerst gefährliche und übelgesinnte Leute" angesehen und demgemäß die Zensur durch ein neues Edikt vom 5. März 1792 dahin verschärft, daß jetzt auch aller unehrerbietige Tadel der Landesgesetze und der inneren Verwaltung mit strenger Strafe geahndet werden solle. Gegenüber dem verhältnismäßig noch zurückhaltenden und gemäßigten Ministerium drängte der König selbst, angestachelt von seiner obskurantistischen Umgebung, auf schärfere Maßregeln gegen die volksverderbenden Aufklärer und „Religionsspötter", die an allem Unglück schuld seien. Woltersdorf sollte jetzt eine Schrift ausgearbeitet haben, „in welcher die Schädlichkeit der Kantischen Philosophie auf das evidenteste dargetan ist" (Jakob an Kant, 24. Januar 1792).

So sah denn Kant schon am 24. Februar 1792 eine „sich eröffnende neue Ordnung der Dinge" voraus: „nämlich Einschränkung der Freiheit, über Dinge, die auch nur indirekt auf Theologie Bezug haben möchten, laut zu denken" (an Stelle, *Briefw. II, 314*). Er selbst wolle erst einmal abwarten, bis das „drohende Meteor" sich entweder verteile oder als „das, was es ist", zu erkennen gebe. Vielleicht um das letztere zu bewirken, ersuchte er um die nämliche Zeit Biester, seine neu gelieferte Abhandlung ‚Über das radikale Böse' vor dem Druck bei der Berliner Zensurbehörde einzureichen. Es war dies eigentlich nicht nötig, da Spener jetzt die Monatsschrift aus Vorsicht im „Ausland“, nämlich dem liberaleren Jena, drucken ließ. Aber Kant wollte „durchaus auch nicht den Schein einmal haben, als ob er . . . nur bei geflissentlicher Ausweichung der strengen Berlinischen Zensur sogenannte kühne Meinungen äußere“. Und wirklich erteilte der „philosophische“ Zensor Hillmer das Imprimatur, da doch nur „nachdenkende, untersuchungs- und unterscheidungsfähige Gelehrte“ die Kantischen Schriften läsen. Als dann aber bald darauf die Fortsetzung ‚Von dem Kampfe des guten Princips mit dem bösen um die Herrschaft im Menschen‘ veröffentlicht werden sollte, teilte Hillmer sie seinem theologischen Kollegen Hermes mit, und beide verboten nun den Druck. Umsonst war Biesters sofortige Beschwerde bei Hermes, umsonst sein freimütiges, eingehendes Immediatgesuch an den König, das auf den Wunsch des Petenten auch dem Staatsrat vorgelegt wurde; dieser wagte der Ungnade des Herrschers nicht zu trotzen. Kant aber erbat sich nun sein Manuskript von Biester zurück und nahm dann beide Abhandlungen in seine *Religion innerhalb der Grenzen der bloßen Vernunft* auf, die Ostern 1793 erschien. Er hatte, um eine grundsätzliche Entscheidung herbeizuführen, das Manuskript dieses Buches zunächst der theologischen Fakultät von Königsberg mit der Anfrage vorgelegt, ob sie auf die Zensur desselben Anspruch mache oder sie der philosophischen zugestehe, und als die Entscheidung in letzterem Sinne erfolgte, es der Philosophen-Fakultät des Druckortes Jena eingesandt, die darauf auch unbedenklich die Druckerlaubnis erteilte.

Im Sommer 1793 lieferte er dann der Monatsschrift, als Ersatz für die verbotene Abhandlung, eine neue, die sich, in äußerer Anknüpfung an eine Polemik des Popularphilosophen Garve gegen das kritische Moralprinzip, mit dem *Gemeinspruch* beschäftigte: *Das mag in der Theorie richtig sein, taugt aber nicht für die Praxis.* Sie wurde, ohne die Zensur noch weiter um Erlaubnis zu fragen, im Septemberheft des gleichen Jahres veröffentlicht und behandelte kein religionsphilosophisches Thema, sondern das Verhältnis der Theorie zur Praxis: a) in der Moral überhaupt, b) im Staatsrecht, c) im Völkerrecht. Der wichtigste Abschnitt war der zweite, in dem der Philosoph seine politischen Ansichten offenherzig entwickelte, und zwar von gewissen Erscheinungen der französischen Revolution abrückte, aber doch zweifellos deren innerste Grundsätze verteidigte, so daß ein Gegner, der bekannte Fr. Gentz, von der Abhandlung sagen konnte: sie enthalte „die vollständige Theorie der so häufig gerühmten und so wenig verstandenen Rechte des Menschen, ... welche aus dem stillen und bescheidenen Räsonnement des deutschen Philosophen ohne alles Geräusch, in prunkloser, aber durchaus vollendeter Gestalt hervorgehen". Er hatte sich also doch von Stimmungen übergroßer Vorsicht oder besser gesagt des Ruhe- und Friedensbedürfnisses frei gemacht, wie die, in der er des Verlegers Spener Wunsch einer Neuauflage seiner *Idee einer allgemeinen Geschichte etc.* ablehnte, da bei dem gegenwärtigen Rauschzustand der „Starken in der Welt" ein „Pygmäe, dem seine Haut lieb ist", sich am besten in ihren Streit nicht einmische, zumal da er doch von ihnen gar nicht gehört, von ihren Zuträgern mißgedeutet werden und dem „gemeinen Haufen" wohl gar schaden würde (Kant an Spener, 22. März 1793). Er tröstete sich wohl in „philosophischer Gleichgültigkeit gegen das, was nicht in unserer Gewalt ist", mit dem Bewußtsein treuer Pflichtbeobachtung, in der allein der wahre Wert des Lebens bestehe (an Reinhold, 8. Mai 1793).

Am 16. August 1793 hatte Kant seinem jungen Freunde Nicolovius noch geraten, sich mit „Herrn von Wöllner" bekannt zu machen, obwohl er selbst „keinen Weg einer unmittelbaren Empfehlung" zu jenem besitze. Indes wenige Monate später vernahm er doch schon von dem getreuen Kiesewetter aus Berlin allerlei Dinge, die zeigten, daß „wir unter harten Zuchtmeistern stehen". U. a. hatte Hermes selbst Kiesewetters Verleger mitgeteilt, er erwarte nur den Frieden, „um mehrere Cabinetsordres, die er im Pulte habe, ans Tageslicht zu bringen" (Kiesewetter an Kant, 23. November 1793). In seiner Antwort spricht sich Kant zwar verächtlich über den sogenannten „philosophischen" Zensor und dessen „Koalition" mit dem theologischen, indes doch sehr ruhig aus. Man müsse die gesetzlichen Bestimmungen genau beobachten und das

Rügen der Mißbräuche auf ruhigere Zeiten verschieben. In der Tat ließen die Gegner sowohl die Abhandlung über Theorie und Praxis wie die zweite Auflage der *Religion* (1794) ruhig passieren. Indes sah unser Philosoph doch, seitdem Hermes und Hillmer auch zu Mitgliedern des Oberschulkollegiums ernannt worden waren und damit auf die Universitäten, „wie und was daselbst gelehrt werden soll", amtlichen Einfluß bekommen hatten, pessimistischer in die Zukunft (an Biester, 10. April 1794). Wenige Wochen später ist er auf das Schlimmste gefaßt. Er schreibt dem Freunde und Mitarbeiter Biester: „Ich eile Ihnen die versprochene Abhandlung zu überschicken, ehe noch das Ende Ihrer und meiner Schriftstellerey eintritt... Ich danke für die mir erteilte Nachricht, und überzeugt, jederzeit gewissenhaft und gesetzmäßig gehandelt zu haben, sehe ich dem Ende dieser sonderbaren Veranstaltungen ruhig entgegen ... Das Leben ist kurz, vornehmlich das, was nach schon verlebten 70 Jahren übrig bleibt; um das sorgenfrey zu Ende zu bringen, wird sich doch wohl ein Winkel der Erde ausfinden lassen" (an Biester 18. Mai). Was mit der „erteilten Nachricht" gemeint ist, hat sich mit Sicherheit noch nicht feststellen lassen. Es wurden gerade um diese Zeit (Frühjahr 1794) eine ganze Anzahl strengerer Maßregeln gegen die „Neologen" ergiffen. Die königlichen Fiskale sollten bei ihren Untersuchungen gegen solche weder saumselig noch nachlässig sein, bei Strafe eigener Kassation. Nicolais *Allgemeine Deutsche Bibliothek* wurde als religionsgefährlich für die preußischen Lande verboten. Alle Geistlichen, Gymnasial- und Universitätslehrer sollten sich in besonderen Reversen zur genauen Befolgung des Religionsedikts verpflichten. Am ehesten aber kann mit jener „Nachricht" Biesters die den Philosophen persönlich betreffende Kunde gemeint sein, daß der König im März 1794 an Wöllner geschrieben habe: „Mit Kantens schädlichen Schriften muß es auch nicht länger fortgehen."

Wie dem nun auch sein mag, so schickte Kant dem Herausgeber der verfemten Monatsschrift nicht bloß im April einen unpolitischen kleinen Aufsatz *Über den Einfluß des Mondes auf die Witterung* ein, der nur am Schluß eine ironische Anspielung auf die Zeitverhältnisse enthielt (es gehe in der Wissenschaft öfters wie beim Katechismus, „den wir in unserer Kindheit auf ein Haar inne hatten, ... aber, je älter und überlegender wir werden, desto weniger verstehen", sodaß wir eigentlich verdienten, noch einmal in die Schule geschickt zu werden, wenn ihn nur jemand besser verstände!). Sondern er sandte ihm an eben jenem 18. Mai eine zweite, deutlich auf die reaktionäre Richtung der preußischen Regierung Bezug nehmende Abhandlung zu, von der er bereits in dem Aprilbrief angekündigt hatte, daß sie „teils kläglich teils lustig zu lesen" sein werde, mit dem Titel: *Das Ende aller Dinge.* Diese von Biester sofort im folgenden Heft veröffentlichte Abhandlung legte zwar in ihren beiden ersten Teilen nur des Philosophen bekannte, rein moralische, allem Dogmatismus und Mystizismus entgegentretende Anschauung über die kirchliche Lehre von den „letzten Dingen" dar, wandte sich aber im Schlußabschnitt, der das durch Menschentorheit herbeigeführte „widernatürliche" Ende aller Dinge behandelt, an mehreren Stellen unter sehr durchsichtiger Decke gegen den neuen Kurs. Anstatt „die Sachen so zu lassen, wie sie zuletzt standen und beinahe ein Menschenalter" — das Zeitalter Friedrichs des Großen — „hindurch sich als erträglich gut in ihren Folgen bewiesen hatten", suchten jetzt, so schreibt Kant mit feinem Spotte, Männer „von entweder großem oder doch unternehmendem Geiste" nach anderen Mitteln, „um Religion in einem ganzen Volke lauter und zugleich kraftvoll zu machen": nämlich Autorität und Geboten. Damit gehe aber das Christentum gerade seines innersten Wesens, d. i. der Liebenswürdigkeit, verlustig; und wenn es mit ihm einmal dahin kommen sollte, so werde, um in biblischer Sprache zu reden, der „Antichrist" sein „auf Furcht und Eigennutz gegründetes", obzwar nur „kurzes Regiment" anfangen!

Kurz nach dem Erscheinen dieses Aufsatzes verbreitete sich aufs neue die Kunde über die Grenzen Preußens hinaus, daß man Kant zur Verleugnung seiner Ansichten oder Amtsniederlegung zwingen wolle. Campe, jetzt Schulrat in Braunschweig, schreibt ihm von dem „alle denkenden und gutgesinnten Menschen" erstaunenden und empörenden Gerücht, daß es „der blinden Glaubenswut gelungen sei, Sie in den Fall zu setzen, entweder die Wahrheiten, die Sie ans Licht gezogen und verbreitet haben, für Unwahrheiten zu erklären oder Ihr Amt, das Sie so sehr verherrlicht haben, niederzulegen". Eingedenk dessen, was er selbst einst in ähnlicher Lage von Kant erfahren (s. S. 105 f.), bietet er für diesen Fall dem „Lehrer des Menschengeschlechts" in wärmster und zugleich taktvollster Weise ein Asyl in seinem Hause als „Oberhaupt meiner kleinen Familie" an, wo er seinen Lebensabend in vollster Ruhe, Bequemlichkeit und Unabhängigkeit genießen könne (Campe an Kant, 27. Juni 1794). Kant antwortete schon am 16. Juli, gerührt durch Campes liebevolles Anerbieten und mit dankbarer Wärme: daß das Gerücht ein falsches gewesen sei. Sein voraussichtliches Handeln im Falle der Zumutung eines Widerrufs habe Campe richtig beurteilt. Aber er halte eine solche oder eine Androhung derselben, „da mir keine Verletzung der Gesetze schuld gegeben werden kann", kaum für möglich; sei auch für den äußersten Fall von Mitteln nicht so entblößt, daß er „Mangels wegen für die kurze Zeit des Lebens, die er noch vor sich habe, in Sorgen stehen ... sollte".

Wenn er selbst eine „Androhung" für unwahrscheinlich hielt, sollte er sich doch täuschen. Die Geduld seiner Gegner war jetzt erschöpft. Ob er nun mit seiner letzten Abhandlung sozusagen dem Faß den Boden ausgeschlagen hatte, oder ob eine Broschüre seines Anhängers und Kollegen Hasse *Über jetzige und künftige Neologie*, wegen deren dieser, der sich übrigens ziemlich feige zurückzog, gerade in diesem Sommer gemaßregelt wurde, oder endlich das Gerücht über allerlei Unfug von Königsberger Theologie-Studenten in einer der dortigen Kirchen, obwohl es sich bei der angestellten Untersuchung als völlig unbegründet herausstellte[1]), die Aufmerksamkeit der Machthaber aufs neue auf den Königsberger Weisen gelenkt hatte: genug, am Tage nach der Erledigung des letzten Falles durch ein Wöllnersches Reskript fiel endlich der Schlag, der sein Haupt schon so lange bedroht hatte.

---

[1]) Über die beiden letzten Fälle s. Näheres bei *Fromm* a. a. O., S. 45—48.

b) *Die Maßregelung Kants und seine Verantwortung. Die Schriften von 1795 bis 1798.*

Am 1. Oktober erging folgende königliche Kabinettsorder an den „würdigen und hochgelahrten Unseren Professor, auch lieben, getreuen Kant“: „Unsere höchste Person hat schon seit geraumer Zeit mit großem Mißfallen ersehen: wie Ihr Eure Philosophie zu Entstellung und Herabwürdigung [1]) mancher Haupt- und Grundlehren der heiligen Schrift und des Christentums mißbraucht; wie Ihr dieses namentlich in Eurem Buch: Religion innerhalb der Gränzen der bloßen Vernunft, desgleichen in anderen kleineren Abhandlungen getan habt. Wir haben Uns zu Euch eines besseren versehen, da Ihr selbst einsehen müsset, wie verantwortlich Ihr dadurch gegen Eure Pflicht als Lehrer der Jugend und gegen Unsere Euch sehr wohl bekannte landesväterliche Absichten handelt. Wir verlangen des ehsten Eure gewissenhafteste Verantwortung und gewärtigen Uns von Euch bei Vermeidung Unserer höchsten Ungnade, daß Ihr Euch künftighin Nichts dergleichen werdet zuschulden kommen lassen, sondern vielmehr Eurer Pflicht gemäß Euer Ansehen und Eure Talente dazu anwenden, daß Unsere landesväterliche Intention je mehr und mehr erreicht werde; widrigenfalls Ihr Euch bei fortgesetzter Renitenz unfehlbar unangenehmer Verfügungen zu gewärtigen habt. Sind Euch mit Gnade gewogen.“

Somit war Kant allerdings nicht direkt vor das Dilemma: Widerruf oder Absetzung gestellt, aber es wurde doch von ihm erwartet, daß er seine Philosophie, die er zur Herabwürdigung der christlichen Religion mißbraucht habe, in Zukunft nach den landesväterlichen Absichten Friedrich Wilhelms II. einrichten werde, bei Androhung weiteren schärferen Vorgehens gegen ihn. Auf dieses „auf Seiner Kgl. Majestät allergnädigsten Spezialbefehl“ von Wöllner ausgefertigte und Kant am 12. Oktober eingehändigte Reskript antwortete dieser in einem auf alle

[1]) In dem *Briefw.* II, 506 abgedruckten Entwurf hieß es sogar noch weiter: „und Entehrung“. Der obige Text ist der von Kant selbst in seiner *Vorrede* zum *Streit der Fakultäten* wiedergegebene des Originals.

Punkte der Anklage ausführlich eingehenden Schreiben, dessen Wortlaut er selbst zuerst vier Jahre später in der Vorrede zu seinem *Streit der Facultäten* veröffentlicht hat[1]). Als „Lehrer der Jugend“, d. h. in seinen Vorlesungen habe er, seiner Vorlage (Baumgarten) wie auch seinem Grundsatze strenger Scheidung der Wissenschaften gemäß, Bibel und Christentum überhaupt nicht behandelt. Sein Buch über die *Religion* — auf die „kleineren Abhandlungen“ ging er nicht ein — sei für das große Publikum unverständlich und nur für „Fakultätsgelehrte“ bestimmt, die das Recht freier Prüfung nach bestem Wissen und Gewissen besitzen müßten, während freilich die „Volkslehrer“ in Kirchen und Schulen an die von der Regierung sanktionierte „öffentliche Landesreligion“ gebunden seien. Es enthalte aber auch gar keine Würdigung des Christentums, sondern nur eine solche der natürlichen Religion: die Vernunft würdige darin nur ihr eigenes Vermögen und betrachte von diesem Gesichtspunkt aus allerdings die Offenbarung als „an sich zufällig“ und deshalb „außerwesentlich“, darum aber doch nicht für „unnötig und überflüssig“. Vielmehr habe er sogar seiner größten Hochachtung vor Bibel und Christentum Ausdruck gegeben und die Unbescheidenheit, gegen dessen Geheimnisse öffentlich — „in Schulen oder auf Kanzeln oder in Volksschriften (denn in Fakultäten muß es erlaubt sein)“ — Zweifel zu erregen, getadelt, ja als „Unfug“ bezeichnet. Die beste Lobrede des Christentums sei die eben in jener Schrift nachgewiesene Harmonie desselben mit dem „reinsten moralischen Vernunftglauben“. Dies sei seine aufrichtige, von einem Manne im 71. Lebensjahre, der vielleicht bald vor einem Weltrichter als Herzenskündiger Rechenschaft geben müsse, mit „völliger Gewissenhaftigkeit“ eingereichte „Verantwortung“. — Was aber den zweiten Punkt, nämlich sein künftiges Verhalten, betreffe, so erkläre er, um jedem Verdacht vorzubeugen, „hiermit als Ew. Königl. Maj. getreuester Untertan feierlichst: daß ich mich fernerhin aller öffentlichen Vorträge die Religion betreffend, es sei die natürliche oder

[1]) Der im ganzen wenig abweichende Entwurf, dazu 3 weitere ausführliche Entwürfe jetzt in *Briefw.* IV, 372—387.

geoffenbarte, sowohl in Vorlesungen als in Schriften, gänzlich enthalten werde".

So hatte Kant allerdings, wie von ihm zu erwarten war, den Vorwurf, daß er seine Philosophie wie seine Stellung als Lehrer und Schriftsteller mißbraucht habe, entschieden abgewiesen und auch für die Zukunft kein Versprechen, fortan im Sinne der „landesväterlichen Intention" zu wirken, abgegeben. Dennoch befriedigt uns Heutigen schon der erste Teil seines Schreibens, die „Verantwortung", nicht recht. Er suchte doch seine religiösen Äußerungen gar zu sehr als einwandfrei im Sinne seiner Ankläger darzustellen. Und wenn Biester, dem die Verteidigung des Philosophen schon bald zu Gesichte gekommen war, sie als „edel, männlich, würdig, gründlich" bezeichnete (an Kant, 17. Dezember 1794), so hat doch selbst ein so aufrichtiger Verehrer Kants wie Emil Arnoldt, nachdem er in einer sehr lesenswerten Abhandlung [1]) dessen Verteidigung Punkt für Punkt genau durchgegangen, gemeint, daß von jenen vier Prädikaten eigentlich doch nur das letzte: „gründlich" „allenfalls" auf sie anwendbar sei. Und was den zweiten Teil, den freiwilligen Verzicht auf fernere öffentliche Äußerungen über die Religion betrifft, so hat schon Biester in dem nämlichen Brief das unseres Erachtens richtige Urteil gefällt: „Sie bereiten dadurch den Feinden der Aufklärung einen großen Triumph und der guten Sache einen empfindlichen Verlust." Auch wenn man von dem 70jährigen Greise, der zudem an sein Amt und seine Heimat sich innerlich gebunden fühlte wie kaum ein anderer, nicht verlangt, daß er, wie der jüngere und ganz anders geartete Fichte in ähnlichem Falle, sein Amt den Machthabern vor die Füße warf (daß er an diese Eventualität gedacht hat, wissen wir aus den oben erwähnten Briefen an Biester und Campe): so konnte er doch so handeln, wie Biester an derselben Stelle weiter sagt: „Sie konnten auf eben die philosophische und anständige Weise, ohne welche Sie überhaupt nichts schreiben, u. welche Sie so vortrefflich rechtfertigen, noch immer fortfahren, über die nämlichen

---

[1]) a. a. O. S. 104ff. („IV. Beitrag").

Gegenstände zu reden; wobei Sie freilich vielleicht wieder über einzelne Fälle sich zu verteidigen würden gehabt haben. Oder Sie konnten auch künftig bei Ihren Lebzeiten schweigen; ohne jedoch den Menschen die Freude zu machen, sie von der Furcht vor Ihrem Reden zu entbinden."

Vermögen wir daher auch die Verantwortung wie gar das Versprechen unseres Philosophen nicht zu loben, so können wir es doch aus Kants ganzem Wesen wie auch aus seinen Anschauungen von der Pflicht des Untertanen wohl begreifen. Hatte er doch erst vor kurzem in dem Aufsatz über *Theorie und Praxis* ausgeführt, daß man selbst über ein unrechtmäßiges und schlechtes Gesetz zwar „allgemeine und öffentliche Urteile fällen", ihm aber niemals „wörtlichen oder tätlichen Widerstand" entgegensetzen dürfe (a. a. O. S. 134). Und auf einem in seinem Nachlaß aufgefundenen Zettel aus dieser Zeit fanden sich die Worte: „Widerruf und Verleugnung seiner inneren Überzeugung ist n i e d e r t r ä c h t i g; aber Schweigen in einem Fall wie der gegenwärtige ist Untertanenpflicht; und wenn alles, was man sagt, wahr sein muß, so ist darum nicht auch Pflicht, alle Wahrheit öffentlich zu sagen." Schon aus diesen Worten scheint uns hervorzugehen, daß ihn die Entscheidung innere Kämpfe gekostet haben muß. Aber da ein eigentlicher „Widerruf" von ihm nicht verlangt ward, überwog, in Verbindung mit seiner Überzeugung von Untertanenpflicht, das Ruhebedürfnis, das ihn schon 24 bzw. 16 Jahre früher die Berufungen nach auswärts hatte ablehnen lassen (oben S. 83 ff. und 89 ff.); vielleicht sprach auch die Loyalität gegen den König mit, der „mich persönlich kannte und von Zeit zu Zeit Äußerungen seiner Gnade an mich gelangen ließ", und den er selber als einen, „von gewissen Temperamentseigenschaften (!) abgesehen, durchaus vortrefflichen Herrn" charakterisiert (*Streit d. Fac., Vorw. S. I*). Dagegen kann von einem ängstlichen Kleben an seiner Stelle um materieller Vorteile willen keine Rede sein. Schon Biester gegenüber hatte er, wie wir sahen, gemeint, daß sich im schlimmsten Falle irgendein „Winkel" der Erde für den Rest seiner Jahre werde finden lassen. Und wie brieflich gegen Campe, so sprach er auch mündlich zu

Borowski mit großer Ruhe über diese Möglichkeit und äußerte dabei seine Genugtuung darüber, daß seine frühere Sparsamkeit ihn jetzt unabhängig genug mache, „der Kriecherei nicht zu bedürfen".

Und schließlich ist nicht zu vergessen — was ebenfalls schon Arnoldt hervorgehoben hat —, daß unser Philosoph auf seine Art weiterkämpfte. Wollte er auf religionsphilosophischem Gebiet keine anderen Ansichten als die bisherigen vertreten und, da er anderseits offenen Widerstand für ebenso unberechtigt wie zwecklos hielt, lieber ganz schweigen, so setzte er doch den Kampf für seine Überzeugungen auf anderen Gebieten, besonders dem politischen, fort. Bereits im folgenden Jahre (1795) erschien sein denkwürdiger „philosophischer Entwurf": *Zum ewigen Frieden*, worin er seiner Ansicht von der Notwendigkeit einer grundsätzlich ethischen und durch keine „Schlangenwendungen einer unmoralischen Klugheitslehre eingeschränkten Politik nach allen Seiten hin freiesten Ausdruck gab und solchen Beifall errang, daß die erste starke Auflage in wenigen Wochen vergriffen war und bald eine zweite erscheinen mußte.

Das Jahr 1796 brachte dann mehrere kleinere Arbeiten. Zunächst einige philosophisch interessante Bemerkungen zu des bekannten Anatomen S. Th. Sömmerring Schrift *Über das Organ der Seele*, die als Anhang dieser Schrift (S. 81—86) abgedruckt wurden. Dann zwei wiederum Biesters Monatsschrift anvertraute, gegen die zeitgenössische Gefühlsphilosophie Schlossers u. a. gerichtete Abhandlungen philosophischen Inhalts: *Von einem neuerdings erhobenen vornehmen Ton in der Philosophie* und *Verkündigung des nahen Abschlusses eines Traktats zum ewigen Frieden in der Philosophie*, die wir beide in der Einleitung zu *Bd. 46 d, S. III—X* der *Phil. Bibl.* näher charakterisiert haben. Zwischen beide gehört noch eine Erwiderung Kants auf einen Einwurf des Mathematikers Reimarus gegen eine Stelle der ersten Abhandlung (vgl. ebd. S. X f.). Mit dem sich bis zum Sommer 1797 hinziehenden Abdruck des *Traktats* schloß die *Berlinische Monatsschrift*.

Das Jahr 1797 selbst aber führte ihn zur *Rechtslehre* und damit auch zur Behandlung der staatsrechtlichen

Fragen, u. a. auch des Verhältnisses von Staat und Kirche. Im November 1794 hatte er, wohl unter dem Eindruck der Kabinettsorder, die Übernahme weiterer Arbeiten nicht bloß über Religions-, sondern auch über Rechtsphilosophie mit dem Ausdruck der Befürchtung abgelehnt, daß „die ganze Arbeit, die man in einem dieser Fächer übernimmt, durch einen Strich des Zensors vereitelt werden dürfte", indem er die Hoffnung aussprach, daß nach dem bevorstehenden Friedensschlusse mit Frankreich „bestimmtere Verordnungen die Schranken, in denen sich der Autor zu halten hat, genauer vorzeichnen, sodaß er in dem, was ihm noch frei gelassen wird, sich für gesichert halten kann" (an Lagarde, 24. November 1794; vgl. auch den Brief an Stäudlin vom 4. Dezember 1794). Und im folgenden Jahre schrieb er dem Erlanger Theologen Seiler, daß er die ihm durch „bedeutende und viel vermögende Winke" seit einem Jahre aufgenötigte Muße dazu benutze, „wenigstens meine eigenen Begriffe hierüber mehr und mehr ins klare zu bringen und so, wenngleich nicht durch Mitteilung außer mir, doch durch innigliche Überzeugung mir selbst in Ansehung jenes Zwecks nützlich zu sein" (an Seiler, 14. August 1795). Kaum anderthalb Jahre später muß er sich doch schon freier gefühlt haben. Denn bereits geraume Zeit vor dem am 10. November 1797 erfolgenden Tode des Königs, nämlich zu Anfang 1797, ließ er seine über politische wie kirchliche Fragen sich frei aussprechende *Rechtslehre* und im Hochsommer des gleichen Jahres auch seine angewandte Ethik oder *Tugendlehre* erscheinen, über deren beider Entstehungsgeschichte und Inhalt wir uns an anderer Stelle (*Phil. Bibl. Bd. 42*) ausführlich verbreitet haben.

Nach Friedrich Wilhelms II. Tode konnte Kant endlich wieder freier aufatmen, und mit ihm seine Anhänger und Kollegen. Denn gleichzeitig mit seiner Maßregelung hatten sich, durch eine Art Antimodernisteneid, sämtliche theologische wie philosophische Dozenten der Universität Königsberg unterschriftlich verpflichten müssen, weder über Kants *Religion* zu lesen noch überhaupt irgend etwas vorzutragen, „was damals im preußischen Staate für Irrglauben galt" (Rink S. 62). Er selbst hatte niemandem von der Kabinettsorder Mitteilung gemacht, außer seinem

„vertrautesten Freunde" [1]. So wurde sie erst im Spätherbst 1798 durch den Abdruck in der *Vorrede zum Streit der Facultäten*, dem „eine aufgeklärte, den menschlichen Geist seiner Fesseln entschlagende . . . Regierung jetzt den Ausflug verstattet", öffentlich bekannt.

In dieser Vorrede gestand er, daß er den Ausdruck *als Ew. Königl. Maj. getreuester Untertan* in seinem Verantwortungsschreiben vorsichtig und mit Absicht gewählt habe, damit er sich seiner freien Meinungsäußerung „nicht auf immer, sondern nur, solange Se. Maj. am Leben wäre", begebe und, wie es in einer Aufzeichnung seines Nachlasses heißt, unter dessen Nachfolger „wiederum in seine Freiheit zu denken eintreten könnte". Gewiß mutet uns heute diese absichtliche Doppelsinnigkeit recht sophistisch, ja beinahe wie eine jesuitische Reservatio mentalis an, die schlecht zu unseres Philosophen sonstigem Dringen auf unbedingte Wahrhaftigkeit stimmt, wie er sie eben um jene Zeit in einem Aufsatze *Über ein vermeintes Recht, aus Menschenliebe zu lügen* (‚Berliner Blätter', 1797) noch besonders und mit geradezu rigoristischer Strenge forderte. Allein gerade dieser letztere Umstand und überdies die naive Offenheit, mit der er von dieser Doppelsinnigkeit erzählt, ja sich beinahe derselben rühmt, muß uns doch in unserem Urteil einigermaßen stutzig machen. Daß er unter einer toleranten Regierung mit freiheitlichen Prinzipien von selbst wieder die alte Gedanken- und schriftstellerische Freiheit genießen würde, war selbstverständlich; und wenn sein peinliches Rechtsbewußtsein dann noch eine besondere Aufhebung jener kgl. Kabinettsorder gewünscht hätte, wäre ihm sofort gewillfahrt worden: das konnte er sich schon im Oktober 1794 sagen. Es war also mehr eine Beruhigung seiner eigenen peinlichen Gewissenhaftigkeit, wenn er jenen Zusatz machte, der seinen Verzicht, wie selbstverständlich, auf die Zeit der Dauer solcher Regierungsgrundsätze beschränkte. Jedenfalls war er sich persönlich des Sophistischen, das in seiner Ausdrucksweise auch

[1] A. Warda denkt dabei an Wasianski. Biester, der darum wußte (S. 185), kann wohl deshalb nicht gemeint sein, weil er offenbar auf anderem Wege — durch seine Berliner Verbindungen mit dem Ministerium — davon erfahren hatte.

heute noch einer rein objektiven Betrachtung auffällt, nicht bewußt.

Gegen jene verderblichen Regierungsgrundsätze aber, d. h. gegen die falsche Bekämpfung der Philosophie schrieb er — zum größten Teil schon während des Konflikts — seine letzte selbständige größere Schrift, den *Streit der Facultäten*, gewissermaßen sein wissenschaftliches Testament, in dem er die Differenz zwischen seiner Wissenschaft, der Philosophie, und den Fachwissenschaften, insbesondere der Theologie, festzustellen und zugleich endgültig zu schlichten unternahm und so die Summe seiner Lebensarbeit als philosophischer Lehrer zog.

Wir schließen eine kurze Übersicht über den Rest seiner Schriften (1798—1803) an. Bereits 1794 hatte er auf die Frage, welche Werke er der Welt noch schenken werde, geantwortet: „Ach, was kann das sein. *Sarcinas colligere!* daran kann ich jetzt nur noch denken!" In der Tat könnte man schon die letztgenannten Schriften als zu dem „Bündel schnüren" dessen, der sich zum Aufbruch rüstet, gehörig bezeichnen. Jedenfalls war das, was ihm nach Vollendung des *Streits der Facultäten* zu tun übrig blieb, nichts anderes. Schon die letzte, noch von ihm selbst veröffentlichte größere Schrift, die *Anthropologie* (1798), war kein neues, selbständiges Werk mehr, sondern, wie er am Schluß des Vorworts selber erklärt, das „Handbuch" seiner Vorlesungen. Andere Handbücher überließ er, als seine Altersschwäche immer stärker wurde, befreundeten jüngeren Kollegen, früheren Schülern, zur Veröffentlichung. So wurde die *Logik* 1800 von Jäsche, die *Physische Geographie* 1802/03 von Rink, *Über Pädagogik* von demselben 1803 herausgegeben. Von dem Werk, an dem er außerdem in seinen letzten Lebensjahren arbeitete, soll weiter unten noch die Rede sein. Was sonst erschien, waren nur kleine Gelegenheitsarbeiten oder -erklärungen. An ein böswilliges Buch des ihm schon längere Zeit gegnerisch gesinnten bekannten Aufklärers Fr. Nicolai schloß sich eine Polemik gegen denselben unter dem Titel *Über die Buchmacherei* in zwei Briefen an, von denen der erste an Herrn F. N. „als Schriftsteller", der zweite an ihn „als Verleger" gerichtet war. Außer seiner schon S. 169 erwähnten öffentlichen Erklärung gegen

Fichte (1799) hatte er sich schon vorher (Mai 1797) zu einer ebensolchen gegen einen gewissen Schlettwein in Greifswald genötigt gesehen, der ihn in sehr dreister Weise zu einer literarischen Fehde herausgefordert hatte. Mit vollem Rechte lehnte der Philosoph eine solche Zeitvergeudung glatt ab und verwies den ungestümen Kämpen, falls er sein „Sturmlaufen“ nicht lassen könne, an Hofprediger Schultz als denjenigen, der ihn am besten verstanden habe.

Aus freundlicherem Anlaß waren die beiden letzten literarischen Äußerungen entsprungen, die der greise Philosoph veröffentlicht hat. Es war erstens eine vom 14. Januar 1800 datierte kurze Vorrede zu seines einstigen Amanuensis und späteren Biographen R. B. Jachmann: *Prüfung der Kantischen Religionsphilosophie in Hinsicht auf die ihr beygelegte Aehnlichkeit mit dem reinen Mystizism.* Er wollte mit diesem, übrigens sehr schön und klar die Aufgabe der Philosophie überhaupt charakterisierenden ‚Prospektus‘ „bloß das Siegel der Freundschaft gegen den Verfasser zum immerwährenden Andenken diesem Buche beyfügen“. Und zweitens eine gleichfalls aus dem Jahre 1800 stammende Nachschrift zu *Mielcke: Littauisch-deutsches und Deutsch-littauisches Wörterbuch.* Der so oft als abstrakter Kosmopolit verschriene Weltweise zeigt hier so viel historisch-nationales Verständnis, daß er die Bewahrung der „noch unvermengten Sprache eines uralten, jetzt in einem engen Bezirk eingeschränkten und gleichsam isolierten Völkerstammes“ für sehr wertvoll erklärt, zumal wenn dieser Volksschlag so freimütig und stolz sei wie der Littauer, der „von Kriecherei weiter als die ihm benachbarten Völker entfernt, gewohnt ist, mit seinen Obern im Tone der Gleichheit und vertraulichen Offenherzigkeit zu sprechen“.

So unbedeutend ihr äußerer Anlaß erscheint und so gering der Raum ist, den diese letzten schriftstellerischen Äußerungen Kants einnehmen, so würdig schließen sie doch die literarische Tätigkeit, die dieses große Menschenleben erfüllte: in der theoretischen Bestimmung der Aufgabe der Philosophie, und in der Hervorkehrung der praktischen Grundstimmung seines Wesens: des persönlichen und politischen Unabhängigkeitsgefühls.

4. Häusliches Leben: Kants Tischgesellschaften. Sein Verhältnis zu den Geschwistern.

Aus dem häuslichen Leben des alternden Philosophen, das sich im übrigen in der uns bekannten regelmäßigen Weise vollzog, ist ein Punkt besonders hervorzuheben: seine in ganz Königsberg berühmten Mittagsgesellschaften. Wir sahen im vorigen Kapitel (S. 141), daß er seit 1787 eine eigene Wirtschaft führte und anfangs mit seinem Kollegen Kraus zusammen speiste. Erst ganz zu Ende der 80er Jahre, als Kraus sich zurückgezogen und eine eigene Hauswirtschaft begründet hatte, begann Kant zu seinem Mittagstische meist zwei bis fünf „gute Freunde“ [1]) einzuladen. Mehr als sechs Tischgenossen auf einmal konnten es schon deshalb nicht sein, weil des Philosophen anständiges, aber einfaches Tischgerät auf eine größere Anzahl nicht eingerichtet war. Er ließ die betreffenden Gäste immer erst am Morgen des nämlichen Tages einladen, weil er, wie er zu sagen pflegte, nicht wollte, daß sie, die so gut seien, mit ihm vorlieb zu nehmen, seinetwegen eine andere Einladung ausschlügen; wie er selbst auch von seinem Freunde Motherby zu der regelmäßigen Sonntagsmahlzeit jedesmal besonders eingeladen wurde. Er selbst ordnete den Küchenzettel, wobei er gern auf ihm bekannte Lieblingsgerichte bestimmter Gäste acht hatte. Diese versammelten sich $^3/_4$ 1 in seiner Studierstube; Unpünktlichkeit vermerkte er übel, zumal da er selber seit 24 Stunden nichts gegessen und infolgedessen starken Appetit hatte. Sobald der alte Diener mit feierlichem Schritte eingetreten war mit der Meldung: „Die Suppe ist auf dem Tische!“, begab man sich sofort, die Gäste voran, in die Eßstube und ließ sich dort ohne weiteres nieder; „wenn man Anstalten zum Beten machen wollte, unterbrach er sie durch Nötigen zum Sitzen“ (Hasse). Waren nur drei Tischgenossen da, so saß Kant gegen das Fenster, die beiden anderen zu seinen Seiten einander gegenüber. Es gab drei einfache, aber wohlschmeckend zubereitete Gänge: Suppe und mürbes Rindfleisch (den englischen Senf dazu

---

[1]) Das letzte eigenhändiger Beisatz Kants zu der betr. Stelle (S. 101) von Borowskis Biographie.

machte er sich selbst zurecht), dann eines seiner Leibgerichte, z. B. dicke Erbsen [1]), wovon er sehr viel aß, als dritter Gang ein Braten, zum Schluß je nach der Jahreszeit Obst oder ein leichter Nachtisch. Dazu zwei Flaschen guten Weins. Er freute sich, wenn seine Gäste gleich ihm dem Essen tüchtig zusprachen, und haßte dabei alles Komplimentieren.

Vor allem aber sorgte er in der liebenswürdigsten Weise für die geistige Unterhaltung seiner Gäste. Oft hob er besonders interessante Briefe oder Neuigkeiten für sie auf. Jedem merkte er ab, was ihn besonders interessierte, und unterhielt sich dann mit ihm darüber. Es herrschte Herzlichkeit und Offenheit. Wie er selbst sich bei Tische, zur Erholung von seinen anstrengenden Geistesarbeiten, alles Zwanges entledigte, so wünschte er es auch von seinen Gästen. Dabei duldete er keine „Windstille“, d. h. Nachlassen oder gar Aufhören des Gesprächs, sondern wußte stets eine allgemeine Unterhaltung zu schaffen. Beinahe nie nahm diese auf Gegenstände seiner Philosophie Bezug; wer ihn nicht kannte, hätte an seinen Reden bei Tische schwerlich den gelehrten Denker erkannt. Dagegen lenkte er das Gespräch auf alle möglichen sonst interessanten Dinge, namentlich aus dem Gebiet der Völkerkunde und der Naturwissenschaften, besonders aber auf das Feld der Politik, worin er „fast schwelgte“. Natürlich ließ man ihm, ohne daß er es sich angemaßt hätte, gern das Wort. Verständige Einwürfe ertrug er wohl, sie führten ihn nur zu noch größerer Lebhaftigkeit; dagegen nicht hartnäckigen Widerspruch. Schweifte er zu weit von dem Thema ab, so liebte er es, durch eine Bemerkung wieder dazu zurückgeführt zu werden. Zur Zeit der großen Revolution beschäftigte diese sein Inneres so sehr, daß er in Gesellschaften — denn bis 1798 ging er öfters noch zu solchen aus — fast immer auf sie zurückkam. Und selbst sein Gegner Metzger rühmt doch, wenn auch mit etwas süßsaurem Gesicht, die „Freimütigkeit und Unerschrockenheit“, mit der Kant deren

[1]) Zu seinen Lieblingsspeisen gehörten ferner Teltower Rüben, mit denen ihn Kiesewetter, und Göttinger Würste, mit denen ihn sein früherer Amanuensis Lehmann und Nicolovius versorgten, auch Kaviar, den ihm Hartknoch aus Riga sandte.

Grundsätze „viele Jahre hindurch — ob bis zuletzt, weiß ich nicht — . . . gegen jedermann, auch gegen Männer von den höchsten Würden im Staat verfocht“. Sogar zu einer Zeit, wo jeder, der auch nur glimpflich über sie urteilte, in den Geruch eines „Jacobiners“ und ins „schwarze Register“ kam, ließ sich Kant „dadurch nicht abschrecken, an den vornehmsten Tafeln der Revolution das Wort zu reden“, und — wie Metzger etwas herablassend schließt — „man hatte so viel Achtung für den sonst so sehr geschätzten Mann, ihm diese Gesinnungen zugute zu halten“ [1]).

Außerdem liebte Kant besonders das Etymologisieren. Er versuchte sich, wie auch der genauere Kenner seiner Schriften, besonders der Anthropologie, weiß, in allerlei, manchmal gewagten Wortableitungen, von denen Hasse, der sich als Linguist sehr dafür interessiert zu haben scheint, in seinem Büchlein eine ganze Anzahl Beispiele bringt [2]). Auch brach er zuweilen selbst ein ernsthaftes Gespräch mit den Worten ab: „Was gibt es denn sonst gut's Neues?“ und rezitierte, noch in seinen letzten Jahren, sogar selber humoristische Verse, darunter ein langes altmodisches Hochzeitsgedicht eines gewissen Rechau, das den Ehestand als Wehestand beschrieb, mit komischer Grazie, erzählte allerlei Anekdoten, besonders gern von Friedrich dem Großen, und scheute zuweilen auch vor volkstümlichen Derbheiten nicht zurück.

Liebte er im Kreis seiner Vertrauten solche Ungezwungenheit, so verstand er sich anderseits doch auf den feinsten gesellschaftlichen Ton. Selbst in der größten und vornehmsten Gesellschaft zeigte er sich nicht verlegen, sondern bewies eine geschmackvolle Leichtigkeit des Benehmens, wie sie dem feingebildeten Weltmanne eigen ist. Rasch wußte er sich dem Ton jeder Gesellschaft anzupassen und vermochte sich auch mit den Damen aufs gefälligste zu unterhalten; er legte ihnen gegenüber eine zuvorkommende Artigkeit an den Tag, ohne doch ins Affektierte zu fallen. Übrigens war er, wie bei dieser Gelegenheit bemerkt sein mag, auch „kinderlieb“. Er ver-

---

[1]) *Äußerungen über Kant etc.*, S. 15 f.
[2]) A a. O. S. 8—19.

suchte, mochte es ihm als tiefem Denker auch schwer fallen, sich in das kindliche Gemüt hineinzuversetzen, und erfreute die Kinder seiner Freunde, z. B. des jüngeren Motherby oder des älteren Jachmann, die ihn bisweilen besuchten, wie ein guter Großvater mit allerlei kleinen Geschenken.

Da ihm der Genuß der Speisen und Getränke nur ein Mittel zum Zweck der Unterhaltung war, so zogen sich die Mittagsgesellschaften in seinem Hause (vgl. schon S. 145) meist bis 4 Uhr, zuweilen sogar bis 6 Uhr nachmittags hin. Alsdann war er selbst am frohesten, wenn seine Gäste „froh und heiter, an Geist und Leib gesättigt, nach einem sokratischen Mahle seinen Tisch verließen" (Wasianski S. 28). Zu Kants — im einzelnen natürlich häufig wechselnden — Tischgästen zählten Mitglieder der verschiedensten Stände: Kaufleute, wie die uns bereits bekannten Jacobi, Motherby, Ruffmann usw., und höhere Beamte, wie Hippel, Brahl und Vigilantius, daneben die Ärzte Hagen, Elsner, Motherby jr., Reusch u. a., aber auch einzelne unter seinen Kollegen, namentlich solche, die früher seine Schüler gewesen, wie Kraus, Rink, Pörschke und Gensichen; außerdem die Gebrüder Jachmann. Bisweilen lud er auch junge Studierende dazu ein, um durch den Altersunterschied erhöhtes Leben in die Gesellschaft zu bringen. Natürlich wurden durchreisende Fremde unter Umständen auch allein eingeladen. Dies Glück wurde u. a. dem 23 jährigen Bergbaubeflissenen Friedrich von Lupin aus Schwaben zuteil, der ihn 1794 mit Empfehlungen von Göttinger und anderen Gelehrten aufsuchte und für den folgenden Tag zum Mittagessen gebeten ward. Während er den Philosophen am ersten Tag im Schlafrocke angetroffen hatte, empfing ihn derselbe jetzt „sorgfältig angezogen und gut aufgeputzt . . . mit einer aus dem Inneren hervorleuchtenden, ihm sehr wohl anstehenden stolzen Haltung". Kant ließ sich die Speisen, darunter einen großen Seefisch, und den guten alten Wein so trefflich munden, daß er während des Essens nicht viel sprach. Dann aber wurde er sehr gesprächig. „Ich habe wenige Männer in diesem Alter gesehen, die noch so munter und so beweglich gewesen wären wie er, und doch war er dabei trocken in allem, was er sprach; so fein, so witzig auch die Bemerkungen waren, die er selbst über das Gleichgültigste ausstreute, so trocken waren sie angebracht; einige Anekdoten kamen dazwischen wie gerufen, wie für den Augenblick hervorgesprungen, . . . und man konnte sich des Lachens nicht enthalten." Als aber Lupin dann am anderen Tage Abschied von ihm nahm, „offenbarte sich in wenigen Worten der kategorische Imperativ seines moralischen Sinnes". „Rein in sich abgeschlossen, reichte er mir zum Abschied freundlich die Hand[1])."

Wir schließen einiges über das Verhältnis des Philosophen zu seiner Familie an. Von den vier Geschwistern, die Immanuel besaß (vgl. S. 3), war der einzige Bruder Johann Heinrich (geb. 1735) nach des Vaters Tod im Hause des Oheims Richter aufgewachsen. Nach den in Königsberg verbrachten theologischen Studienjahren — ein näherer Verkehr zwischen beiden hatte nicht stattgefunden — hat er noch länger als der ältere Bruder, nämlich volle 16 Jahre, in verschiedenen Hauslehrerstellen Kurlands sein Brot suchen müssen. Erst 1774 wurde er Konrektor, ein Jahr darauf Rektor der „großen Stadtschule" in Mitau und führte 1774 die liebenswürdige und häusliche, aber unvermögende Schwägerin eines theologischen Freundes, Maria Havemann, heim. Anfang 1781 in den ihm mehr zusagenden Beruf eines Landpfarrers in dem gleichfalls kurländischen Dorfe Altrahden übergetreten, hat er hier mit seiner Frau und den vier Kindern, die sie ihm schenkte, ein zwar bescheidenes, aber glückliches Familienleben geführt. Zu einem inneren Verhältnisse mit dem berühmten Königsberger Bruder kam es auch jetzt nicht. Die Briefe des jüngeren Kant kamen öfter und tragen, ebenso wie später die seiner Frau und seiner Kinder, einen herzlichen Ton; Immanuel schrieb nur selten und dabei kurz und ziemlich kühl. Dagegen hat er, als die Familie durch den Tod Johann Heinrichs im Februar 1800 ihres Ernährers beraubt war, durch einen jährlichen Zuschuß von 200 Talern für sie gesorgt. Übrigens verheirateten sich die drei Nichten noch zu

---

[1]) So Lupin in seiner Selbstbiographie (1844). Wir zitieren nach dem Artikel: *Ein Besuch Lupins bei Kant* in der *Altpreuß. Mon.* 38, 7. und 8. Heft.

des Oheims Lebzeiten — seine noch erhaltenen Glückwünsche sind ziemlich herzlich gehalten —, und durch dessen Testament, wonach die Hälfte seines Vermögens nach Abzug der Legate, d. i. etwa 20 000 Taler, den Erben seines Bruders zufiel, wurden sie aller etwaigen Sorgen entledigt. Von dem einzigen Neffen, Friedrich Wilhelm Kant, wissen wir, daß er um die Zeit von seines Vaters Tod Angestellter in einem kaufmännischen Geschäft in Mitau war, sich später in der nämlichen Stadt selbständig machte und 1847 starb.

Drei Schwestern des Philosophen (geboren 1727, 1730 und 1731) erwarben sich ihren Unterhalt anfangs durch „Dienen“ und verheirateten sich dann mit einfachen Handwerkern. Anna Luise war mit einem „Zeugmacher“ Schultz verheiratet und 1775 noch am Leben, dagegen 1792 bereits gestorben. Maria Elisabeth wurde von ihrem Manne (Krönert) geschieden, worauf sich Immanuel — schon von 1768 an — ihrer „kümmerlichen Umstände“ annahm und sie bis zu ihrem nach langem Krankenlager 1796 erfolgten Tode unterstützte; nach diesem wurde die „Pension“, aufs Doppelte erhöht, auch ihren Kindern und Enkeln weitergezahlt (Imm. Kant an Joh. Heinr. Kant, 17. Dez. 1796). Von der Ältesten, Regina (geb. 1719), fehlen weitere Nachrichten. Die einzige Schwester, die ihn überlebt hat, war die jüngste (geb. 1731), Witwe Barbara Theuer, die ihn in seinem letzten Lebensjahre bis zu seinem Tode treu hat pflegen helfen (S. 204) und 28. Januar 1807 gestorben ist.

5. Die letzten Jahre. Zunehmende Altersschwäche.

Schubert meint in seiner Biographie (S. 140), daß die traurigen persönlichen Erfahrungen des Jahres 1794 (königl. Reskript) zur Untergrabung von Kants Gesundheit und früheren Herbeiführung seiner Altersschwäche entscheidend beigetragen hätten. Dafür findet sich jedoch weder in den von seinen ältesten Biographen überlieferten Tatsachen noch in seinem gerade aus diesem Jahre in reicher Fülle vorhandenen Briefwechsel irgendein Anhalt. Bis zum Juli 1796 hat er, wie wir wissen, noch Vorlesungen gehalten. Und wenn ihn Jachmann auch in diesem Jahre schon „etwas verändert“ fand, so zeigte er sich doch an guten

Tagen noch im vollen Besitze seiner früheren Geisteskraft. Noch 1798 gab er ja eine, freilich zum größeren Teil schon früher ausgearbeitete, geistvolle Schrift, den *Streit der Facultäten* heraus. Erst gegen Ende dieses Jahres machte sich die Abnahme seiner Geisteskraft ihm selber wie anderen stärker bemerkbar. Vielleicht am deutlichsten, jedenfalls am erschütterndsten spricht sich die eigene Empfindung des Philosophen in einem Briefe vom 21. September 1798 an den gleichfalls leidenden Garve aus: „Ich weiß nicht, ob ... das Los, was mir gefallen ist, von Ihnen nicht noch schmerzhafter empfunden werden möchte, wenn Sie sich darin in Gedanken versetzten; nämlich für Geistesarbeiten, bei sonst ziemlichen körperlichen Wohlsein, wie gelähmt zu sein: den völligen Abschluß meiner Rechnung in Sachen, welche das Ganze der Philosophie (so wohl Zweck als Mittel anlangend) betreffen, vor sich liegen und es noch immer nicht vollendet zu sehen; obwohl ich mir der Tunlichkeit dieser Aufgabe bewußt bin: ein Tantalischer Schmerz, der indessen doch nicht hoffnungslos ist."

Nur durch seine schon mehr als drei Jahrzehnte hindurch geübte äußerst regelmäßige Lebensweise hatte er überhaupt das „Kunststück", wie er es selbst nannte, fertig gebracht, trotz seiner schwachen Körperkonstitution ein so hohes Alter zu erreichen. Denn sowohl der Knochenbau wie die Muskulatur und die Nervenkraft des kaum fünf Fuß (1,54 m) messenden kleinen und überaus mageren Körpers waren äußerst schwach. Trotzdem war er fast nie eigentlich krank gewesen. Die flache, ja etwas einwärts gebogene Brust hatte er von der Mutter geerbt, seine Stimme war daher für gewöhnlich leise. Dagegen waren alle seine Sinne scharf und stark, seine Gesichtsfarbe frisch und seine Backen noch im Alter von gesunder Röte. Bis an sein Ende bedurfte er keiner Brille, wenn auch das eine seiner ausdrucksvollen blauen Augen ihm in den letzten zwei Jahrzehnten den Dienst versagte. Daß seine rechte Schulter etwas höher war als die linke, schadete seiner Gesundheit nicht.

Immerhin er war Ende 1798, namentlich an guten Tagen, mäßigen Geistesanstrengungen noch gewachsen. Wenige Wochen nach jenem Brief an Garve beschreibt er dem getreuen Kiesewetter seinen Gesundheitszustand als den „eines alten, nicht kranken, aber doch invaliden, vornehmlich für eigentliche und öffentliche Amtspflichten ausgedienten Mannes, der dennoch ein kleines Maaß von Kräften in sich fühlt, um eine Arbeit, die er unter Händen hat, zu Stande zu bringen“ (Kant an Kiesewetter, 19. Okt. 1798). Aber schon 1799, wo seine Altersschwäche noch „kaum bemerkbar“ war, äußerte er doch schon einst vor Freunden: „Meine Herren, ich bin alt und schwach, Sie müssen mich wie ein Kind betrachten.“ Derjenige, der uns dies berichtet, die Stütze seiner Altersjahre, war der Diakonus an der Tragheimer Kirche Ehregott Andreas Christoph Wasianski, der von 1773 bis 1780 sein Zuhörer und zum Teil Amanuensis gewesen und ihm seit 1790 wieder nähergetreten war. Ihm verdanken wir ein außerordentlich treues, wenn auch nicht gerade sehr übersichtliches Gemälde von *Immanuel Kant in seinen letzten Lebensjahren, aus dem täglichen Umgange mit ihm.* Wir verweisen den Leser auf diese authentischste und genaueste Darstellung, der wir — unter Mitberücksichtigung von Jachmann, Rink und Hasse — die wesentlichsten Züge der folgenden Schilderung entnehmen.

Der Verfall von Kants Körper- und Geisteskräften vollzog sich ganz allmählich. Er begann mit einer auffallenden Abnahme seines früher so ausgezeichneten Gedächtnisses. Als er selbst dieselbe bemerkte, schrieb er sich, was er behalten wollte, auf abgerissene kleine Stücke Papier, Briefkuverte u. ä., sogenannte Memorienzettel, von denen Wasianski eine Menge August 1802, als die Studierstube geweißt wurde, von dem Feuertode, zu dem sie der Philosoph verdammt hatte, gerettet hat. Auch zeigte er sich, im Gegensatz zu seinem sonstigen Wesen, jetzt öfters launisch, unwirsch gegen das Gesinde, ungeduldig. Es bildeten sich bei ihm merkwürdige Idiosynkrasien und fixe Ideen, namentlich auf medizinischem Gebiete aus, wie die, daß die wahre Ursache aller seiner Beschwerden, ja der meisten Krankheiten überhaupt in der Luftelektrizität zu finden sei. Infolge seiner zunehmenden körperlichen Schwäche schränkte er seine Spaziergänge immer mehr ein, anfangs noch auf das „Lizent“, wo ein Unbekannter eine Bank für ihn zum Ausruhen aufschlagen ließ, dann auf den „Königsgarten“ in der Nähe seines Hauses; noch später mußte er sich auf Wagenfahrten beschränken. Selbst im Hause begannen ihm die Füße den Dienst immer mehr zu versagen. Er fiel sowohl im Gehen wie im Stehen, wenn auch glücklicherweise fast stets, ohne sich zu verletzen; öfters auch, wenn er des Morgens vor Mattigkeit auf seinem Stuhle eingeschlafen war, von diesem, bis derselbe mit einem Lehnstuhl vertauscht wurde. Auch geriet einmal, als er beim Lesen eingenickt war, seine Nachtmütze in hellen Brand, wobei er sich aber selber zu helfen wußte.

Anfangs hatten sich, als er geistig und körperlich immer unbehilflicher wurde, verschiedene Freunde seiner „Ökonomie“ angenommen, wie z. B. Wasianski des Kleider- und Wäschefaches, notwendiger häuslicher Reparaturen und kleiner praktischer Handgriffe (wie des Federnschneidens), in denen der große Denker sehr ungeschickt war. Als aber nun Dr. J[achmann?], der bisher seine Geldgeschäfte besorgt hatte, Königsberg verließ, übertrug Kant im November 1801 Wasianski, zu dem er inzwischen besonderes Vertrauen gewonnen, die Verwaltung aller seiner Angelegenheiten, insbesondere auch seines Vermögens, das sich infolge seiner Sparsamkeit schon 1798 auf über 14000 Taler gesteigert hatte. Wasianski verdiente dies Zutrauen auch vollkommen durch die liebevolle Sorgsamkeit wie die kluge Schonung, mit der er die zunehmenden Schwächen des Greises zu behandeln verstand. So gewöhnte sich denn Kant daran, in allen Angelegenheiten seinen getreuen Wasianski um Rat zu fragen und ihm unbedingt zu folgen, wie jener sich seinerseits in allen wichtigeren Sachen mit dem trefflichen Regierungsrat Vigilantius beriet. Besonderes Geschick verlangte die notwendig gewordene Entlassung des alten Dieners Martin Lampe. Dieser, vierzig Jahre lang in Kants Diensten und mit ihm alt geworden, hatte die Güte seines Herrn zu mißbrauchen begonnen, „drang ihm Zulagen ab, kam zur unrechten Zeit nach Hause, zankte sich mit der Aufwärterin und wurde überhaupt mit jedem Tage unbrauchbarer zur Bedienung seines Herrn“. Auch begann er zu trinken, und er, der seinen Herrn stützen und halten sollte, vermochte sich selbst oft nicht gerade auf den Beinen zu halten. Alle Bitten und Warnungen von Wasianski und dessen Gattin waren umsonst. So erfolgte denn Ende Januar 1802 endlich die notwendig gewordene Entlassung und die sofortige Anstellung seines Nachfolgers Johann Kaufmann, den Wasianski vorher für alle seine Obliegenheiten bis ins kleinste eingeschult hatte. So ging der Wechsel wider Erwarten ohne große Erschütterung vonstatten; der Philosoph gewöhnte sich verhältnismäßig bald an den verständigen und anstelligen neuen Diener und schrieb in das ihm von Wasianski statt der unregelmäßigen Zettel zurechtgemachte Gedächtnisbüchlein: „Der Name Lampe muß nun völlig vergessen werden“ [1]).

In den obenerwähnten beiden Briefen aus dem Herbst 1798 spricht Kant von einem Werke, mit dem er sein „kritisches Geschäfte“ beschließen und eine in seinem System noch übrige Lücke ausfüllen wolle: dem *Übergang von den metaphysischen Anfangsgründen der Naturwissenschaft zur Physik.* An diesem Buche arbeitete er bis mindestens in das Jahr 1801 hinein eifrig. Hasse sah es „mehrere Jahre“ in mehr als hundert dicht beschriebenen Foliobogen auf seinem Schreibtisch liegen. Aber es zeigt nicht nur äußerlich, in vielem Durchstreichen und Überschreiben von oft Minderwertigerem, sondern auch innerlich deutlich die Zeichen der Senilität, wie die von Rudolf Reicke veröffentlichten Stücke beweisen [2]). Teile des Manuskripts gehören übrigens einem zweiten, unvollendeten Werk allgemeineren Charakters an, das von ihm als „System der reinen Philosophie in ihrem Zusammenhang“ oder auch als „Der Transscendentalphilosophie höchster Standpunkt im System der Ideen: Gott, die Welt und der Mensch“ bezeichnet wurde, und das

[1]) Durch seine eigene Schuld ging Lampe auf diese Weise auch der Vorteile des Kantschen Testamentes von 1798 verlustig, wonach er jährlich 400 Gulden, und im Falle seines Todes seine Frau die Hälfte dieser Summe, im Falle des Ablebens beider die ev. Kinder ein Kapital von 1000 Gulden erhalten sollten. Statt dessen ward Lampe nun auf eine Jahrespension von nur 40 Talern beschränkt, während sein Nachfolger mit einem einmaligen Legat von 150 Talern pro Dienstjahr bedacht wurde.

[2]) Abgedruckt unter dem Titel: *Ein ungedrucktes Werk von Kant aus seinen letzten Lebensjahren* in der *Altpreuß. Monatsschrift* 1882—1884. Vgl. auch *E. Adickes,* Kants Opus postumum. Berlin 1920.

er wahrscheinlich im Auge hatte, wenn er davon zu Vertrauten als von seinem wichtigsten Werke oder *chef d'œuvre* sprach. Sein eigenes Urteil darüber schwankte übrigens in seinen letzten Jahren bedeutend: „bald glaubte er, es bedürfte nur noch der letzten Feile, bald war wieder sein Wille, daß es nach seinem Tode verbrannt werden sollte". Professor Schulz, dem Wasianski es nach Kants Tode als dem von diesem selbst für den besten Dolmetscher seiner Schriften erklärten Gelehrten zur Prüfung übergab, riet von einer Veröffentlichung ab, da es nur der erste Anfang eines Werkes und noch nicht einmal dessen Einleitung vollendet sei. Wasianski selbst meint wohl nicht mit Unrecht, daß die geistige Anstrengung, die der schwache Greis auf die Ausarbeitung dieses Werkes verwandte, den Rest seiner Kräfte schneller verzehrt habe.

Der vorletzte vollständig erhaltene Brief Kants, an den Verlobten seiner Bruderstochter, den Pfarrer Karl Christoph Schoen, datiert vom 28. April 1802, sagt: „Meine Kräfte nehmen mit jedem Tage ab, meine Muskeln schwinden, und ob ich gleich keine eigentliche Krankheit jemals gehabt habe und auch jetzt keine befürchte, so bin ich doch bis jetzt seit zwei Jahren nicht aus meinem Hause gewesen, sehe aber mit Mut jeder mir bevorstehenden Veränderung entgegen." Die „zwei Jahre" sind vielleicht nicht genau, aber die Stimmung und das Schwächegefühl des Philosophen drücken sich deutlich in diesen Worten aus. In demselben Frühjahr 1802 ließ ihn Wasianski einmal, um ihm Bewegung in frischer Luft zu machen, in seinen (Kants) eigenen Garten führen. Aber er fühlte sich in diesem, den er seit Jahren nicht betreten hatte, ganz fremd und sehnte sich bald nach der gewohnten Umgebung seines Studierzimmers zurück. Dennoch hat er dann mehrmals in ihm eine Tasse Kaffee getrunken. Im Juli d. J. wurde sogar eine Ausfahrt, mit Wasianski und Professor Hasse, nach einem eine halbe Stunde vor der Stadt gelegenen Sommerhause des ersteren gemacht. Kant fühlte sich ganz verjüngt, freute sich während der Fahrt, die Türme und öffentlichen Gebäude der Stadt wiederzusehen, genoß auch eine Tasse Kaffee und später einige Tassen schwachen Tees und rauchte sogar eine halbe Pfeife Tabak; die Nacht darauf schlief er besser. So wurden denn die Ausfahrten vor Eintritt des Winters noch einigemal wiederholt. Im folgenden Winter wurde er viel von Magenbeschwerden und gegen Ende desselben auch von unruhigen, zuletzt schreckhaften Träumen geplagt, ja aus dem Bett gejagt, sodaß er schließlich, auf dringendes Zuraten Wasianskis, seinen Diener in demselben Zimmer schlafen, auch nachts eine Kerze brennen ließ. Auch sein sonst, wenigstens am Mittag, kräftiger Appetit ließ jetzt nach. Er fühlte sich oft lebensmüde und erwartete mit Ungeduld das Kommen des Frühjahrs, woran ihm in gesunden Tagen wenig gelegen gewesen war, oder vielmehr die Wiederkunft einer Grasmücke, die vor seinem Fenster zu singen pflegte. Als sie in diesem Frühjahr nicht erschien, klagte er Hasse wehmütig: „Mein Vögelchen kommt nicht!“, als ob er ahnte, daß er kein neues Frühjahr mehr erleben werde.

Am 22. April 1803 ward zum letztenmal sein (79.) Geburtstag im Kreise aller seiner Tischfreunde gefeiert. Er hatte schon lange vorher alle Vorbereitungen mit seinem getreuen Wasianski besprochen und sich darauf gefreut, fühlte sich dann aber an dem Tage selbst von der ihm jetzt ungewohnten zahlreichen Gesellschaft so betäubt, daß er doch nicht den erhofften Genuß davon hatte. Seine Magenbeängstigungen wurden im Sommer so heftig, daß er sich durchaus durch eine möglichst weite Reise davon befreien wollte. Es kam dann aber nur zu einer Wagenfahrt in jenes kleine Sommerhaus Wasianskis, bald nachher auch in Hasses Garten; aber diese Fahrten, die ihm trotz ihrer kurzen Dauer unendlich lang dünkten, griffen ihn jetzt so an, daß er sich bald nach Hause sehnte und nur noch wenige und kurze Fahrten unternommen wurden; die letzte fand im August nach Hasses Garten statt. Auch mit den geistigen Kräften ging es jetzt rasch bergab, wie wir aus dem schmerzlichen Eindruck sehen, den er auf seinen einstigen Schüler R. B. Jachmann bei dessen letztem Besuch am 1. August dieses Jahres machte. Mit schwankendem Schritt trat der gebückte Greis auf ihn zu, Jachmann umarmte und küßte ihn, den lange nicht Gesehenen, aber dieser, „der Stolz und das Glück meines Lebens, . . . mein Kant“ — erkannte mich nicht mehr; und trotz aller Bemühungen seitens des Besuchers wie des Philosophen selbst gelang es auch im weiteren Verlaufe des Gespräches nicht. Jachmann sprach mit ihm von Dingen, die ihm vertraut waren, wie von kleinen körperlichen Umständen; aber selbst hierbei „blieben ihm die Gedanken stehen, und er konnte zu manchem kleinen Satze nicht das Schlußwort finden, sodaß seine hochbejahrte Schwester, welche hinter seinem Stuhle saß und dasselbe Gespräch vielleicht schon oft gehört hatte, ihm das fehlende Wort vorsprach, welches er dann selbst hinzufügte“ (vgl. den ganzen, erschütternden Bericht Jachmanns in dem „17. Brief“ seiner Biographie).

Da der Philosoph während einer Abwesenheit des Bedienten heftig gefallen war, sodaß er an Gesicht und Rücken Wunden erlitten hatte, so hatte Wasianski mit seiner Genehmigung die einzige noch lebende Schwester, Frau Barbara Theuerin, als Pflegerin in sein Haus aufgenommen. Diese war zwar nur $7^1/_2$ Jahre jünger als er, aber noch sehr rüstig. Sie war, nach kurzer Ehe mit einem Handwerker, nun schon seit vielen Jahren Witwe und bereits seit geraumer Zeit auf seine Kosten im St. Georg-Hospital untergebracht worden, wozu sie von dem Bruder eine Zulage erhielt, die sie in den Stand setzte, sorgenfrei zu leben. Obwohl der berühmte Bruder sie jahrelang nicht gesprochen und in seinem Hause gesehen hatte — es geschah dies nach Wasianski nicht, weil er sich ihrer geschämt hätte, sondern weil er sich mit ihr zu wenig unterhalten konnte —, kam sie doch sofort der Aufforderung nach und nahm sich seiner mit schwesterlicher Geduld, Sanftmut und Zärtlichkeit in allen Stücken an. In der letzten Zeit, als jede Nacht an seinem Lager Wache gehalten werden mußte, wurde zur Erleichterung des schon den Tag über stark beschäftigten Dieners noch ein Schwestersohn Kants gegen reichlichen Entgelt angestellt, um mit dem Diener im Wachen abzuwechseln.

Im Anfang des letzten Herbstes nahm auch die Sehkraft seines rechten Auges ab, nachdem er die des linken schon viele Jahre vorher völlig eingebüßt hatte. Während er wenige Wochen vorher noch die kleinste Schrift mit unbewaffnetem Auge hatte lesen können, vermochte er jetzt zu seinem Schmerz weder mehr zu lesen noch zu schreiben.

Wenn man ihn jetzt beobachtete, „wie er kaum einen Schritt, auch selbst bei Unterstützung und Leitung, mehr gehen, kaum mehr aufrecht sitzen, vor Schwäche kaum mehr verständlich reden konnte, so sollte man glauben, letztere hätte nicht mehr zunehmen können, und der heutige Tag müsse der letzte sein". Und doch „strebte sein großer Geist noch bisweilen heroisch empor", wenn auch freilich die Schwäche des Körpers ihn immer wieder niederdrückte, wodurch er immer einen Grad der Elastizität mehr verlor (Wasianski S. 159). Besuche von Fremden wurden nun natürlich, soweit es irgend ging, abgewiesen oder auf wenige Minuten beschränkt. Er kam dann wohl auf einen Augenblick aus seiner Studierstube in das Vorzimmer heraus und sagte: „Was sehen Sie an mir altem, abgelebtem Manne?" Dagegen erwartete er gewöhnlich — ein rührender Anblick! — mit der Uhr in der Hand an der Türe sitzend, die Minute der Ankunft seines getreuen Wasianski. Am 8. Oktober 1803 erlitt er — zum erstenmal in seinem Leben — einen ernsten Krankheitsanfall. Es scheint ein infolge der Überladung des Magens mit seiner Lieblingsspeise (englischem Käse) eingetretener Schlaganfall gewesen zu sein. Zwar erholte er sich schon nach einer Stunde von seiner todähnlichen Ohnmacht, blieb auch nur vier Tage bettlägerig und sah vom 13. Oktober an wieder seine gewöhnlichen zwei Tischgäste bei sich, erlangte aber nie wieder die alte Heiterkeit. Sein Mittagsmahl beendete er jetzt hastig, ging schon um 2 Uhr zu Bett und stand dafür „wohl zwanzigmal" in der Nacht auf, indem er sich unruhig und ohne zu wissen, was er eigentlich wollte, herumführen ließ. Sein Studierzimmer war jetzt auch sein Eß- und Schlafzimmer geworden.

6. Tod und Begräbnis.

Die letzten Monate seines Lebens waren nichts anderes als ein langsames Sterben. Im Dezember konnte er seinen Namen nicht mehr leserlich schreiben. Die Speisen zerlegte ihm Wasianski, legte sie ihm in den Löffel, den er selbst nicht mehr fand, und gab ihm denselben in die Hand. Alle seine Sinne nahmen ab. Alle Speisen fand er ohne Geschmack. Sein sonst so scharfes Gehör begann zu schwinden, und seine Stimme war selbst in der Nähe nur schwer vernehmbar. Auch drückte er sich immer unverständlicher aus und konnte immer weniger erfassen, was man zu ihm sagte. Am besten noch gelehrte Gegenstände. Keplers Analogien vermochte er noch in der letzten Zeit herzusagen, und noch am letzten Montag seines Lebens gab er bei Tische, auf Wasianskis Frage, Auskunft über die Lebensweise der Barbaresken. In den letzten vierzehn Tagen vermochte er selbst seine Umgebung nicht mehr zu erkennen: zuerst trat dies seiner Schwester, dann Wasianski, zuletzt seinem Diener gegenüber ein. Vom 3. Februar an aß er so gut wie nichts mehr. An diesem Tage besuchte ihn sein Arzt, der Professor der Medizin und damalige Rektor der Universität Elsner. Kant suchte ihm, in nur Wasianski verständlichen Worten, seine Dankbarkeit dafür auszudrücken, daß er bei seinen mannigfachen Geschäften und seiner hohen Stellung ihn, den altersschwachen Mann, dennoch besuche. Und er wollte sich nicht eher setzen, als bis sein Arzt sich niedergelassen. Mit erzwungener Sammlung seiner Geisteskräfte sagte er dann: „Das Gefühl für Humanität hat mich noch nicht verlassen." Am 6. Februar wurde er um vieles schwächer und stumpfer: verloren in sich selbst, saß er mit starrem Blick da, ohne etwas zu reden. Auch brauste er jetzt nicht mehr auf, wie in den letzten Jahren seiner abnehmenden Geistes- und Körperkraft, sondern blieb gegen alles und alle ganz gelassen. Seit Dienstag den 7. Februar blieb er — mit einer kurzen Ausnahme am Mittag des folgenden Tages — im Bett. Am Donnerstag zeigte sein Gesicht schon den hippokratischen Zug, er blieb von da, kurze Augenblicke ausgenommen, dem Anschein nach bewußtlos. Als Wasianski ihn am Sonnabend fragte, ob er ihn noch kenne, vermochte er zwar kein Wort hervorzubringen, reichte ihm aber, was bei ihm ganz ungewöhnlich war, seinen blassen Mund zum Kusse. Der getreue Freund blieb auch die letzte Nacht, vom 11. auf den 12., an seinem Lager und reichte ihm zur Stillung des sich einstellenden Durstes mehrmals einen Löffel mit einer Mischung von Wein, Wasser und Zucker, bis der Sterbende zuletzt flüsterte: „Es ist gut." Das waren seine letzten

Worte. Gegen den Morgen des 12. setzte der Puls schon fast ganz aus, um 10 Uhr brach sein Auge, um 11 Uhr tat er seinen letzten Atemzug. „Sein Tod war ein Aufhören des Lebens und nicht ein gewaltsamer Akt der Natur" (Wasianski S. 217).

Schon seit mehreren Tagen liefen in der Stadt Gerüchte von Kants Tode um. Dennoch machte die sich nun schnell von Mund zu Mund verbreitende Kunde davon einen tiefen Eindruck auf die Gemüter, selbst bis in die untersten Schichten hinein. Der Tag, ein Sonntag, war besonders wolkenlos, nur ein zartes Wölkchen schwebte im Zenit; darauf soll ein Soldat auf der Schmiedebrücke die Umstehenden hingewiesen haben mit den Worten: „Seht, das ist die Seele Kants, die gen Himmel fliegt!" Die erste öffentliche Nachricht brachten die *Kgl. Preuß. Staats-, Krieges- und Friedens-Zeitungen* (heutige Königsberg. Hartungsche Zeitung) Montag den 13. durch folgende Notiz an der Spitze des Blattes unterm 12. Februar: „Heute Mittags um 11 Uhr starb hier an völliger Entkräftung im 80sten Jahre seines Alters Immanuel Kant. Seine Verdienste um die Revision der speculativen Philosophie kennt und ehrt die Welt. Was ihn sonst auszeichnete, Treue, Wohlwollen, Rechtschaffenheit, Umgänglichkeit — dieser Verlust kann nur an unserm Orte ganz empfunden werden, wo also auch das Andenken des Verstorbenen am ehrenvollsten und dauerhaftesten sich erhalten wird." Am 16. und 20. Februar veröffentlichte dann dasselbe Blatt die von Wasianski als Testaments-Exekutor unterzeichnete eigentliche Todesanzeige: „Den 12. Februar c. Mittags um 11 Uhr starb Herr Professor Immanuel Kant, alt 79 Jahre 10 Monate, ohne vorhergegangene Krankheit an der eigentlichen Entkräftung vor Alter. Im Namen seiner hiesigen und abwesenden Verwandten meldet diesen Todesfall seinen gesamten Freunden usw." Es begann nun die nächsten Tage hindurch eine förmliche Wallfahrt von vornehm und gering und vom Morgen bis zum Abend zu dem kleinen Hause in der Prinzessinstraße, jeder wollte noch einmal die Leiche des berühmten Philosophen sehen; und, wie sehr auch Wasianski von dem Lebenden alle Störung sorgfältig ferngehalten hatte, ihr Anblick sollte niemandem verweigert werden. Sie war aus der Studierstube in das geräumigere Speisezimmer gebracht und dort, in ein Sterbegewand gehüllt, auf zwei Decken, einer schwarzen und einer weißen, spitzenbesetzten (die die „Älterleute“, „weil es für Kant wäre“, hinzugaben), aufgebahrt. Sein Haupt ruhte auf dem Kissen, auf dem einst die Studenten ihm ihr Gedicht überreicht hatten, zu seinen Füßen hatte ein Unbekannter ein Gedicht mit der Aufschrift: „Den Manen Kants“ niedergelegt. Allgemein war das Staunen über die völlige Abgezehrtheit seines Körpers, während das Gesicht nicht merklich entstellt war. Professor Knorr nahm einen Gipsabguß seines Kopfes, der Prosektor Kelch untersuchte und beschrieb seinen Schädel nach Gallscher Methode.

Infolge seiner Trockenheit konnte denn auch der Leichnam noch volle sechzehn Tage über der Erde bleiben. Denn erst am 28. Februar fand das feierliche Begräbnis statt. Nach den vorhandenen Nachrichten hat man den Eindruck, daß von seiten der Nächstbeteiligten jeder auf die Veranstaltungen des anderen gewartet habe. Der Philosoph selbst hatte, nach einer erhaltenen Aufzeichnung aus dem Jahre 1799, ein ganz einfaches Begräbnis am frühen Morgen und nur die Begleitung seiner Tischfreunde gewünscht. Aber die Studierenden ließen es sich nicht nehmen, dem verehrten Toten ein feierliches Leichenbegängnis zu veranstalten. Nachdem bereits mehrere andere „diesen Gedanken gefaßt und — aufgegeben hatten“, unternahm es der Theologiekandidat Böckel aus Danzig, im Verein mit drei anderen Kommilitonen, die nötigen Vorbereitungen zu treffen. Sie scheinen auf unerwartete Hindernisse gestoßen zu sein, derentwegen, wie sie am 23. öffentlich bekannt machten, die Bestattung auf den 28. verschoben werden müsse[1]. Seitens der Professoren unterstützte sie nur der Regierungsrat Heidemann. Einige Tage vorher wurden durch eine Deputation der Studierenden die Spitzen der Zivil- und Militärbehörden, die Prediger, Ärzte, Lehrer und Kaufleute eingeladen.

---

[1] Vgl. auch S. 23ff. des von *Böckel* erstatteten Berichtes über *Die Totenfeyer Kants* (Königsberg 1804, 48 S.), wo von „Cabalen“ von „mehr als einer kleinen Seele“ die Rede ist, die sich den Bemühungen der Arrangeure entgegengestellt hätten.

Der Anfang der Feierlichkeiten war auf nachmittags 3 Uhr festgesetzt. Aber schon drei Stunden vorher waren trotz der Kälte die Straßen mit einer zahllosen Menschenmenge angefüllt, die übrigens ein durchaus würdiges Betragen zeigte. Der Trauerzug begann von Kants Wohnhause, wo jedoch nur die nächsten Freunde sich eingefunden hatten. Dann schlossen sich die eingeladenen Vertreter der Behörden an, die sich eine Stunde vorher in der nahen Schloßkirche versammelt hatten; die Studierenden von ihrem gewöhnlichen Versammlungsort, dem Collegium Albertinum, aus. Eine Militärabteilung eröffnete den Zug, dann folgten im höchsten Wichs die Trauermarschälle usw. der Studentenschaft, ihnen der Sarg mit 24 Studierenden zur Seite, die sich im Tragen desselben abwechselten. Er trug die Inschrift: *Cineres mortales immortalis Kantii* und am Fußende die Worte: *Orbi datus 22. Aprilis 1724, ereptus 12. Febr. 1804.* Ihm folgten zunächst zwei Verwandte und die vertrautesten Tischfreunde, diesen eine Gruppe mit dem studentischen Redner und dem Träger des Trauer-Carmens, beide aus den Kreisen des Adels gewählt; dann nach dem zweiten Redner (Böckel) und dem Musikkorps, immer wieder von Trauermarschällen geleitet, die Studentenschaft; darauf das übrige Trauergefolge, und zwar absichtlich, dem demokratischen Sinne des Verstorbenen entsprechend, ohne jede Rangordnung. Unter dem Geläute sämtlicher Glocken der Stadt und der Begleitung der Trauermusik bewegte sich der Zug durch die Straßen nach der Universitäts- oder Domkirche. Hier wurde er von dem akademischen Senat empfangen und in die würdig ausgestattete, von zahlreichen Kerzen erhellte Kirche geleitet. Nach einer musikalischen Introduktion hielt von der Trauerbühne aus Stud. von Schrötter, nach einigen einleitenden Sätzen, eine Ansprache in gebundener Rede. Dann folgte eine Trauerkantate Himmels, deren ursprünglich auf den Tod König Friedrich Wilhelms II. gedichteter Text von Böckel entsprechend abgeändert worden war. Darauf richtete der letztere eine zweite, den Dank an das Trauergefolge mit warm empfundenen Gedenkworten zu Ehren des Entschlafenen paarende Rede an die Versammlung, während Stud. Graf Truchseß dem Kurator der Universität das ebenfalls von Böckel verfaßte Trauergedicht (*Empfindungen am Grabe Kants*, in Distichen) überreichte. Unter den Klängen eines zweiten, von Hiller komponierten Chorals trugen schließlich die Träger den Sarg nach der an der Nordseite des Doms befindlichen akademischen Grabstätte, dem sogenannten „Professoren-Gewölbe“, wo die Beisetzung im Beisein des Professoren-Kollegiums ohne weitere kirchliche Feierlichkeit erfolgte.

War das feierliche Leichenbegängnis am 28. Februar von seiten der Studierenden „entrepreniert“ worden, so hatte doch auch der Senat bereits am 20. d. M. beschlossen, eine besondere Gedenkfeier in Gestalt eines Redeaktus zu veranstalten, der an dem nächsten Geburtstage Kants stattfinden sollte. Da dieser aber auf einen Sonntag fiel, so wurde die Feier auf den folgenden Tag (23. April) verschoben. Die Gedächtnisrede hielt im großen Hörsaal der Universität der Professor der Eloquenz S. Wald; sie ist wegen der wichtigen Beiträge, die eine Reihe von näheren Freunden des Verstorbenen dazu lieferten, mehrfach von uns erwähnt worden. Die Einladung hatte Professor Johann Schultz ergehen lassen, Professor Pörschke ein Gedicht dazu veröffentlicht. Verbunden wurde damit die Aufstellung einer Büste des Philosophen, die Bildhauer Hagemann noch bei dessen Lebzeiten modelliert und in karrarischem Marmor ausgeführt hatte.

Die Gebeine Kants sollten keine ungestörte Ruhe genießen. Da das „Professoren-Gewölbe“ einige Jahre nach seinem Tode nicht mehr seinem bisherigen Zwecke als Grabstätte der Universitäts-Angehörigen dienen sollte, wurde es 1809 auf Veranlassung von Kants Tischfreund Scheffner in eine Wandelhalle für Professoren und Studenten, die sogenannte *Stoa Kantiana*, umgewandelt, die Gebeine des Philosophen aber auf seinem östlichen Flügel beigesetzt und auf einer Säule über dem von Scheffner gesetzten Grabstein Hagemanns Büste aufgestellt. An Kants nächstem Geburtstag, 22. April 1810, wurde die neue Grabstätte mit einer Rede Herbarts, als damaligen Rektors der Albertina, feierlich eingeweiht. Zu der später wieder in das Auditorium maximum zurückgebrachten Büste kam 1842 noch eine vom preußischen Unterrichtsministerium geschenkte, von einem Schüler

Rauchs gearbeitete kleine Bronzestatue Kants in sitzender Stellung. Ein Kantdenkmal in Bronze, von Rauch selbst gefertigt, wurde 1862 in der Nähe von Kants Wohnhaus, dann 1884 auf dem „Paradeplatz" vor der Universität aufgestellt. Da inzwischen die Kanthalle stark verfallen war, so wurde 1880 an ihrem Ostende eine einfache gotische Kapelle aufgeführt, und in einem Gewölbe unter derselben wurden am 21. November d. J. Kants Gebeine, deren Auffindung und Ausgrabung man im vorhergehenden Juni nicht ohne Schwierigkeiten bewerkstelligt hatte, beigesetzt. An einer Wand der Kapelle liest man die berühmten Worte aus dem Schluß der Kritik der praktischen Vernunft: „Der bestirnte Himmel über mir und das moralische Gesetz in mir."

Zeittafel zu Kants Leben und Schriften

1724 22. April: Immanuel Kant geboren.
1732 Herbst: Kant kommt auf das Fridericianum.
1735 Sein Bruder Joh. Heinrich geboren († 1800).
1737 Tod seiner Mutter (geb. 1697).
1740 24. September: Immatrikulation an der Königsberger Universität.
1746 Tod seines Vaters (geb. 1682).
1747 Erste Schrift: *Gedanken von der wahren Schätzung der lebendigen Kräfte* (Phil. Bibl. Bd. 49).
1747–54 Hauslehrer in Judtschen, Arnsdorf und Rautenburg [?].
1754 Abhandlung: *Ob die Erde in ihrer Umdrehung usw. einige Veränderung erlitten habe* (Bd. 49, *298).
Desgl.: *Die Frage, ob die Erde veralte, physikalisch erwogen* (ebda.).
1755 *Allgemeine Naturgeschichte und Theorie des Himmels* (Bd. 48, *48a).
12. Juni: Promotion zum Magister mit der Abhandlung *De igne* (Bd. 49, *298).
27. September: Habilitation mit der Schrift: *Principiorum primorum cognitionis metaphysicae nova dilucidatio* (Bd. 46a, in deutscher Übersetzung).
1756 Januar bis April: Drei Abhandlungen über das Erdbeben von Lissabon (Bd. 49, *298).
8. April: Bewerbung um die Professur Knutzens.
10. April: Kants Disputation über seine Schrift: *Monadologia physica* (Bd. 49).
25. April: *Neue Anmerkungen zur Erläuterung der Theorie der Winde* (Universitäts-Programm) (Bd. 49, *298).
1757 Osterprogramm: *Entwurf und Ankündigung eines Collegii der physischen Geographie*, nebst Anhang (Bd. 49, *298).
1758 Osterprogramm: *Neuer Lehrbegriff der Bewegung und Ruhe* (Bd. 48, *298).
Dezember: Bewerbung um die Professur Kypkes.
1759 Herbstprogramm: *Versuch einiger Betrachtungen über den Optimismus* (Bd. 47, *47/II, 1.–4. Aufl.).
1760 *Gedanken bei dem frühzeitigen Ableben des Herrn Johann Friedrich von Funk* (Bd. 50).
1762 *Die falsche Spitzfindigkeit der vier syllogistischen Figuren erwiesen* (Bd. 46a).
Rousseaus *Emile* und *Contrat social.*

* Unter neuer Bandnummer erschienener Nachdruck.

1763 *Der einzig mögliche Beweisgrund zu einer Demonstration des Daseins Gottes* (Bd. 47, *47/II).
Versuch den Begriff der negativen Größen in die Weltweisheit einzuführen (Bd. 46a).
1764 *Beobachtungen über das Gefühl des Schönen und Erhabenen* (Bd. 50).
Versuch über die Krankheiten des Kopfes in den „Königsb. Gel. und Polit. Zeitg." (Bd. 50).
Preisschrift der Berliner Akademie: *Untersuchungen über die Deutlichkeit der Grundsätze der natürlichen Theologie und der Moral* (Bd. 46a).
Rezension von Silberschlags Schrift *Theorie der Feuerkugel* (Bd. 298).
1765 *Nachricht von der Einrichtung seiner Vorlesungen in dem Winterhalbenjahre 1765/66* (Bd. 46a).
1765/66 Lambert und Mendelssohn beginnen den Briefwechsel mit Kant.
1766 *Träume eines Geistersehers, erläutert durch Träume der Metaphysik* (Bd. 46b, *286).
1766 (April) bis **1772** (Mai): Kant Sub-Bibliothekar an der Schloß-Bibliothek.
1768 *Von dem ersten Grunde des Unterschiedes der Gegenden im Raume* (Bd. 46b, *286).
1769 Oktober: Ruf nach Erlangen (Dezember abgelehnt).
1770 Januar: Ruf nach Jena.
31. März: Ernennung Kants zum ordentlichen Professor der Logik und Metaphysik.
Inaugural-Dissertation: *De mundi sensibilis atque intelligibilis forma et principiis*, verteidigt am 21. August (Bd. 46b, *251).
1771–1788 Zedlitz (Karl Abr. von) Unterrichtsminister in Preußen.
1770–81 Entstehung der *Kritik der reinen Vernunft.*
1771 Rezension von Moscatis *Von dem Unterschiede zwischen der Struktur der Tiere u. Menschen* (Bd. 49, *298).
1775 Osterprogramm: *Von den verschiedenen Rassen der Menschen* (Bd. 50).
1776/77 Zwei Aufsätze, betreffend das *Dessauer Philantropin* (Königsberger Ztg.) (Bd. 50).
1778 Ruf nach Halle abgelehnt.
1781 (Mai): *Kritik der reinen Vernunft* (Bd. 37, *37a).
1782 Anzeige des Lambert'schen Briefwechsels (Bd. 298).
Nachricht an Ärzte (Bd. 298).
1783 *Prolegomena zu einer jeden künftigen Metaphysik, die als Wissenschaft wird auftreten können* (Bd. 40).
Rezension von Schulz' *Anleitung zur Sittenlehre* (Bd. 47, *47/I).
Ende des Jahres kauft Kant sich ein eigenes Haus.
1784 November: *Idee zu einer allgemeinen Geschichte in weltbürgerlicher Absicht* (Berlin. Monatsschrift) (Bd. 47, *47/I).
Dezember: *Beantwortung der Frage: Was ist Aufklärung?* ebd. (Bd. 46b, *TA 24).

1785 Januar und November: Rezension von Herders *Ideen* (Jen. Allg. Lit.-Ztg.) (Bd. 47, *47/I).
März: *Über die Vulkane im Monde* (Berl. Mon.) (Bd. 49, *298).
April: *Grundlegung zur Metaphysik der Sitten* (Bd. 41).
Mai: *Von der Unrechtmäßigkeit des Büchernachdrucks* (Berl. Mon.) (Bd. 47, *47/I).
November: *Über die Bestimmung des Begriffs einer Menschenrasse* (Berl. Mon.) (Bd. 50).
1785/86 Mendelssohn-Jacobischer Streit.
1786 Januar: *Mutmaßlicher Anfang der Menschengeschichte* (Berl. Mon.) (Bd. 47, *47/I).
Ostern: *Metaphysische Anfangsgründe der Naturwissenschaft* (Bd. 48).
Sommersemester: Kants erstes Rektorat.
August: Friedrich der Große †. September: Huldigung zu Ehren Friedrich Wilhelms II.
Rezension von Hufelands *Grundsatz des Naturrechts* (Bd. 47, *47/I).
Bemerkungen zu Jakobs *Prüfung der Mendelssohnschen ‚Morgenstunden‘* (Bd. 47).
Oktober: *Was heißt: ‚Sich im Denken orientieren‘?* (Berl. Mon.) (Bd. 46b, *TA 24).
7. Dezember: Kant auswärtiges Mitglied der Berliner Akademie der Wissenschaften.
1786/87 Reinholds ‚Briefe über die Kantische Philosophie‘.
1787 Zweite Auflage der *Kritik der reinen Vernunft*.
1788 Anfang: *Kritik der praktischen Vernunft* (Bd. 38).
Januar: *Über den Gebrauch teleologischer Prinzipien in der Philosophie* (Teutscher Merkur) (Bd. 50).
Sommer: Kants zweites Rektorat.
9. Juli: Wöllnersches Religionsedikt.
19. Dezember: Neues Zensuredikt.
1790 *Kritik der Urteilskraft* (Bd. 39, *39a).
Streitschrift gegen Eberhard (Bd. 46c).
Über Schwärmerei und die Mittel dagegen (in Borowskis *Cagliostro* (Bd. 50).
1791 September: *Über das Mißlingen aller philosophischen Versuche in der Theodicee* (Berl. Mon.) (Bd. 47, *47 II, 1.–4. A.).
1792 5. März: Neues schärferes Zensuredikt in Preußen.
April: *Über das radikale Böse* (Berl. Mon.).
14. Juni: Verbot der Fortsetzung dieses Artikels.
1793 Ostern: *Die Religion innerhalb der Grenzen der bloßen Vernunft* (2. Aufl. 1794) (Bd. 45).
September: *Über den Gemeinspruch: Das mag in der Theorie richtig sein, taugt aber nicht für die Praxis* (Berl. Mon.) (Bd. 47, *47/I).
1794 Frühjahr und Sommer: Schärferes Vorgehen gegen die „Neologen“.
Mai: *Etwas über den Einfluß des Mondes auf die Witterung* (Berl. Mon.) (Bd. 49, *298).
Juni: *Das Ende aller Dinge* (Berl. Mon.) (Bd. 47, *TA 24).

Juni bis März 1795: Briefwechsel mit Schiller.
1. Oktober: Maßregelung Kants durch die Kgl. Kabinettsorder.
Nach dem 12. Oktober: Kants Verantwortung.

1795 *Zum ewigen Frieden* (2. Aufl. 1796) (Bd. 47, *47/I).

1796 Anhang zu Sömmerrings Schrift: *Über das Organ der Seele* (Bd. 50).
Mai: *Von einem neuerdings erhobenen vornehmen Ton in der Philosophie* (Berl. Mon.) (Bd. 46d).
23. Juli: Kants letzte Vorlesung (über Logik).
Oktober: *Ausgleichung eines auf Mißverstand beruhenden mathematischen Streits* (Berl. Mon.) (Bd. 46d).

1797 Anfang: *Metaphysische Anfangsgründe der Rechtslehre* (Bd. 42).
14. Juni: Abschiedsehrung Kants durch die Königsberger Studentenschaft.
Juli: *Verkündigung des nahen Abschlusses eines Traktats zum ewigen Frieden in der Philosophie* (Bd. 46d, *TA 24).
Metaphysische Anfangsgründe der Tugendlehre (Bd. 42).
Über ein vermeintes Recht, aus Menschenliebe zu lügen (Berl. Blätter) (Bd. 47, *47/I).
10. November: Tod Friedrich Wilhelms II., Thronbesteigung Friedrich Wilhelms III.

1798 *Der Streit der Fakultäten* (Bd. 46d, *252).
Anthropologie in pragmatischer Hinsicht (Bd. 44).
Über die Buchmacherei, zwei Briefe an F. Nicolai (Bd. 47, *47/I).

1799 August: Erklärung gegen Fichte (Bd. 50).

1800 Letzte schriftstellerische Äußerungen Kants (vgl. oben S. 191) (Bd. 50).
September: Kants Handbuch der *Logik*, herausg. von Jäsche (Bd. 43).

1801 14. November: Letzte amtliche Erklärung Kants.

1802 *Physische Geographie*, herausg. von Rink (Bd. 51).

1803 Über *Pädagogik*, herausg. von Rink (Bd. 50).
9. April: Letzter erhaltener Brief Kants.

1804 12. Februar, vormittags 11 Uhr: Kants Tod.
28. Februar: Begräbnis.
23. April: Gedächtnisfeier der Universität (Walds Gedächtnisrede).
Mai: Kants Preisschrift *Über die Fortschritte der Metaphysik seit Leibniz und Wolf* (geschrieben 1790), herausg. von Rink (Bd. 46c).

Anhang: Quellentexte

Die Texte, die diesem Nachdruck der Vorländerschen Kant-Biographie von 1921 beigegeben sind, sollen das von Vorländer in geraffter Form Dargestellte durch Berichte von Zeitgenossen Kants illustrieren.

Alle hier gesammelten Texte sind bereits an anderen Orten publiziert; die Druckvorlage ist jeweils angegeben.

FICHTE, Johann Gottlieb, geb. 19. 5. 1762 in Rammenau/Oberlausitz, gest. 29. 1. 1814 in Berlin. Zum Verhältnis Kant-Fichte vgl. den Kantischen Briefwechsel (incl. „Öffentliche Erklärungen"); R. Reicke: Fichte's erster Aufenthalt in Königsberg, in: Deutsches Museum (Leipzig) Bd. 1, 721-736; 767-785 (zit. nach Ak.XIII, 303); Vorl.II, 261-265.

. . .

Aus: Johann Gottlieb Fichte's Leben und literarischer Briefwechsel (s. Bibl. Nr. 17) S. 129; 136/137.

- Schon lange wollte ich Kant ernsthafter besuchen, fand aber kein Mittel. Endlich fiel ich darauf, eine „Kritik aller Offenbarung" zu schreiben und sie ihm statt einer Empfehlung zu überreichen. Ich fing ungefähr den 13. damit an und arbeitete seitdem ununterbrochen fort. - Am 18. August überschickte ich endlich die nun fertig gewordene Arbeit an Kant und ging den 23. hin, um sein Urtheil darüber zu hören. Er empfing mich mit ausgezeichneter Güte und schien sehr wohl mit der Abhandlung zufrieden. Zu einem nähern wissenschaftlichen Gespräche kam es nicht; wegen meiner philosophischen Zweifel verwies er mich an seine „Kritik der reinen Vernunft" und den Hofprediger Schulz, den ich sofort aufsuchen werde. - Am 26. speiste ich bei Kant in Gesellschaft des Professor Sommer und fand einen sehr angenehmen, geistreichen Mann an Kant; erst jetzt erkannte ich Züge in ihm, die des großen in seinen Schriften niedergelegten Geistes würdig sind.

· · · Am 3. September wurde ich zu Kant eingeladen. Er empfing mich mit seiner gewöhnlichen Offenheit, sagte aber, er habe sich über meinen Vorschlag noch nicht resolvirt; jetzt bis in vierzehn Tagen sei er außer Stande. Welche liebenswürdige Offenheit! Uebrigens machte er Schwierigkeiten über meine desseins, welche verriethen, daß er unsere Lage in Sachsen nicht genug kennt. M. Gensichen war zugegen.*) - - Früh besuchte ich Professor Schmalz, ohne Erfolg für meine Sache. Alle diese Tage habe ich nichts gemacht; ich will aber wieder arbeiten und das Uebrige schlechthin Gott überlassen. - Den 5. besuchte mich von Schön**) und nahm mich mit sich zu der Promotion eines Israeliten Hirsch. Ich ging hierauf auf Einladung zum Hofprediger, wo ich niemand traf als Gensichen und die Frau Hofpredigerin, die sehr in mich drang, weil sie meinte, ich sei in großer Noth. Ich werde kein Bauer sein, ihr meine Lage zu gestehen. Ich gestand nichts! - Am 6. Ich war zu Kant gebeten, der mir vorschlug, mein Manuscript über die Kritik aller Offenbarung durch Vermittelung des Herrn Pfarrer Borowski an Buchhändler Hartung zu verkaufen. Es sei gut geschrieben, meinte er, da ich von Umarbeitung sprach. Ist dies wahr? Und doch sagt es Kant! Uebrigens schlug er mir meine erste Bitte ab. - Am 10. war ich zu Mittag bei Kant. Nichts von unserer Affaire; M. Gensichen war zugegen, und nur allgemeine, zum Theil sehr interessante Gespräche; auch ist Kant ganz unverändert gegen mich derselbe. - - Am 13. Heute wollte ich arbeiten und thue nichts. Mein Mismuth

*) Johann Friedrich Gensichen, geb. 1759, außerordentlicher Professor an der Universität zu Königsberg und Inspector des Alumnats am Collegium Albertinum, bekannt als Vertheidiger der Schulz'schen Theorie der Parallellinien und Verfasser eines Auszugs aus Kant's „Naturgeschichte des Himmels", starb 1807 (vgl. Hallesche Literaturzeitung, IV, 782). Er gehörte zu Fichte's damaligen königsberger Freunden.

**) Heinrich Theodor von Schön, der ausgezeichnete preußische Staatsmann, der Freund Stein's, besonders hochverdient als Oberpräsident der Provinz Preußen.

überfällt mich. Wie wird dies ablaufen? Wie wird es heut über acht Tage um mich stehen? Da ist mein Geld rein aufgezehrt!

Aus: Aus den Papieren des Ministers und Burggrafen von Marienburg, Theodor von Schön. Erster Theil, Halle 1875, S. 8-10.

. . .

Während meiner letzten Studenten- und ersten Referendarienzeit hatte die Bekanntschaft, ja Freundschaft von zwei Männern noch einen entschiedenen Einfluß auf die Richtung, welche nachher sich bei mir entwickelte. Die streng wissenschaftliche Verfolgung beim Schulunterricht fand damals noch nicht Statt und mein Studieren auf der Universität war Anfangs mehr ein Aufnehmen dessen, was mir zusagte, als ein mit anhaltender Thätigkeit geführtes Studium. Da lernte ich den damaligen Lieutenant jetzt General von Jaski kennen. Er war in Königsberg auf der Militairschule, aber was diese Schule lehrte, hatte er sich bald angeeignet und studierte deshalb förmlich wie ein immatriculirter Student. Er hörte bei mehreren Professoren, namentlich bei Kant und Kraus Vorlesungen und arbeitete mit einer Thätigkeit und Anstrengung, wie sie mir noch nicht vorgekommen war. Unsere Charactere sagten einander zu, und durch ihn ging mir erst das Bild auf, wie man studieren müsse. Der zweite Mann dieser Zeit, dem ich viel verdanke, ist Joh. Gottl. Fichte. Er war aus der Schweiz nach Königsberg gekommen, lebte in einem Privathause auf seinem Zimmer ohne alle weitere Bekanntschaft, um seine Kritik der Offenbarung zu vollenden und sie Kant vorzulegen. Vorsätzlich vermied er es, Kant bekannt zu werden. Kant sollte erst durch seine Schrift von seiner Existenz Kenntniß erhalten. Er kam zuweilen in das Speisehaus, in welchem ich Mittag aß, und eine gelegentliche Aeußerung zu einem Gespräch zweier Tischgäste über Kant's Schrift vom Dasein Gottes, machte die ganze Gesellschaft und besonders mich auf ihn aufmerksam. Da er jeden Umgang vermied, so war es Anfangs schwierig, ihm nahe zu kommen; es gelang mir indessen; er theilte mir seinen Plan mit, und wir wurden Freunde. Als er die Kritik der Offenbarung vollendet hatte, schickte er sie an Kant mit der Dedication: „*Dem Philosophen*“ und bat Kant in dem Ueberreichungsschreiben, dem Manuscripte seine Aufmerksamkeit zu widmen. Nach 2 Tagen schickte Kant das Manuscript an Fichte zurück mit Aeußerungen der Freude darüber und mit der Bitte, daß Fichte ihn bald besuchen möge. Zu dem Manuscript hatte Kant weder Bemerkungen noch Zeichen gemacht; nur allein die Dedication „dem Philosophen“ war durchstrichen. Nun ging Fichte zu Kant und dieser forderte ihn gleich auf, das Manuscript drucken zu lassen. Kant besorgte den Verleger Hartung, und es war Kant angelegentlich darum zu thun, Fichte mit den Philosophen von Fach, namentlich mit dem Hofprediger Schulz und dem Professor Pörschke persönlich bekannt zu machen und so kam Fichte durch Kant in Königsberg in die gelehrte Welt.

HAMANN, Johann Georg, geb. 27. 8. 1730 in Königsberg, gest. 21. 6. 1788 in Münster. - Über seine Beziehungen zu Kant vgl. den Kantischen Briefwechsel und den von Ziesemer und Henkel edierten Hamann-Briefwechsel; weiterhin: E. Heintel: Immanuel Kant und Johann Georg Hamann als Briefpartner, in: Antaios 5 (1963) 469-475; Vorl.I, 90-94.

Aus: J. G. Hamann: Briefwechsel (s. Bibl. Nr. 18)
Bd. 1, S. 362 (Brief vom 12. 7. 1759 an den Bruder).

. . .

Ich bin am Anfange dieser Woche in Gesellschaft des Herrn B. und Mag. Kant in der Windmühle gewesen, wo wir zusammen ein bäurisch Abendbrodt im dortigen Kruge gehalten; seitdem uns nicht wieder gesehen. Unter uns - unser Umgang hat noch nicht die vorige Vertraulichkeit, und wir legen uns beyde dadurch den größten Zwang an, daß wir allen Schein deßelben vermeiden wollen. Die Entwickelung dieses Spieles sey Gott empfolen, deßen Regierung ich mich überlaße und von ihm Weisheit und Gedult dazu bitte und hoffe.

Bd. 2, S. 234 (Brief vom 1. 2. 1764 an J. G. Lindner).

. . . Er hält jetzt ein Collegium für den Gen. Meyer und se. Officier, das ihm viel Ehre und Nutzen bringt, weil er fast tägl. speist und mit einer Kutsche zu sn Vorlesungen geholt wird in Mathesi und Geographia physica. Durch einen Strudel gesellschaftl. Zerstreuungen fortgerißen, hat er eine Menge Arbeiten im Kopf, *Sittlichkeit*, Versuch einer neuen Metaphysik, einen Auszug sr. Geographie Physik, und eine Menge kleiner Ideen, von denen ich auch zu gewinnen hoffe. Ob das wenigste eintreffen wird, muß noch immer zweifeln.

Bd. 5, S. 418 (Brief vom 14. 4. 1785 an Herder).

. . . Daß K. einer unserer *scharfsinnigsten* Köpfe ist, muß ihm auch sein Feind einräumen, aber leider! ist dieser Scharfsinn sein böser Dämon, fast wie Leßings seiner; denn eine neue Scholastik und ein neues Pabstum sind die beyden Midasohren unsers herrschenden Seculi.

HERDER, Johann Gottfried, geb. 25. 8. 1744 in Mohrungen/Ostpr., gest. 18. 12. 1803 in Weimar. - Über seine Beziehungen zu Kant hat Herder sich an vielen Stellen geäußert, am bekanntesten ist die von Vorländer S. 46f. dieser Ausgabe wiedergegebene Stelle aus dem 79. Humanitätsbrief. Weitere Quellen sind vor allem der Herdersche Briefwechsel und die unten angegebenen Werke, aus denen einschlägige Texte ausgewählt wurden.

Auf die Beziehungen Kant-Herder gehen die größeren Herder-Darstellungen fast alle ausführlich ein. Speziell mit Herders Studienzeit in Königsberg befassen sich u. a.: B. Suphan: Herder als Schüler Kants, in: Zeitschrift für deutsche Philologie. Halle 1872, Bd. 4, 225-237 und neuerdings: W. Dobbek: Johann Gottfried Herders Jugendzeit in Mohrungen und Königsberg 1744-1764, Würzburg 1961; vgl. auch Vorl.I, 145-148; 172-174; 233-235; 317-325 u. ö.

Aus: Aus dem Briefe eines Freundes von dem Herrn Bürgermeister Carl Wilpert in Riga an diesen, in: Herder's Lebensbild, 1. Bd., 1. Abt. (s. Bibl. Nr. 21) S. 137/138.

- Schwerlich werde ich Dir, mein Lieber, etwas von unserm *Herder* sagen können, was das, was seine Wittwe schon wissen wird, ergänzen könnte. Er kam aus Mohrungen, vermuthlich mit Trescho's Empfehlung, in's Collegium Frideric. als Inspicient und nachmals auch als

Lehrer. Ich hörte mit ihm bei *Kant* die Metaphysik, Moral und physische Geographie. Wir saßen an Einem Tisch; er war damals schüchtern und still; sein Gang war gebückt und schnell - seine Augen mehrentheils krank; seinem Aeußern sahe man es an, daß er arm war; sein Geist war aber schon damals reich, und wenn er sich über den Vortrag des Lehrers mittheilte, so war das so gründlich und entschieden, daß er seinen Commilitonen Achtung und Liebe abnöthigte. - Bei Dr. Lilienthal hörten wir zusammen Dogmatik, sonst habe ich nicht nähern Umgang mit ihm gehabt. -

Er ließ damals bisweilen in der Königsberger Zeitung Gedichte einrücken, die mehrentheils etwas Schwärmerisches hatten. Ich erinnere mich, daß *Kant* einmal bei Gelegenheit eines Charfreitags-Gedichtes sagte: „Wenn das brausende Genie wird abgegohren haben, wird er mit seinen großen Talenten ein nützlicher Mann werden."

Aus: Brief Herders an Hamann vom 14. 2. 1785, in: Hamann, Briefwechsel, Bd. 5 (s. Bibl. Nr. 18) S. 362/363.

... In Jena (ist) ward vorigen Jahrs eine Literaturzeitung mit so großem Pomp angekündigt, an der auch Kant als Einer der ersten Mitarbeiter genannt war. Und siehe da im 4ten u. 5ten St. erscheint eine Recension der Ideen, so hämisch u. verdrehend u. metaphysisch u. ganz außer dem Geist des Buchs von Anfang bis zu Ende, daß ich erstaunte, aber an nichts weniger dachte, als daß Kant, mein Lehrer, u. den ich nie wißentlich mit etwas beleidigt habe, (s)eines so niederträchtigen Werks fähig seyn könne. (Er) Der Rec. zupft mich darinn nehml. mit meinem Stande, legt von fern Feuerbrände 3. oder 4. mal an, so daß es nicht an ihm liegt, wenn sie nicht zünden. Ich sann hin u. her, wer in Deutschland so ganz außer dem Horizont Deutschlands u. des Buchs selbst schreiben könne; bis endlich einer dem andern ins Ohr raunt u. es jetzt laut gesagt wird: es ist der große Metaphysicus Kant zu Königsb. in Pr. - Zu eben der Zeit wird mir von einem Kantschen Aufsatz in der Berl. Mon. schr. gesagt, der auch „Idee zur Gesch. des Menschengeschl. aber im weltbürgerl. Verstande seyn soll" u. da ich den Aufsatz lese, habe ich freilich auch über die Rec., aber nicht über den Charakter des Mannes Aufschluß. Denn wie hämisch u. Knabenmäßig es sei, den Plan eines unvollendeten, kaum angefangenen Buchs aus der Vorrede zu nehmen, darauf eine Idee in eben der Manier sogar hinzustellen u. zu thun, als ob kein Buch der Art in der Welt wäre; gar von einem Newton u. Kepler zu reden, der diesen *Kantischen* Plan künftig ausführe u. sich sodenn hinzusetze[n] u. in einem Journal das mir unter den Augen erscheint u. deßen Haupt entrepreneur in Weimar lebt, mein angefangnes, unvollendetes Buch auf die linkste Weise zum caput mortuum zu machen - das fällt jedermann in die Augen u. kann nur durch die Kritik der reinen Vernunft gerechtfertigt werden. Gut, daß ich jetzt weiß, was ich an dem HErn. Magistro VII. artium habe; u. glücklich, daß ich seinen kindischen Plan, daß der Mensch für die Gattung u. die vollkommenste Staatsmaschiene am Ende der Zeiten erschaffen sei, nicht brauche. Was ich von Ihnen bitte, liebster Fr., ist daß Sie ihm künftig keine Schriften von mir, als einem Freunde, prima manu communiciren u. weiter an mich gegen ihn nicht gedenken. Ich laße dem HErn. Apollon. den metaphys. kritischen Richterstul, auf dem er sich blähet: denn für mich ist dieser voller Dunst u. gacklichen Wolken. Sie dörfen sich auch gegen ihn es mit keiner Sylbe merken laße[n], daß ich von der Rec. oder dem Rec. ein Wort weiß; es soll mir herzl. lieb seyn, wenn ich sein Idol der Vernunft (scha) zurückschauern mache oder verwüste. Wie ich von mehrern fremden Orten höre, hat die Rec. kein Glück, gemacht: sondern ist mit einer Verwundrung aufgenommen, die (auch) HE. Kant auch ein Zurückschaudern der Vern. nennen wird. Seine letzten Präceptorlichen Lehren an mich sind ganz unanständig: ich bin 40. Jahr alt u. sitze nicht mehr auf seinen metaphysischen Schulbänken. Das Geschwür sitzt aber darinn, daß ich dem HErn. Prof. nicht in seinem Schlendrian von Wortgaukeleien gefolgt bin, daher er sich über meine Eigenthümlichkeit u. unmäßiges Genie so albern beschweret. Doch satis superque! - Der Himmel helfe mir durch mein Buch u. ich will der Metaphysiker ins Fäustchen lachen, deren Stolz, wie auch aus Kants Br. an Lambert erhellet, u. unerträgl. Selbstgefälligkeit nichts als des Lachens werth ist.

Aus: Vorrede zu „Kalligone“ (s. Bibl. Nr. 19) S. 12/13.

... Vor mehr als dreißig Jahren habe ich einen Jüngling gekannt, der den *Urheber der kritischen Philosophie* selbst und zwar in seinen blühenden männlichen Jahren, alle seine Vorlesungen hindurch, mehrere wiederholt, hörte.*) Der Jüngling bewunderte des Lehrers dialektischen Witz, seinen politischen sowohl als wissenschaftlichen Scharfsinn, seine Beredsamkeit, sein Kenntnisvolles Gedächtnis; die Sprache stand dem Redenden immer zu Gebot; seine Vorlesungen waren sinnreiche Unterhaltungen mit sich selbst, angenehme Conversationen. Bald aber merkte der Jüngling, daß, wenn er sich diesen Grazien des Vortrages überließe, er von einem feinen dialektischen Wortnetz umschlungen würde, innerhalb welchem er selbst nicht mehr dächte. Strenge legte ers sich also auf, nach jeder Stunde das sorgsam-Gehörte in seine eigne Sprache zu verwandeln, keinem Lieblingswort, keiner Wendung seines Lehrers nachzusehen und eben diese geflissentlich zu vermeiden. Zu solchem Zweck verband er mit dem Hören das Lesen der bewährtesten Schriftsteller alter und neuer Zeit mit gleicher Sorgfalt, und erwarb sich dadurch, wie er glaubte, die Fertigkeit, in der Seele jedes Schriftstellers auf einige Zeit wie in seinem Hause zu wohnen, alle dessen Hausrath bequem und nützlich zu gebrauchen, in allen Zeiten und in den verschiedensten Denkarten zu leben, aber auch ausziehen zu können und mit sich selbst zu wohnen. In dieser Uebung bestärkten ihn insonderheit *Plato, Baco, Shaftesburi, Leibnitz.* Nie also fühlte er sich freier und ferner vom System seines Lehrers, als wenn er dessen Witz und Scharfsinn scheu ehrte. *Young* giebt einen ähnlichen Rath, die Alten dadurch in ihrem Sinne nachzuahmen, daß man sich von ihnen entfernt.

Wer will, befolge den Rath; er wird sich dadurch frei, verjüngt, Herr über seinen Geist, über seine Feder und Zunge fühlen. Wer gegentheils selbst im gemeinen Ge-

---

*) In den Jahren 1762-65. in denen *die falsche Spitzfindigkeit der vier syllogistischen Figuren;* „ *der einzigmögliche Beweisgrund des Daseyns Gottes; der Versuch, den Begriff der negativen Größen in die Weltweisheit einzuführen; die Beobachtungen über das Gefühl des Schönen und Erhabenen* u. f. erschienen.

spräch kein Urtheil verstehen kann, bis er es sich mit augenscheinlicher Mühe in die kritische Sprache *übersetzte*, und es sodann von sich giebt „transscendentalkritisch," wer selbst mit Gott und mit seinem Weibe nicht anders als „transscendental-kritisch" zu sprechen weiß, oder ist lahm, lahm an Worten, an Gedanken, und gewiß lahm in Führung des Lebens. Welcher Gott, welcher Heilige hilft ihm zum eignen Gebrauch seiner Glieder?

Ein schönes Zeichen der fortwährenden Jugendkraft des Urhebers der kritischen Philosophie wäre es, wenn Er selbst, nachdem er die über- oder gegen seinen Willen erfolgten Wirkungen seiner Philosophie erlebt hat, sich von ihnen lossagte, den Misbrauch derselben öffentlich bezeugte, und seinen primitiven Zweck erklärte, „Nutzlose Speculation abzuthun, nicht aber durch einen dem Schein nach immer vollendeten, der Wahrheit nach nie endenden Transscendentalismus Dornen ewiger Speculation zu pflanzen." Die beste Absicht kann misrathen; ein offnes Geständnis, daß sie misrathen sey, zeigt den Unternehmenden größer als sein Werk und als seine Absicht.

HOGENDORP, Dirk van, geb. 1761, gest. 1830, hielt sich als Leutnant in Königsberg auf (1780). Hierzu vgl. Ak.X,285f.; Ak.XIII, 107-109; Hamann-Briefwechsel Bd. 4, 318.

Aus: Mémoires . . . (s. Bibl. Nr. 24) S. 15/16.

. . . Je poursuivois toujours mes études, et je parvins à me rendre facile la pratique des relevés sur le terrain et des dessins topographiques, talent presqu'indispensable dans la carrière que j'avois embrassée. Je ne négligeai pas non plus les ressources que m'offroit l'université de Koenigsberg. Le célèbre Kant en étoit alors un des professeurs. J'avois fait sa connaissance à la maison de Keyserling, où il venoit souvent. C'étoit un homme simple et aimable; sa conversation, sans pédanterie et sans prétentions, fesoit presque oublier l'homme de génie. Je lui manifestai mon désir de l'entendre en public; et sur son conseil je suivis ses cours d'anthropologie. C'est là que j'ai puisé les principes qui ont servi depuis à me diriger dans mes relations avec les hommes; et j'en ai reconnu la justesse par les applications heureuses que j'en ai faites plusieurs fois.

Je ne parlerai pas ici du système philosophique de ce grand et excellent homme. Peu de gens l'ont concu bien distinctement à travers ce voile d'obscurité répandu sur ses écrits: ce que je puis assurer par expérience, c'est qu'il en développoit lui-même des fragments dans ses cours avec beaucoup de clarté, et que son élocution facile avoit à peine besoin des explications qu'on lui demandoit quelquefois et qu'il donnoit toujours avec toute la complaisance imaginable.

KARAMSIN, Nikolai Michailowitsch, russischer Schriftsteller, geb. 12. 12. 1766 in Michailowka, gest. 3. 6. 1826 in Petersburg; er besuchte Kant auf seiner Europareise im Jahre 1789; über diese Reise und seinen Besuch bei Kant in Königsberg berichtete er in den „Briefen eines reisenden Russen", die erstmals im „Moskauer Journal" 1791ff. publiziert wurden. - Zu K.s Besuch bei Kant vgl. Anton Palme: Ein Besuch Karamsins bei Kant, in: KS 5 (1901) 120-122; Krawczynski: Kant und der Russe Karamsin, in: Kölnische Volkszeitung 1924, Nr. 313, 27. April. - Ein Abdruck des Berichts in deutscher Sprache findet sich bei Palme und in den von Kurt-Joachim Grau herausgegebenen „Kant-Anekdoten" (Berlin 1924); eine deutsche Neuausgabe des ganzen Reiseberichts (auf der Grundlage der deutschen Ausg. von Richter - s. Bibl. Nr. 25) erschien 1959 (^{2}1964) in Berlin.

Aus: Briefe eines reisenden Russen (s. Bibl. Nr. 25) S. 57–63.

. . . Gestern Nachmittags war ich bey dem berühmten *Kant*, einem scharfsinnigen und feinen Metaphysiker, der Malebranche und Hume und Leibnitz und Bonnet stürzte - *Kant*, den einst der jüdische Sokrates, der verstorbene *Mendelssohn,* den *alles zermalmenden Kant*, nannte. Ich hatte keinen Brief an ihn; aber Kühnheit gewinnt Städte, und mir öffnete sie die Thüre des Philosophen. Ein kleiner hagrer Greis, von einer außerordentlichen Zartheit und Weiße, empfieng mich. Ich sagte zu ihm: Ich bin ein russischer Edelmann, der deswegen reiset, um mit einigen berühmten Gelehrten bekannt zu werden - und darum komme ich zu *Kant*. Er nöthigte mich sogleich zum Sitzen und sagte: „Meine Schriften können nicht jedermann gefallen. Nur wenig lieben die tiefen metaphysischen Untersuchungen, mit welchen ich mich beschäftigt habe." Wir sprachen erst eine halbe Stunde über verschiedne Gegenstände: von Reisen, von China, von Entdeckungen neuer Länder etc. Ich mußte dabey über seine geographischen und historischen Kenntnisse erstaunen, die allein hinreichend schienen, das ganze Magazin eines menschlichen Gedächtnisses zu füllen, und doch ist dies bey ihm nur Nebensache. Darauf bracht' ich das Gespräch, doch nicht ohne Sprung, auf die moralische Natur des Menschen, und folgendes hab' ich von seinem Urtheile darüber gemerkt:

„Unsre Bestimmung ist Thätigkeit. Der Mensch ist niemahls ganz mit dem zufrieden, was er besitzt, und strebt immer nach etwas anderm. Der Tod trifft uns noch auf dem Wege nach dem Ziele unsrer Wünsche. Man gebe dem Menschen *alles*, wonach er sich sehnt, und in demselben Augenblicke, da er es erlangt, wird er empfinden, daß dieses *Alles* nicht *alles* sey. Da wir nun hier kein Ziel und Ende unsers Strebens sehen, so nehmen wir eine Zukunft an, wo sich der Knoten lößen muß; und dieser Gedanke ist dem Menschen um so angenehmer, je weniger Verhältniß hienieden zwischen Freude und Schmerz, zwischen Genüssen und Entbehrungen, statt findet. Ich für meine Person erheitre mich damit, daß ich schon über sechzig Jahre alt bin, und daß das Ende meines Lebens nicht mehr fern ist, wo ich in ein besseres zu kommen hoffe. Wenn ich mich jetzt an die Freuden erinnre, die ich während meines Lebens genossen habe, so empfind' ich kein Vergnügen; denk' ich aber an die Gelgenheiten, wo ich nach dem *Moralgesetz* handelte, das in mein Herz geschrieben ist, so fühl' ich die reinste Freude. Ich nenne es das *Moralgesetz;* andre das Gewissen, die Empfindung von Recht und Unrecht - man nenne es wie man will; aber *es ist.* Ich habe gelogen; kein Mensch weiß es, und ich schäme mich doch. - Freylich ist die Wahrscheinlichkeit des künftigen Lebens noch immer keine Gewißheit; aber wenn man alles zusammennimmt, so gebietet die Vernunft, daran zu glauben. Was würde auch aus uns werden, wenn wir es so zu sagen mit den Augen sähen? Würden wir dann nicht vielleicht durch den Reiz desselben von dem rechten Gebrauche des Gegenwärtigen abgezogen werden? Reden wir aber von Bestimmung, von einem zukünftigen Leben, so setzen wir dadurch schon das Daseyn eines *ewigen und schöpferischen Verstandes* voraus, der alles zu irgend etwas, und zwar zu etwas Gutem schuf. Was? Wie? - Hier muß auch der erste Weise seine Unwissenheit bekennen. Die Vernunft löscht hier ihre Fackel aus, und wir bleiben im Dunkeln. Nur die Einbildungskraft kann in diesem Dunkel herumirren und Phantome schaffen."

Ehrwürdiger Mann! verzeihe, wenn ich Deine Gedanken in diesen Zeilen entstellt habe.

Er kennt Lavater und hat mit ihm correspondirt. „Lavater," sagte er, „ist sehr liebenswürdig, in Rücksicht seines guten Herzens; aber seine außerordentlich lebhafte Einbildungskraft macht, daß er sich durch Phantome blenden läßt, an Magnetism und dergleichen glaubt." Ich erwähnte seiner Feinde. „Sie werden sie kennen lernen, sagte *Kant*, und Sie werden finden, daß sie allzumahl gute Menschen sind."

Er schrieb mir die Titel von zweyen seiner Schriften auf, die ich noch nicht gelesen habe: *Kritik der praktischen Vernunft*, und *Metaphysik der Sitten* - und dieses Zettelchen werd' ich verwahren, wie ein heiliges Andenken.

Indem er meinen Namen in sein Taschenbuch schrieb, wünschte er, daß sich endlich einmahl alle meine Zweifel lößen möchten. Darauf schieden wir.

Das, meine Freunde! ist eine kurze Beschreibung einer für mich äußerst interessanten Unterredung, die über drey Stunden dauerte. - Kant spricht geschwind, leise und unverständlich; ich mußte alle meine Gehörnerven anstrengen, um zu verstehen, was er sagte. Er bewohnt ein kleines unansehnliches Haus. Ueberhaupt ist alles bey ihm *alltäglich*, ausgenommen seine *Metaphysik*.

PÖRSCHKE, Karl Ludwig, geb. 3. 1. 1751 in Molschnen, gest. 24. 9. 1812 in Königsberg, Prof. f. Philosophie in Königsberg, Schüler Kants. Über seine Beziehungen zu Kant vgl. Vorl.II, 139.330 u. ö. - Lit.: Prantl, in: ADB; Lehnerdt, in: APrB 2,511.

Aus: Brief Pörschkes an Fichte vom 14. März 1797, in: Fichte's Leben, Bd. 2, S. 446-447; 2.7.1798, S. 451.

... Ich freue mich über Ihren eigenthümlichen Weg in der Philosophie, auch darum, daß dem heillosen Geschrei der Kantianer gewehrt wird, die ich für die frechste Rotte (kaum die Dominicaner ausgenommen) wegen ihres ganz verdummenden Nachbetens und ihrer Intoleranz gegen Andersredende halte. So ehrwürdig und lieb mir der Genius Kant, der beinahe der einzige Gelehrte, mit dem ich hier Umgang habe, ist, ein Mann, mit dem ich schon gegen dreißig Jahre zu dieser Universität gehöre, dessen Redlichkeit vielleicht niemand besser als ich kennt und dessen Wahrhaftigkeit unübertreffbar ist, so sehr sind mir die Kantianer zuwider, unter welchen selten jemand ist, der den großen Geist seines Meisters ahnt. Kant ist nichts so natürlich gewesen, als ein großer Weltweiser zu sein; von allen Menschenseelen fühlt er am wenigsten seine Größe, er ist gewiß ein Muster von bescheidenem Schriftsteller; oft höre ich ihn edelmüthig über seine Gegner urtheilen, nur müssen sie ihn nicht wie Mönche und persönlich angreifen, dann wird er bitter. Ihm selbst habe ich meinen Widerwillen gegen die Kantianer gewiesen, die ebenso wie die meisten Christen sind, deren Vorgänger auch als ein herrlicher Mann dasteht. Ich bitte Sie, edler Mann, da Ihre Stimme so geehrt und gefürchtet in Deutschland ist, helfen Sie doch die Philosophie von der Schmach der Beinamen retten, helfen Sie doch auch den Namen *kritische* Philosophie vertilgen. Wir haben ja ebenso wenig eine kritische als eine Euklidische und Wolf'sche Mathematik; wir sollen ja Philosophie schlechtweg haben. Selbst die Klugheit verbietet uns in manchen Ländern, den Philosophen einen Beinamen, der so gut als ein Brandzeichen ist, zu geben, denn es wird, wenn es so fortgeht, spätestens nach Kant's Tode, eine Zeit kommen, da der Name *Kant'scher* und sogar *kritischer* Philosoph ein rother Mantel sein wird, den eine gewisse tolle Büffelart mit Füßen treten wird.

. . . Kant wird wahrscheinlich nicht unsterblich sein, weil man ihn schon jetzt für todt ausgibt. Der Geburtshelfer Meckel aus Halle hat von ihm läppisches Zeug ausgebreitet, daß es mit ihm vorbei wäre, daß er sinnlos geworden. Meckel, der wol besser Leibesfrüchte als Geistesfrüchte unterscheiden mag, hat bei seiner Durchreise nach Petersburg den offenherzigen Kant besucht und seine unzeitigen Klagen über Bedrückung des Kopfs durch die Trockenheit der Luft anhören müssen. Darum ist Kant's Geist noch nicht erstorben; zum anhaltenden Denken ist er freilich nicht mehr geschickt; er lebt großentheils nur von dem reichen Vorrathe seines Gedächtnisses; doch auch jetzt noch macht er oft ausnehmende Combinationen und Entwürfe. Da ich so oft vier Stunden ununterbrochen mich mit ihm unterhalten muß, so kenne ich seinen körperlichen und geistigen Zustand aufs genaueste, er verhehlt mir nichts. Seinen Lebenslauf von seinen frühesten Kinderjahren an weiß ich aus seinen vertrauten Erzählungen; er hat mich mit den kleinsten Umständen seines Fortgangs bekannt gemacht; dieses soll mir dienen, wenn einst die Biographen wie Aasvögel um sein Grab schreien werden. Auch hier hat mancher ein Leben des todten K. neben Leichengedichten in Bereitschaft. Da er keine Vorlesungen mehr hält, sich von allen Gesellschaften, das Haus des Freundes Motherby ausgenommen, zurückgezogen hat, so wird er allmählich auch hier unbekannt, selbst sein Ansehen wird geringer. Gedächte ich auch künftig nie seiner Philosophie, so werde ich doch nimmermehr seiner Wahrhaftigkeit und Herzensgüte vergessen. Außer einigen wohlwollenden Urtheilen über mich und seinem Umgange habe ich glücklicherweise von ihm keine Gefälligkeit erhalten. Ich kann nie sein Andenken hassen. Verlassen Sie sich darauf, daß ich Ihnen seinen letzten Schritt gleich melden würde . . .

SCHEFFNER, Johann George, geb. 8. 8. 1736 in Königsberg, gest. 16. 8. 1820 in Königsberg, Kriegsrat, mit Kant befreundet; nach Kants Tod hat er sich besonders um die würdige Gestaltung von Kants Grabstätte verdient gemacht. - Lit.: E. Brenning, in: ADB 30, 685-688; C. Diesch, in: APrB 2,600.

Aus: Mein Leben ... (s. Bibl. Nr. 33), S. 36/37, S. 238-239; S. 305-309.

...

Auf gute Wohnung hab ich von jeher gehalten, so wie auf Ordnung in meiner Stube, auf der man daher nie sogenannte Studentenwirthschaft, vielmehr alles bestmöglichst aufgefliehen und unbestaubt antraf. In manchen Stücken bin ich ein wahrer Ordnungspedant, der sich bisweilen ärgert, wenn man Gräten und Knochen auf den Tellern nicht bey Seite legt. Selbst in einem fremden Zimmer ist es mir unangenehm, die Stühle nach ihrem Gebrauch nicht gleich wieder an Ort und Stelle gesetzt zu sehen. Kant dachte in diesem Stück anders; die Wände seines Wohnzimmers waren von Staub und vom Rauch seiner Morgenpfeife grau überzogen, und als ich einmal während dem Zuhören seines Gesprächs mit Hippel einige Züge mit dem Finger an der Wand machte, wodurch der weiße Grund wieder sichtbar wurde, da sagte Kant: „Freund, warum wollen sie den Alterthumsrost zerstören? Ist eine solche von selbst entstandene Tapete nicht besser, als eine gekaufte?"

... So lange *Kant* noch ausging, war er beynah jedesmal unter meinen Gästen, ich aber habe nie zu seinen *commensalibus regularibus* gehört. Es fällt mir hier ein kleiner Zug von ihm bey, der in den vielen: *Ueber Imanuel Kant* nicht steht; um ihn nicht zu vergessen, setz' ich ihn her, wohin er weder der Zeit noch dem Ort nach gehört. Bey einem Besuch, etwa ein Jahr vor seinem Tode, konnte er im Gespräch das rechte Wort zur Erwiederung nicht finden, als ich nun einhelfen wollte, ergriff er meine Hand mit den Worten: „Nein, nein, Freund, helfen sie mir nicht, mein Kopf muß selbst damit heraus" er wandte darauf die Ausdrücke so lange, bis er die ganz richtigen fand, die er mit einem recht zufriedenem „sehen sie wohl, Freund“ begleitete.

. . .

Da mir im ganzen Leben nichts Ausgezeichnetes begegnet, noch von mir ausgerichtet ist, so weiß ich auch von den letzten zwey Jahren nichts Erhebliches anzuführen, es wäre denn, daß ich im Jahr 1809. auf den Gedanken kam, das ganz unbrauchbar gewordene Professorgewölbe an der Kneiphöfschen Kirche, in dem auch *Kant* seine ganz unbemerkt gebliebene Grabstätte erhalten hatte, in einen Spaziergang für die auf dem Collegio Albertino Wohnenden und andre Bewegungsbedürftige zu verwandeln und bey der Gelegenheit auch etwas zu *Kants* Andenken zu stiften. Es wurde zu diesem Ende die 136 Fuß lange und 15 Fuß breite Gallerie mit Ziegeln ausgelegt, *Kants* Sarg auf einem Flügel des Ganges angebracht, und ob es nun gleich in der Mahlerey abgeschafft ist, den Personen Zettel in den Mund zu geben, so hab ich doch über den Haupteingang mit großen Buchstaben STOA KANTIANA und inwendig in eben der Art das aus meinem schlechter gerathnen Hexameter und Pentameter vom Staatsrath Süwern verwandelte Distichon setzen lassen:

Hier, von den Geistern umschwebt ehrwürdiger Lehrer der Vorzeit,
Sinne, daß, Jüngling, auch dich rühme noch spätes Geschlecht.

In der Folge wurde beschlossen, die Marmorbüste *Kants*, die der Baumeister des hiesigen vorzüglich gerathnen neuen Schauspielhauses, der Regierungsrath *Müller*, mit einigen Freunden und Verehrern Kants durch Schadow in Berlin hatte besorgen lassen, auf die, mit einem Stein und der Aufschrift:

Sepulcrum Immanuelis Kant nati a. d. X. Calend. Maii a. MDCCXXIV. denati pridie Id. Februar. a. MDCCCIV. hoc monumento signavit amicus Scheffner MDCCCIX.

bezeichnete Stätte zu stellen.

Obgleich in meine Biographie keine Feyerlichkeitsbeschreibung aufgenommen ist, so will ich doch die aufnehmen, die an der gewöhnlichen jährlichen Feyer des Kantschen Geburtstages, den 22. April 1810., am ersten Ostertage Statt fand. Es versammleten sich an diesem Tage *Kants* Freunde und verschiedene andre bedeutende Personen, z. B. der Canzler Freyherr von Schrötter, der General v. Sutterheim etc. in der Wohnung des Professors *Hüllmann,* von wo wir in den akademischen Senat gingen, vom Magnificus, Professor D. *Remer,* empfangen und unter Vortritt der Pedellen in das Auditorium Maximum geführt wurden, um den vom Nachfolger auf *Kants* Lehrstuhl, dem Professor *Herbart*, übernommenen Vortrag über die Geistesgeschichte *Kants* anzuhören, nach dessen Beendigung der ganze Zug sich unter einer angemessenen Musik zu dem Grabe *Kants* verfügte, und ich der verhangnen Büste die Decke abnahm, nachdem ich Folgendes dabey gesprochen hatte:

Der Glaube und die Hoffnung eines künftigen Lebens, der gutmüthige Wunsch, den Nachkommen Beweise vom Anerkennen und Gerechtseyn gegen Verdienste zu hinterlassen, und auch selbst von ihnen nicht vergessen zu werden, scheinen die Menschen zu verpflichten und aufzumuntern, denen ein Andenken zu stiften, die ehrenvoll das zeitliche Leben mit ihnen genossen haben. Zwar sorgen große Männer selbst hinreichend für ihr Unvergeßlichbleiben im Geiste der Nachwelt durch Schriften und Thaten, da wir aber insgesammt zu sehr an das Sinnliche gewöhnt sind, so wär' es unbillig das Erleichtern solcher Erinnerung durch das Errichten sichtbarer Denkmale nicht eingestehen, oder es für überflüßig erklären zu wollen.

Keinen kann es daher befremden, daß die Freunde und Verehrer *Kants*, ohne Besorgniß vor dem Spruch: lasset die Todten ihre Todten begraben, darauf bedacht gewesen sind, ein Zeichen ihres Andenkens an den Unsterblichen auf *die* Erdstätte hinzustellen, unter der seine sterbliche Hülle ruht.

Möchte der Anblick dieses prunklosen Monuments jeden, der es sieht und sehen wird, von der Zeitgenossen Liebe und Hochachtung für den großen Mann überzeugen, und ihn zugleich aufmuntern, so scharf und richtig zu denken, und so lebensweise zu handeln wie

Immanuel Kant.

Die durch Einladung der sämmtlichen Senatoren vermehrte Anzahl der, sonst etwa aus 20 Personen bestehenden, Tischgenossen ging von da zu dem diesesmal etwas reichlicher angerichteten Mahl, vor dessen Beginnung abgemacht wurde, daß die Geschichte dieses 22. Aprils nebst Herbarts Vortrage gedruckt, und das Kantsche Grabmal in Kupfer gestochen werden sollte, welches auch 1811. ausgeführt ist. (s. die bey Nicolovius erschienene Schrift: Immanuel Kants Gedächtnißfeyer.)

Es freut mich gewiß nicht wenig, dieses Plans Ausführung erlebt und meinem Freunde *Kant* ein schickliches Grabmal bereitet zu haben. Gern hätt' ich ihm das Krausische beygefügt, da aber das Begraben im Professorgewölbe nicht mehr Statt findet, so liegt *Kraus* auf dem entfernten Kirchhofe der Cathedralkirche unter einem mit 4 Linden umpflanzten großen Stein, auf den sein Hauptfreund, der Landhofmeister v. *Auerswald*, nachstehende, vom jetzigen Bischofe von Ermeland, Prinzen von Hohenzollern gemachte Inschrift hat setzen lassen:

Iustus et Sapiens
patriae profuit.

SCHNORR VON CAROLSFELD, Veit Hans Friedrich, geb. 11. 5. 1764 in Schneeberg, gest. 30. 4. 1841 in Leipzig, Maler; seine 1789 entstandene Porträt-Zeichnung Kants bezeichnete Hippel als „außerordentlich ähnlich". Die Zeichnung Schnorrs diente Bause als Vorlage für sein Kant-Bild. Vgl. H. V. (=Hans Vaihinger): Das Original von Schnorrs Kantbild, in: KS 14 (1909) 143.

Aus: Theodor Distel: Das endlich aufgefundene Original von Schnorrs Kant-Zeichnung, in: KS 14 (1909) 144.

. . .

Ich lernte den vielgefeierten Philosophen Kant persönlich kennen. Dieses Mannes Individualität veranlasste mich, den Geheimen Kriegsrat v. Hippel mit meinem Wunsch, des Philosophen Kopf zu zeichnen, bekannt zu machen. Sehr bald wurde mir dieser Wunsch gewährt. Und als ich in dieser Absicht Kant besuchte und von ihm eine Treppe hoch in das Zimmer geführt wurde, wo er sitzen wollte, sprach er: „Sie werden an meinem Gesichte zweierlei Seiten finden, die eine magerer als die andere. Es steht nun bei Ihnen, wie Sie meinen Kopf nehmen wollen." Ein aufmerksames Überblicken und schnelles Erwägen liess mich das so charakteristische Dreieck seines scharf gezeichneten Profils wählen. Die Folge rechtfertigte meine Wahl; denn kaum hatte sich Kant gesetzt, als auch schon sein Blick vor sich hin - des jetzt zusammengesunkenen Körpers ganz vergessend - in das weite Universum sich verlor. Nicht gar lange hatte er gesessen, als er auf meine Anregung das Wort wieder nahm: „Ich habe eben," sprach er, „über die Verschiedenheit meines Gesichts nachgedacht, und wenn ich eine Ursache derselben angeben sollte, so wüsste ich keine andere, als dass ich von Jugend an bis heute bei offenem Fenster so wie immer auf einer und derselben Seite liegend geschlafen habe. Ob nun auf der einen Seite die Luft und von der andern die Bettwärme eingewirkt hat? Dies wäre wohl möglich."

Nach beendigter Sitzung führte er mich in das anstossende Zimmer, worin sein Bett am offenen Fenster stand, und fügte hinzu: „So habe ich immer geschlafen." Dieses Zimmer enthielt zugleich seine Bibliothek. Die Repositorien waren mit grünen Zugvorhängen versehen.

Kants gewöhnlicher vertraulicher Umgang waren der Mathematiker Krause und Wasiansky, die er gern um sich hatte. Kant war in Gesellschaft sehr heiter und gesprächig; liebte philosophisch ein gutes Glas Wein und war vom Wirt und den Gästen immer gern gesehen. So dürr und mager aber, als ihn Reichardt geschildert, habe ich ihn nicht gefunden, und dass Kant im Essen und Trinken übermässig gewesen, davon habe ich nie sprechen gehört.

Was nun meine Zeichnung betrifft - die ich noch (d. i. um 1831) besitze - diese machte Hippel grosse Freude. Sogleich ergriff er das Blei und schrieb auf die Rückseite folgendes: „Ausserordentlich ähnlich! Vergessen Sie nicht, dem Herrn Dir. Oeser mich freundschaftlich zu empfehlen. Hippel a. 13. Mai 89 (1789). Meine Kanzlei wünscht Ihnen eine glückliche Reise."

Namen-Register

Das Register bezieht sich nur auf den Vorländer-Text, jedoch nicht auf den Anhang

J.

K.